公关理论与实务文库

企 业 公 关

吴贤军　主编

黄洪旺　陈燕青　副主编

图书在版编目(CIP)数据

企业公关/吴贤军主编. —北京：北京大学出版社,2010.5
(公关理论与实务文库)
ISBN 978-7-301-17073-1

Ⅰ.企… Ⅱ.吴… Ⅲ.①企业管理－公共关系学－技术培训－教材 Ⅳ.①F270

中国版本图书馆 CIP 数据核字(2010)第 052463 号

书　　　名：	企业公关
著作责任者：	吴贤军　主编
策 划 编 辑：	黄庆生
丛 书 主 持：	栾　鸥
责 任 编 辑：	温丹丹
标 准 书 号：	ISBN 978-7-301-17073-1/F·2496
出 版 发 行：	北京大学出版社
地　　　址：	北京市海淀区成府路 205 号　100871
网　　　址：	http://www.pup.cn
电 子 信 箱：	zyjy@pup.cn
电　　　话：	邮购部 62752015　发行部 62750672　编辑部 62765126
	出版部 62754962
印　　刷　者：	三河市北燕印装有限公司
经　　销　者：	新华书店

　　　　　　　　720 毫米×1020 毫米　16 开本　20 印张　337 千字
　　　　　　　　2010 年 5 月第 1 版　2010 年 5 月第 1 次印刷

定　　　价：46.00 元

未经许可，不得以任何方式复制或抄袭本书之部分或全部内容。
版权所有，侵权必究
举报电话：(010)62752024　电子信箱：fd@pup.pku.edu.cn

公关理论与实务文库
编委会名单

顾　　　问	方忠炳
主 任 委 员	赵麟斌
副主任委员	黄诗筠　魏章官　陈　健　洪建设　吴贤军
委　　　员	（按姓氏笔画排序）
	王少萍　王昌逢　王英灵　刘　云　陈一收
	陈　健　陈菊香　陈燕青　李　冬　李恭园
	苏素琼　吴贤军　周俊森　洪建设　赵　娴
	赵麟斌　桑付鱼　龚　娴　黄诗筠　黄洪旺
	康红蕾　曾　锋　魏章官
总 主 编	赵麟斌

序

——中国公共关系协会会长 苏秋成

  中国公共关系事业,顺应改革开放潮流而生,随着中国经济与社会的发展而日益展现其作为无形战略资源的独特魅力。经过二十多年的发展和积淀,在中华五千年文明和中国特色社会主义的土壤里,公共关系这一崭新事业的发展已经初具规模,公共关系理论在实践中已得到越来越多、越来越有效的应用。虽然现代公共关系作为一项事业、一种职业,在中国发展的时间只有短短的二十多年,但公共关系的思想和实践一直融合在中华民族几千年的优秀文化之中。也正因为如此,有如久旱逢甘霖一般,公共关系的幼苗迅速地在改革开放的百花园中茁壮成长起来,并绽放出亮丽的色彩。

  如今,公共关系已经融入各行各业的诸多领域,在品牌推广、企业传播、危机管理、政府形象、城市建设等诸多方面都发挥着日新月异的积极作用。在中国入世、文化申遗、北京申奥、上海申博、抗击非典、汶川抗震救灾等一次次重大事件中,愈发彰显了公共关系独特的功能。

  当前,中国的公关事业在科学发展观的引领下,融入了党中央提出的构建和谐社会的整体战略部署,进一步明确了自身的价值追求、政治方向和最终目标,正意气风发地迈向新的更高的起点。中国举办的一系列国际性活动更是为公共关系服务提供了极好的舞台和巨大的商机。可以这样认为,中国公共关系业迎来了最佳的战略发展机遇期,必将大展宏图。

  行业的可持续发展,必须建立在专业化、规范化的基础上。唯有不断进行理论研究和学术探讨,总结经验,开拓领域,才能保持蓬勃生机。一直以来,公共关系事业得到一大批有识之士的大力支持,许多教育工作者和公共关系的爱好者为普及公关知识,开展公关教育,传播公关理论,培养公关人才付出了辛勤的劳动,用知识和智慧哺育公关事业的健康发展。本套丛书的编委会成员及其著作者都是公关事业的热心支持者和有志者,他们具有敏锐的意识和超前的思想,致力于传播公共关系理念,探讨公关理论和实务的前沿。经过两年多的研究，形成了这套别开生面的丛书。

丛书根据公关的功能分类方式，共分为《政府公关》、《企业公关》、《大型活动公关》、《危机公关》（上、下册）等。写作体例新颖，作者根据开篇导例—史镜今鉴—三刻拍案—回味隽永的写作体例，以简短而精致的案例在文章开头提纲挈领，融会古今中外的经典案例，以史为鉴，对时效性的经典案例进行评析，最后总结经验教训，取精华，弃糟粕，耐人寻味。本书内容翔实，信息量大，手法新颖独特，理论联系实际，可读性强，能够很好的指导人们进行公关活动，同时也为公关爱好者提供了精神食粮。

写出以上文字，是为序，同时衷心祝贺丛书出版。

舒秋成

2010 年 3 月 26 日

前　言

赵麟斌

　　当本书终于付梓、墨香扑鼻之时，虎年新春的气息仍在星空中弥漫着。作为对牛年丰收自然回应的鞭炮声、喜悦声仍不绝于耳，依旧在耳畔回旋激荡，唤起了我感慨的涟漪……

　　记得2006年我在加拿大布鲁克大学做国际高级访问学者时，有一位留学生凯丝蒂小姐曾向我了解中国的发展变革，尤其是企业成功案例，言及上网寻遍却收获无几。她给我这教授上了一堂公关课，也使我下决心要去做这件事：编一本乃至一套中国人自己写的、具有中国特色的公关案例专用书。毕竟祖国强大了，要更好地走向世界，与世界接轨，作为学者，应贡献自己的学识和才华于社会，报效人民。于是有了尝试初期的萌动——跃跃欲试。

　　起源于西方国家的公关之学，迄今已有一百多年的历史了，但对我国来说，仍是一门非常年轻的学科，至今不过二十多年的时间。它虽年轻却以后发之势迅猛发展着，并日益在国家社会生活的各个层面发挥着越来越重要的作用，成为改革开放的一种新推力。实际上，一部分人对公关之学仍存在着误解，认为这无非是类似"厚黑学"的旁门左道，甚至有人将它比为低俗流变的下作之功。故此，公关之学正面形象的树立首先必须致力于为公关正名，欲行有效传播，必先正本清源，实则才有宣传的底气，使之朝着健康轨道且能发挥更大作用力的方向发展，达到为学习者开阔视野、扩充新知、加深了解、释疑解惑之目的。正是这一学术诉求孕育了我们思想的冲动，冲动之行便始于尝试……

　　这是一种尝试，从团队、研究领域到体系范式的构建都是一种全新的尝试。

　　我们的团队，是由非公关的研究人员组成的，学科背景几乎涵盖了人文社科的所有方面，是一支大而全的"杂牌军"，但它又与公关案例写作所需的学科背景紧密相连，诚然也有来自公关专家对写作的具体观照。试图通过不同的学科，全方位、新视角、多维度地审视公关，使之脱离窠臼，不仅仅局限于公关人的孤芳自赏中,而力求成为公关利益相关者们共同关注的焦点,这是我们的初衷,也是我们的尝试。

本丛书根据公关功能分类方式,采用分期完著的形式,奉献给读者的是第一期成果:主要包括《政府公关》、《企业公关》、《大型活动公关》和《危机公关》(上、下册)。这些公关类型是当前公关活动中最为常见和常用的,故先期出版。倘有能力,在以后第二、第三期将进一步陆续撰写其他类型公关理论与实务案例集。由于我们的研究团队大多首次接触公关,欲窥公关之实质,把握公关之精髓,展现公关之魅力,无疑是一次重大的挑战,同时由于对该领域陌生,为开发处女地,遂决计开始以"白板"方式探骊公关的"破冰之旅"。如此,较易生成自身的判断,也力图以全新的面目呈现给读者,因而也算是一种尝试。

我们的写作体例,近乎是一种首创。本书沿着开篇导例—史镜今鉴—三刻拍案—回味隽永的逻辑指向,以主案例为核心,激扬文字,直抒胸臆。开篇导例重点在于以开门见山的方式阐扬文章的旨归,并将主案例切入,统摄全文。史镜今鉴则是采撷了古今中外的经典案例,托衬公关,摒弃了当今案例"单打独斗"的写作范式,力争达到材料历久弥新,内容精益求精,思想蕴含深远之效。亦如古训所言:"夫,以铜为镜,可以正衣冠;以史为镜,可以知兴替;以人为镜,可以知得失。"三刻拍案是以正反比较的方式编撰,篇幅各异,配以错落有致的例子,具有较强的针对性和现实感,意在激起共鸣。拍案之时正是公关所应吸收经验教训之际,而三刻之后则是公关意识入脑之用。回味隽永是一种反思式的阅读,使读者能够从中获取于自身有益之物,这是我们的理想奢望。立此体例,是一种尝试,是再现层次清、意识明、脉络通思维方式的一种大胆的尝试。

在某种程度上,公关能力的强弱决定着事业的成败得失。遵循这一逻辑理路,我们精选了成功与失败交织、经验与教训共生、理论与实践并行的公关案例。坚持古今中外、兼收并蓄的原则,以梳理、反思、前瞻为导向,使读者能够从案例中获取对新的公关实践有所裨益的"活性因子"。

一年多来,本套丛书从构思到动笔再到开印,此间,得到了中国公共关系协会、福建省国际国内公共关系协会、福建师范大学、福州大学、闽江学院等单位的大力支持,特别感谢福建省国际国内公共关系协会会长、原福建省高级人民法院院长、福建省人大常委会副主任、中国大法官方忠炳同志,他始终支持我们的写作并欣然出任丛书顾问;还要感谢福建省国际国内公共关系学会副会长黄诗筠、魏章官,副秘书长陈健、刘云等同志的关心帮助。同时感谢中国公共关系协会会长苏秋成先生、北京大学出版社党委书记金娟萍女士,策划编辑黄庆生先生慧眼识珠,丛书主持栾鸥女士热忱帮助,为本丛书所付出的辛勤努力,让本丛书得以顺利出版。

这是一种尝试,是挂一漏万的尝试,然而探颐索隐,怀揣慎思勤学的治学之心,秉承"书山有路勤为径,学海无涯苦作舟"的理念,祈盼着能不辜负读者的殷殷期望。

既是一种尝试,不足之处在所难免,恳请方家不吝赐教。

赵麟斌

庚寅年孟春于己得斋

目　　录

第一篇　企业形象公关之始——形象塑造
　　——杉杉集团CI导入、推广和深化 …………………………………… (1)

第二篇　投之以桃　报之以李
　　——基于社会责任的企业政府公关 …………………………………… (15)

第三篇　审时度势　打造声誉
　　——健力宝的"中国魔水"形象公关 …………………………………… (27)

第四篇　科技影响中的企业危机公关
　　——某通信公司"6·25"断网事件 ……………………………………… (41)

第五篇　品牌化之路"赠人玫瑰，手留余香"——公益的魔力
　　——美国联邦快递公司用公益塑造品牌企业 ………………………… (55)

第六篇　企业品牌化意识
　　——传播添翼，以至千里 ………………………………………………… (71)

第七篇　企业品牌推广公关
　　——"王老吉"的品牌效应 ………………………………………………… (85)

第八篇　应变之道
　　——捷蓝航空公司的"2月危机" ………………………………………… (97)

第九篇　得人心　树形象
　　——海尔真诚到永远 ……………………………………………………… (111)

第十篇　潮流之势——一体化营销公关
　　——长虹背投彩电的营销公关案例 ……………………………………… (123)

第十一篇 谋定而后动——新产品上市消费者诉求公关
　　——雀巢的中国战略 ·· (135)

第十二篇 品牌化之路"他山之石,可以攻玉"——广告的魅力
　　——星巴克品牌公关案例 ·· (149)

第十三篇 随时应变——创意营销公关
　　——"采乐,不一样的去屑"创意公关案例 ·················· (165)

第十四篇 媒介之音传播企业新产品
　　——松下高清等离子电视上市 ·································· (177)

第十五篇 以信念凝聚人心——文化公关的魅力所在
　　——日产汽车：重塑企业文化案例 ··························· (191)

第十六篇 以股东为本——构建良好的股东关系
　　——金杯汽车公司重视股东关系 ······························ (207)

第十七篇 企业家与政府关系
　　——企业家从政的政府公关案例 ······························ (221)

第十八篇 员工公关——企业人性化的彰显
　　——通用汽车管理文化创新,化解员工危机 ··············· (233)

第十九篇 时代需求——绿色营销公关
　　——中国"壳牌"的营销公关案例 ···························· (249)

第二十篇 新产品上市的"蝴蝶效应"——市场推广公关
　　——潘婷润发精华素市场推广 ·································· (263)

第二十一篇 抓住机会 借势而上
　　——宝马使力政府公关案例 ····································· (279)

第二十二篇 应对挑战 安全先行
　　——对企业的安全危机公关 ····································· (291)

后记 ··· (305)

参考文献 ··· (306)

第一篇

企业形象公关之始——形象塑造

——杉杉集团CI导入、推广和深化

现如今,企业在市场上立足,要处于不败之地,除了要有领先的技术优势和质量可靠的产品外,塑造良好的企业形象尤其重要。企业的经营者不但要在企业运作的过程中,对企业形象的认识理性化,而且要在实践中把企业形象的策划纳入管理范畴。企业形象管理好了,才能赢得顾客的忠诚、合作伙伴的信任和各级领导部门的支持。宁波杉杉集团的成功就得益于对企业形象的独特设计,CI的导入为其树立良好的形象提供了一定的基础,良好的企业形象又为其赢得了大众的赞誉,提高了知名度和美誉度。下面就来讲述和探讨该公司围绕着导入和运作CI而发动的系列公关行动。

开篇导例

开篇之述——杉杉集团 CI 导入

从导入 CI（Corporate Identity，企业形象识别）背景来看，杉杉集团自 1989 年在电视广告中打西服品牌，走名牌战略的路子，一直到 1993 年，其西服销售额达到 2.54 亿元，五年时间杉杉创造了一个中国西服名牌。与此同时，企业和品牌如何向更高层次发展，作为一个新的重要课题，摆在了企业的面前。决策层在思考，当企业和品牌借实力和宣传手段到达一个发展的相对高峰时，企业如何才能获得新的动力，如何以这个相对高峰期为起点，得到迅速发展，赢得未来的成功？怎样让品牌得到提升，企业到底该按什么样的模式发展？杉杉的决策层一直关注着竞争中的危机与契机，寻觅着企业发展的新突破点。

经过市场调研发现，尽管杉杉集团及其品牌的形象在全国市场已经初步得以确立，但仍不巩固。尤其是在华北、东北市场的影响力和扩张力还不够强大。在大众印象中，该公司只是西服的一种品牌而缺乏整体丰满的集团概念，缺乏鲜明的形象和品味，因此没有强烈的号召力，尚未造成公众的偏爱或认牌购买心理。从竞争品牌来看，国外的品牌如皮尔·卡丹、金利来、观奇洋服等，无论是广告策划还是形象塑造都先声夺人，在中国市场上抢占了较大份额；而国内的一些品牌在市场竞争中的营销策略和手段，尚处于价格竞争等低层次的水准。因而，杉杉集团在广告和公关策略上应突出体现企业的整体化形象，突出企业自身的文化意蕴，使企业性格、品牌性格和产品性格得以统一、升华并广为人知。

从 CI 目标定位并导入来看。一个偶然的机会，杉杉集团找到了一家资深策划公司——台湾艾肯形象策略公司（简称艾肯公司）。艾肯公司的 CI 模式，从民族特性、文化取向、精神特质上，已十分接近杉杉集团正在寻找的突破模式，因此，杉杉集团和艾肯公司很自然地握手合作导入 CI。

经过共同筹划,最终确定杉杉集团导入 CI 的目标为:

(1) 定位并提高企业形象,创建一流的企业经营文化系统。

(2) 创造第一,系统科学地进行有形资产和无形资产的经营,提高综合竞争能力。

(3) 提升品牌地位,引导实业部门向更多的领域发展。

至此,杉杉集团斥资 200 万元,整体导入 CI。

从效果评估来看,导入 CI,极大地提高了杉杉品牌的影响力和认知度。据调查资料显示,杉杉集团和品牌的认知率,在华东和华中市场,已从 1994 年初的 50％上升至 1995 年末的 92％;在华北和东北市场,从 1994 年初的 6％迅速上升至 1995 年末的 23％左右;使这两大原本薄弱的市场得以迅速开辟,并辐射到更为广泛的西北、西南等市场,从而进一步确立杉杉作为全国性品牌的地位。与此同时,杉杉集团的销售额实现了持续跳跃式发展,从 1993 年末的 2.54 亿元上升至 1994 年末的 4.5 亿元和 1995 年末的 8.49 亿元,到 2008 年杉杉集团的销售额达到 118 亿元,这体现了其 CI 的巨大功效。

开篇之论——杉杉集团 CI 的推广和深化

1994 年 6 月 28 日,杉杉正式成立集团公司,并召开了盛大的 CI 标志发表会,向社会公众广泛告知新的集团标志。同时,通过建立 CI 走廊和全体员工累计平均 8 小时的培训,使广大员工深感企业发展即将进入一个新的高峰,集团员工的凝聚力和积极性被进一步调动起来。企业的中短期发展战略,因为有了 CI 工程系统的指导,也在紧张地筹划和确立。

1994 年 6 月 28 日也是一个里程碑。它标志着杉杉从品牌期全面进入形象期。在很短的时间内,杉杉在所有的电视、报纸、灯箱、霓虹灯等广告上,都换成了统一的全新的标志和企业精神用语,专卖店(厅)外观和内部布置也经过重新装潢和设置,以焕然一新的面貌出现,企业形象的推广宣传全面启动。在全国杉杉分公司地区刊登征集杉杉吉祥物命名信函后,立即得到了社会各界的热情回应,共收到三十余万封回信。这种巨大的热情除了公众对该公司及其品牌一向信赖外,在很大程度上依赖于公众对其导入 CI 之后充满了希望,很快接受了焕然一新的公司新形象。

在销售方面,杉杉集团加大了推行企业新形象的力度,以《专卖店手册》来要求各地的专卖店服务,从顾客走进店门到送顾客离去、从员工到店准备营业到下班离去,都有明确的规定,使全国各地的消费者都能享受到杉杉集团统一、规范的优质服务。

BI(Behavior Identity,形为识别)行动的开展。杉杉集团经过对VI(Visual Identity,视觉识别)视觉识别系统的推广后,在1995年展开了在MI(Mind Identity,理念识别)理念识别系统整合统筹下的BI行为识别系统,运作通过一系列有杉杉特色的公益活动,提高了其投身公益的社会美誉度和品牌形象张力。1995年3月初,杉杉集团推出了精心设计,由环环相扣的四个环节组成的BI行动。第一个环节是3月11日在北京香格里拉饭店举行的以"我们与世纪的早晨同行"为主题的CI发布会,全面大规模地向公众推介CI开展的成果,同时还进行了体现杉杉理念和标准色彩的时装表演。第二个环节是当晚杉杉集团和中央电视台联袂推出的1995年植树节大型文艺晚会"我爱这绿色家园",从而紧扣21世纪的人类危机问题绿化、环保的主题,把投身绿化、关心人类生存作为企业的行为特征向公众告知。第三个环节是杉杉集团独家赞助的,以绿化为主题的全国性海报张贴,赠送绿化宣传卡、宣传帽等活动。第四个环节是杉杉集团在上海、南京、杭州、苏州、青岛、合肥、武汉、南昌、西安等城市的分公司,在杉杉企业形象策划部配合下,同时推出"让大地披上绿装"的绿化宣传活动,涉及全国29个省、市、自治区,从而把此次BI行动推向高潮,让更多的人来关心绿化环保问题,让更多的人知道其企业行为,从而提升企业形象。

在竞争的时代,企业若不能鲜明地表达个性与企业特点,不注重与市场、社会保持一种良好的依存和沟通关系,难免会落伍。杉杉运用CI战略,依靠鲜明的形象与独特的行为做到了这一点,于是"我们与世界的早晨同行"、"立马沧海、挑战未来"、"奉献挚爱、潇洒人间"等企业口号在潜移默化中得以深入公众心田。

紧接着,杉杉的"绿叶情深"万人签名等北京行动,在长沙等几个城市也成功进行,使更多的潜在消费者记住了杉杉的企业行为。1995年10月,"95国际F1摩托艇大赛"在美丽的杭州西湖举行。为了避免在比赛中可能造成的西湖环境污染,杉杉集团捐资50万元成立"西湖绿化环保基金",号召全社会都来关心、爱护西湖这一天堂明珠,关心美化我们共同的生存环境,进一步提升了其社会美誉,赢得了良好的口碑。

同时,凭借CI导入,杉杉集团还逐步建立起富于企业特质的经营文化系统。

杉杉集团在MI的整合下,以绿化环保为切入点,成功地实施BI行动,极大地提升企业形象,牢固地构筑杉杉特有的经营个性,为其向更高层次的现代化、国际化企业方向迈进，奠定了具有深远历史意义的基础。

史镜今鉴

宁波杉杉集团的形象公关策略用一句话来概括就是：通过形象设计，塑造自己的形象，并把这种形象传播给大众，在大众脑海里留下深刻的印象。其实说白了就是将自己传播给大众，让受众深刻理解并领悟企业精神、品牌宗旨与企业标志的象征，从而形成对企业的一种总体认知。

观照历史，可以发现许多如"杉杉集团"一样通过形象的塑造、形象的传播成功地树立形象的精彩案例。

第一个是"晏殊诚实树形象"的历史故事。北宋词人晏殊，素以诚实著称。在他十四岁时，有人把他作为神童举荐给皇帝。皇帝召见了他，并要他与一千多名进士同时参加考试。结果晏殊发现考题是自己十天前刚练习过的，就如实向真宗报告，并请求改换其他题目。宋真宗非常赞赏晏殊的诚实品质，便赐给他"同进士出身"。晏殊当职时，正值天下太平。于是，京城的大小官员便经常到郊外游玩或在城内的酒楼茶馆举行各种宴会。晏殊家贫，无钱出去吃喝玩乐，只好在家里和兄弟们读写文章。有一天，真宗提升晏殊为辅佐太子读书的东宫官。大臣们惊讶异常，不明白真宗为何做出这样的决定。真宗说："近来群臣经常游玩饮宴，只有晏殊闭门读书，如此自重谨慎，正是东宫官合适的人选。"晏殊谢恩后说："我其实也是个喜欢游玩饮宴的人，只是家贫而已。若我有钱，也早就参与宴游了。"这两件事，使晏殊在群臣面前树立起了信誉，而宋真宗也更加信任他了。

晏殊通过诚实的美德赢得了皇帝和群臣的信任，树立了信誉，即通过诚实的实践活动塑造了自己的形象。诚实是一种品德，如同企业形象的设计一样，都只是主体自身对自己的一种内在的要求。唯一区别就是，诚实的主体是个人；企业形象的设计是企业对自身未来蓝图的一种诉求。

而这种内在诉求只有反复不断地运用在实践当中,不断对自身形象进行塑造,最终才能在大众面前树立起良好的信誉。正如杉杉集团通过发行《专卖店手册》,要求专卖店按照杉杉集团新形象为顾客提供优质服务塑造企业形象一样,晏殊通过要求换题实践了对自己诚实品德的内在诉求,塑造了自己诚实的形象。形象塑造是企业形象公关中重要的一环。

  另一个就是为大家所熟知的"毛遂自荐"的历史故事。战国时期,赵国都城邯郸被强大的秦国军队重重包围,危在旦夕。为解救邯郸,赵王想联合另一个大国——楚国共同抗秦。为此,他派亲王平原君到楚国游说。平原君打算从自己数千名家臣中挑选出有勇有谋的20人随同前往,可挑来选去,只挑选出19名。就在这时,有一位宾客不请自到,自荐补缺,他就是毛遂。平原君上下打量了一番毛遂,问道:"你是什么人?找我何事?"毛遂说:"我叫毛遂。听说为了救邯郸你将到楚国去游说,我愿随你前往。"平原君又问:"你到我这里,有多长时间了?"毛遂道:"三年了。"平原君说:"三年时间不算短了。一个人如果有什么特别的才能,就好像锥子装在囊中会立刻把它的尖刺显露出来。可你在我府上已住了三年,我还没听说你有什么特殊的才能。我这次去楚国,肩负着求援兵救社稷的重任,没有什么才能的人是不能同去的。你就留下来好了。"平原君的话,说得很坦诚。但毛遂却充满自信地回答道:"你说得不对,不是我没有特殊才能,而是你没把我装在囊中。若早把我装在囊中,我的特殊才能就像锥子那样脱颖而出了。"从谈话中,平原君似乎觉得毛遂确有才能,于是接受了毛遂的自荐,凑足20名随从,前往楚国。后来的结果大家都知道,在毛遂三寸不烂之舌的游说下楚王满口应允了连赵抗秦,并签订了联合抗秦的盟约。没过三天,毛遂的名字在赵都邯郸便家喻户晓了。

  从本故事中我们可以了解到,毛遂充当平原君的家臣三年之久并没有引起平原君的特别注意,而是处于一种雪藏的状态。我们可以设想一下,如果毛遂没有抓住这次机会自告奋勇地去推销自己,展现自己,他仍旧是一块没有发光的金子。毛遂正是借助平原君遴选有才能的人随同去楚国的机会,成功地推销了自己,让大家知道并了解自己的特殊才能。这就如同杉杉集团运用CI战略,依靠鲜明的形象与独特的行为,成功地为自己公司进行了宣传推销。形象传播就是在大众脑海中树立鲜明形象的一种有效的公关策略。"毛遂自荐"的例子就是毛遂通过自我推销,从而在全国民众脑海中留下深刻的印象,为自己赢得了知名度和美誉度。

三刻拍案

宁波杉杉集团通过CI形象设计,并将设计的形象应用于实践当中,不断地进行形象的塑造,借助对大家共同关心的绿化环保问题的宣传活动,传播自己,让受众认识集团的行为,树立良好的企业形象。现如今,对企业进行形象设计,对形象长期不断地塑造,借助各种活动来宣传自己是企业形象公关最常使用的公关手段。以下三个案例就是要分别从企业形象的设计、形象的塑造与形象的传播来分析企业形象的公关策略。

拍案一 IBM公司的形象设计与形象塑造

IBM公司是美国最早导入CIS(企业形象的差别化)战略的企业之一。当时任IBM公司总裁的小托姆斯华生认为,为了使公司成为享誉世界的大企业,就非常有必要在电子计算机行业中树立一个响当当的形象。而这个形象不仅能体现出企业的理念,而且还要有利于市场竞争,特别是能有意识地在消费者心目中留下一个具有视觉冲击的形象标记。于是,他们把公司名称Internation Bussiness Machine浓缩成"IBM"三个英文字头,并选用蓝色作为公司的标准色设计出富有美感的造型。就这样,IBM公司通过CIS战略的导入塑造了企业形象,使之成为美国公众心目中信任的"蓝色巨人"。

然而,使IBM公司成为世界计算机行业中首屈一指的霸主,却不仅仅是因为有一个良好的视觉形象,而是由于IBM公司树立了以"IBM就是服务"为宗旨的理念,并自始至终为之奋斗不息。应该说,后者才是IBM公司能够真正成为"蓝色巨人"的秘密所在。

"IBM就是服务",这是IBM公司的一句广告语。它虽然十分简单,但是清楚而又准确地阐明了企业的指导思想。也就是说,IBM公司就是要在为用户提供最佳服务方面独步全球。因此,从这个意义上IBM公司提供的不仅是产品机器,而且是服务——即设备本身以及企业员工的建议和咨询;同样 IBM 公司训练的不仅是产品的推销员,而是培养出用户困难的解决者。因为 IBM 公司用这样的理念作为指导,所以使得公司在服务方面的工作可以说几乎达到无懈可击的地步,令人叹为观止。例如,公司在创办之初就要求对于任何一个用户提出的问题都必须在 24 小时之内给予解决,至少要做出答复;后来发展成为顾客仅出租金就可以使用机器,公司还可以免费为用户提供维修、咨询和培训的服务;甚至,如果对 IBM 公司提供的服务不满意还可以不付租金、退回机器等等。正因为 IBM 公司能为顾客提供如此周到的服务,使人们确信公司确实在关心着每一个用户,所以才能在广大顾客心目中留下如此美好的形象,才能使它在强手如林的计算机市场中"称王称霸"。

 点　评

　　IBM 的成功不仅是来自独特的视觉形象设计,更是来自金牌服务的形象塑造,确切地说是形象设计与形象塑造共同作用的结果。形象设计是视觉上、理念上的东西,给人展示的是一种视觉上的冲击。而金牌服务形象塑造的实践活动,给人更多切身的感受。在当前,许多产品的技术力量相差无几的情况下,企业能否提供周到、热情、主动的服务,就成为能否赢得顾客的决定性因素之一。现如今,通过热情、周到的服务来塑造企业形象,是形象公关的最有效的策略之一。

拍案二　海尔"真诚到永远"

　　海尔巨大的成功是与其"真诚到永远"的服务形象的塑造分不开的。
　　海尔服务的四个步骤是:
　　第一,24 小时接听电话——消除客户的烦恼
　　24 小时一定要有人接听电话,因为海尔感到消费者如果购买了你的产品或者消费者想买你的产品,打电话来是对企业的认可并寄予了很大的期望。如果海尔接听了客户的电话,消费者就会解除疑虑得到满足。当客户的家用电器出现问题,如果一打电话就有人接听,他会消除烦恼。

第二,24 小时服务到位——控制客户的烦恼

如果客户的空调坏了就会既着急又恼火,海尔 24 小时待命保证随传随到,在一定程度上缓解了由于空调质量问题引起的客户的不满情绪。谁都会犯错,偌大数量的空调产品中难免有一两台会由于质量或安装的问题发生故障。海尔 24 小时服务到位的承诺将客户的烦恼控制到最低,保全了海尔的声誉。

第三,上门服务——解除客户的烦恼

上门服务、当面道歉、主动弥补消费者的损失,既避免了消费者把空调搬到维修地点的麻烦,替消费者节省了大量的时间和人力,又使消费者感到海尔的诚意,在一定程度上缓解了不满情绪。

第四,五个一服务工程——带走客户的烦恼,留下海尔的真诚

五个一服务工程主要包括以下几个。

(1) 一双鞋套。所有的服务人员去给客户维修家电的时候,在进门口的时候要带上一双鞋套,避免弄脏地板。

(2) 一块垫布。在给客户维修(例如空调)的时候,要把空调卸下来,必须在地上垫一块垫布,避免把客户地板弄脏。

(3) 一块抹布。维修完以后,要把所有放产品的地方用抹布擦得干干净净。

(4) 一张账单。把项目维修和费用开列清楚,让消费者了解细节。

(5) 一份说明书。告诉客户在产品使用上应该注意的问题,避免由于使用不当造成的麻烦。

点 评

海尔不仅仅把"真诚到永远"当成口号,当成承诺,更是将这一承诺践行到每一个行为细节当中,让消费者亲身体会到海尔的真诚、享受到周到的服务。海尔在短短的十几年中取得了有目共睹的成就,在消费者心中树立起良好的企业形象,虽是多种因素(如:质量、人力、创新等)共同作用的结果,但海尔的真诚服务也是企业形象塑造过程中必不可少、不可分割的关键因子。

企业公关

  企业形象不能仅仅停留在理念上的设计，更重要的要将设计出来的形象运用到实践当中，按照理想的形象设计来不断地进行形象的塑造。如若海尔不去用现实的行动对"真诚到永远"这一理念形象进行塑造的话，那么它仅仅只是一句空口号，最终也得不到大众的认可。形象塑造是企业将形象的理念设计转变为现实的实践，即从理念层面转变为现实层面的一个步骤。

  现如今，随着科学技术的不断发展进步，产品质量都在不断地改进，技术含量不断增加，除了高、精、尖的还未普及的前沿技术产品，其他相同种类的产品基本上都能满足顾客最基本的需求。面对这样的情况怎样才能在质量相当的同类产品中得到更大的市场份额？怎样才能比竞争对手更有实力？怎样才能创造一个对顾客、雇员、合伙人和股东都有利的工作环境？答案是"良好的服务"。让顾客满意，向顾客提供比竞争对手更多的价值，随之而来的当然是更多的市场份额。服务形象的塑造，是企业形象塑造的根本。

拍案三　三星体育传播

  1988年，三星拉开了投身奥林匹克的序幕，成为那一届比赛的本地赞助商，于是三星便借助这场"家门口的奥运会"，让自己的品牌对世界来了一次"亮相"。但或许很多人并不知道，在三星创业初期，由于缺乏自有技术，被戏称为"廉价家电制造商"，到了20世纪80年代，这一状况才得到了缓解。到了1988年，三星已经成为韩国的支柱型企业之一，即便如此，它的品牌效应也只局限于韩国国内，在国外其名声也是鲜有耳闻，成为本土赞助商只不过是三星借力奥运、发展国际品牌的第一步。

  在赞助了汉城奥运会之后，有调查数据显示，三星当年实现收入增长27%，最主要的是经过汉城奥运会之后，其品牌的国际知名度开始迅速提升，它本身也无比努力地想打开国际市场，但那时的国际化，也只是停留在把产品运往国外廉价销售的阶段。于是，在1988年之后的很长一段时间里，三星似乎就像这个品牌的名字一样，一直扮演着三流品牌的角色。

  从1998年的长野冬奥会开始，三星的"身影"便频频出现。2000年悉尼奥运会，三星电子提供了25 000台最新的数码移动通信产品，包括移动电话和技术支持。2000年悉尼奥运会的赞助，使得三星的品牌知名度得到了很大提升，到了2005年，其首次在品牌价值的排名中超越了索尼。

在始终坚持赞助奥运提升自己品牌的同时，三星还一直致力于核心技术的开发。同时为了和自己TOP赞助商的身份相匹配，三星逐步摆脱了以往产品和企业的低端形象。2003年，三星彻底和低端告别，将自己的产品定位于高端市场。根据数据显示，到了2006年，三星的品牌价值达到了162亿美元。

而奥运赛场也一直是三星电子向全球宣传产品的最大平台。据统计，三星电子几乎每年都会拿出20亿美元作为市场营销费用，而体育营销、赞助等比例约为两成。

点评

  品牌是形象资本的重要组成部分，因此，形象资本运营中的重要问题即是品牌的经营。打造品牌即是提升企业的知名度，知名度是影响企业形象最关键的因素之一。

  品牌被称为征服市场的"倚天剑"，借助奥运，三星成功地打造了自己的品牌形象，在赞助奥运会提升自己品牌知名度、扩大影响力的同时，其实现产品转型，将产品定位于高端市场，同时也定位在了消费者心中，在消费者心中留下深刻的印象。产品的定位为企业形象的定位奠定了坚实的基础，较高的企业形象定位可以确保企业的产品定位和品牌定位，一旦企业获得较高的地位，其他各种地位也就相应地得到持续巩固，还会使企业形象产生长期效益。三星便是通过体育营销来打造品牌、调整产品形象定位，从而为树立良好的企业形象提供了前提条件。借助体育营销来塑造品牌，提高知名度，事实上就是借助体育活动来对企业形象进行的形象传播。尤其是借助奥运会这种全球关注的体育盛事来进行营销宣传，就是对企业形象进行全球更广范围的传播。现今，广告在形象传播中发挥着巨大作用，成为大中小企业进行形象传播普遍借助的手段。然而，借助体育进行形象传播的有效性有时远远大于广告的刻意宣传。

总结以上古今中外的案例,可以看出树立良好的企业形象是需要经过一系列环环相扣的公关策划的。企业形象公关的最初环节是准确、鲜明、突出的企业形象设计;紧接着就是要将设计出来的理念形象转变为现实,即形象塑造;对企业成功地进行形象塑造之后,就是要把这一形象借助各种手段传播给受众,给受众留下深刻的印象,从而树立良好的企业形象。以上杉杉集团的案例是通过形象的设计、形象的塑造、形象的传播这一环环相扣的整套策划来叙述的。以下再结合主副案例来分析一下树立良好企业形象的全过程。

第一,企业形象设计。企业形象设计是推进企业形象事业的第一步,是对企业形象未来蓝图的规划。设计企业未来形象的蓝图,不但要考虑这个蓝图在实践上能不能塑造出来,而且要设计出实现这一蓝图的具体塑造步骤,必要时也可以在某个局部进行试验性塑造以检验设计的可靠性。在设计企业形象时,应该从实际出发,从而必须对现有的形象进行调查。正如杉杉集团在形象设计之前进行的企业形象市场调查一样,只有经过实事求是的形象调查,掌握企业形象在大众心理的呈现,才能全面了解现有企业形象的优劣成败、功过正误。对现有企业形象进行调查,既是对企业形象的一种传播,更是对现有企业形象的一次深入评估,目的就是要通过企业对企业形象的全面评估,把现有的企业形象中的优越之处置于企业形象的未来蓝图中,以继承和发扬企业在企业形象方面的优良传统,弥补企业形象的不足。杉杉集团的形象设计正是从市场调查中所看到的想象方面不足入手的。

第二,企业形象塑造。企业形象塑造是把企业形象设计蓝图变为现实的实践活动。作为一种实践活动,企业形象塑造既是对企业形象的一种实现,也是对企业形象设计的一种检验,从而也是对企业形象设计蓝图的优劣成败、功过正误的第一次评价。如果在企业形象塑造的实践中,发现企业形象设计蓝图的某一个方面,或违背客观规律,或违背法律法规,或违背伦理道德,或违背审美原则,或有其他缺陷,就必须对设计蓝图加以修正,某些部分也可以重新设计。

第三,企业形象的传播。企业形象不是被动地供人观赏,而是要通过一定的渠道和手段进行宣传。此时,新闻媒介发挥着不可替代的作用。杉杉集团正是通过充分利用首都北京这一全国政治、文化、经济中心"居高声远"的独特地位,较高的人文素质及电视、广播、报纸共128家新闻媒体的有力传播,将杉杉集团从自身品牌诉求出发,投身"绿化环保"这一21世纪重大主题的企业行为特征广泛告之公众,确立杉杉在社会和公众中的绿化环保代言人的地位,表现了杉杉集团现代、清新、富于社会责任感的优美形象,极大地丰富了杉杉品牌的文化内涵,提升了社会美誉。此外,像借助体育活动进行宣传也是进行形象传播的重要手段。

投之以桃　报之以李

——基于社会责任的企业政府公关

　　政府和企业是现代社会最有力量的两大公共机构，两者相互影响、相互支持、相互依赖，不断促进经济发展与社会进步。政府是社会的公共管理机构，其行为对企业具有重大而深远的影响。而企业作为社会的物质生产机构，在满足社会需求的同时，也可以协助解决政府所面对的社会问题，从而达到双赢的效果。中国企业可以组织并参与社会公益事业活动，通过这些活动增加与政府部门及官员联系与交流的机会，从而赢得政府和社会公众的支持。我们将企业以公益的目的，合法的方式从财务上支持公益的活动、社会慈善行为和进行社会公益广告的活动，统称为企业的公益行为。本篇，我们将探讨企业如何通过公益性活动承担社会责任，从而建立与政府的良好关系。

开篇导例

开篇之述——ABB在内蒙古防沙治沙

2007年,全球性电力和自动化技术集团(ABB)在北京企业内部发起了"参与沙地治理,关爱你我家园"的沙地治理项目,ABB在北京5家企业的数千名员工积极参与捐款,共筹集了来自员工和企业的30万元资金。与此同时,内蒙古电力鄂尔多斯电业局也出资30万元。双方将总计60万元的第一期款项捐给中国绿化基金会,并委托基金会设立专项,进行项目实施和资金管理。

2007年7月ABB与内蒙古电力鄂尔多斯电业局合作,在内蒙古毛乌素沙漠地区实施防沙治沙工程。防沙治沙工程不仅会耗费财力,也需要大量的人力和专业技术支持,其治理结果影响的不仅是电力产业,亦是整个毛乌素沙漠地区乃至北京(北京地区的沙尘暴在很大程度上来自沙漠地区)的生态环境。这些因素决定了无论ABB还是内蒙古电力,都无法以一己之力用商业方式解决风沙问题。最终,ABB与内蒙古电力决定以公益项目的方式与中国绿化基金会合作,进行新的防沙治沙尝试。截止到2009年8月,这个公益项目已经完成了前两期工程。治理后的一、二期工程在今天已经初见成效,原本荒芜的线路沿线沙地已经开始泛出绿色。

这项工程带给ABB与鄂尔多斯电业局的直接好处是降低了电网维护成本。与此同时,防沙固沙的措施也对内蒙古以及北京地区的空气质量起到一定的提升作用。由于鄂尔多斯地处高原地带,水量有限,当地农民在发展畜牧业之外,生产的农作物种类和产量都比较有限。而防沙治沙项目采用的沙地柏属于耐修剪沙地植物,到了冬天,枯黄的沙地柏树枝需要进行修剪,才能使植物得以更好地生存。农民把修建下来的树枝卖到当地的发电厂,进行秸秆发电,不但实现了植被的免费维护,还为他们带来了经济效益。

像本案例中公益项目的实施造成了多赢的结果,ABB与鄂尔多斯电业局所面临的风沙治理问题,既是商业需要,也是社会需要。当企业的公益项目满足这种需要时,不但改善了自身的商业生态,而且协助政府解决社会问题,有利于达到企业与政府的沟通和互动,同时还有利于企业其他维度的发展。翻开企业的宣传画册或打开企业的主页,很多企业都有一个栏目专门谈企业的公益事业或公益活动。企业的公益行为主要是指企业支持各种社会公益事业,树立企业良好公民形象的行为。它包括企业支持教育和科研事业(比如,建希望小学或捐助希望工程、冠名大学及二级学院、设立奖学金或助学金、捐献科研设备等);支持体育事业(比如,为奥运会捐款、开展申奥支持活动、赞助其他体育赛事、冠名球队或运动队等);支持环境与卫生事业(比如,企业号召员工义务植树、发布环境卫生公益广告、为环境与医疗卫生事业捐款捐物等);支持慈善事业(比如,向红十字会捐款捐物、向其他慈善机构或基金会捐款捐物、设立慈善性质的基金等);支持其他社会福利事业(比如,为儿童事业捐款、赈灾、助残、敬老等)。

开篇之论

我们都知道大凡成功的企业都要得到社会的广泛支持和认可,一般来说都要经过一段漫长的过程反复检验和考察才能获得。但是如果企业在基础设施建设、科技、教育、医疗卫生等社会公益事业上做出突出贡献,赢得了良好声誉,通过一个充分体现社会责任的公关行动,将会是有效的传播手段,向社会展现企业的良好形象进而得到更好的发展机会,建立企业与社会的共鸣,促进政府等社会各界对企业的认知,同时也可以树立企业的良好社会形象。像上面案例提到的ABB集团通过防沙治沙工程与政府建立了良好的关系,从而树立了良好的企业形象。

当企业主动进行社会公益活动时,意味着他们承担社会责任,也是对社会政府职能的完善。政府是非常欢迎企业承担社会责任的。因而,企业家的社会公益举措会有利地支持企业与政府构建良好的关系,也有利于企业形成优良的投资环境和经营活动。

事实上,企业公关的精义或最高指导原则,就是分担社会责任,以慈善的面貌,帮政府解决许多人力、物力不及解决的问题。企业在承担这些责任之余,不忘把这种义行,透过大众传播工具传扬,希望因而得到好形象、好名声、建立好商誉,进而促进销售,这就是公共关系。

史镜今鉴

清朝光绪九年(公元1883年),法国侵占越南,直逼滇桂边境,云南总督岑毓英奉命出兵抗击,却缺饷少银,岑向滇省商人求援未成,独有王炽垫付60万两银子支持出兵抗法。光绪二十六年,八国联军入侵北平,慈禧仓皇出奔西安,所带银两不足以采办大队随行人员衣食,王炽命沿途钱庄票号出资力助。慈禧回北平后,国库空虚,资金短缺,王炽又发动海外及国内各分行融资接济。光绪年间,晋、陕两省大旱,黄河断流,王炽捐银数百万两给工部兴修水利。清朝廷念王炽于国于家的慷慨义举,准请赐和保奏,先后赐"急公好义"和"义重指困"匾额,并赐四品道员职衔,恩赏荣禄大夫二品顶戴,诰封"三带一品封典",成为中国封建社会的一品商人。

王炽一生关注家乡的事业与教育,垫付银两开发东川铜矿、个旧锡矿,发展地方民族工业;专设"兴文当",资助贫困学子,鼓励学业有成者。1903年,石屏县袁嘉谷成为云南第一位状元,王炽将"兴文当"的积蓄,一半奖给袁嘉谷,一半修建状元楼,诏示天下。他还出资建昆明同仁街,铺设昆明至碧鸡关石板路;重建虹溪读书院,捐学田八十余石,捐赠《古今图书集成》两部(共四万册);捐巨资在南盘江上建成三座铁索桥,以解人、马渡江依船之难。此外他还花巨资从法国人手里买回了滇越铁路的路权,使云南路权不受法国人支配。

纵观王炽的商人生涯,他心系国家,情归家乡,仗义疏财,乐善好施。在王炽生活的那个时代整个社会在消费心理上都不正常,王炽之举可谓是"君子之富,好行其德"。王炽多次救国于危难时刻,并且大力支持家乡的教育事业,在社会上树立良好的形象,更是获得朝廷赐封,成为中国封建社会唯一的一品"红顶商人",民间更称他为"钱王"。

清雍正十五年(公元1737年),朝廷调集九省大军,平定青海叛乱,由于补给线过长,军粮供应发生困难,朝廷上下一筹莫展,一个叫范毓宾的山西商人主动请命,他几乎变卖了所有家产,凑足一百四十四万两白银,买粮补运。范家以"毁家纾难"的做法,赢得了朝廷的信任和赏识。

清朝末年,山西商人积极参加山西人民的挣回矿权运动,特别是山西祁县富商渠本翘及各票号纷纷解囊,集资150万两白银,从英商手中赎回了山西煤矿开采权,保护了山西的煤铁矿产资源。1919年,山西掀起抵制洋货运动,山西商界先后成立"山西商人自强会"、"太原商界抗日救国会"、"山西商界抗日救国会",抵制日货,倡导使用国货。晋商在经营过程中报国济民的事迹屡见不鲜,充分体现了山西商人在自身发展的同时,也更加注重国家的发展命运,把报效祖国作为己任,在国家、人民有了困难的时候,敢于挺身而出,敢于承担别人所不敢承担的重任,对于救济贫民,慈善事业更是身先士卒。特别是明初晋商积极输纳粮草等物资以补充军屯和税粮的不足,对保障军需、开发边疆,提高新建的明王朝的国防力量起到一定的作用。

尽管晋商的财力可以使他们傲视权力,但在当时的社会里,想摆脱权力的干预还是相当困难的。因此晋商通过参加公益活动,承担社会责任,从而能够与政府官员打交道。晋商发起并参与的公益活动涉及范围广大,影响也是深远。通过晋商的慈善活动,一方面使需要帮助的人获得各种支持,一定程度上起到了稳定社会秩序的作用;另一方面晋商的这些活动促进善风善举的发展。晋商以自身的实际行动劝化民众,同时也会赢得公众尊重,提高其社会地位。另外,晋商通过公益活动增强自身组织的向心力和竞争力,使本团体的社会责任意识有所增强。通过参与公益活动,使得晋商能够接触所在地的巡抚、布政使,甚至是总督。这不仅能给晋商带来一个相对宽松的经商环境,而那些心存感激的官员们也会把一些有利于晋商的言论带到朝堂之上。

从公元前3—4世纪,古希腊的统治者就开始关注奥运会,以期把奥运会作为一个强有力的工具来提高公众形象和树立权威。每年举办一次的奥运会成为一个展示公平和正义的舞台。参加奥运会的运动员成为其国家人民的偶像,吸引了政治和商业力量参与奥运会,大部分人认为奥运会的赞助在古代奥运会就出现了。虽然不同于现代奥运会的赞助,因为至少从金钱的角度看赞助者不能从中直接获利,但是可以为他们带来政治上的承认和辉煌。雅典最伟大的Kalimarmaro体育场就是由富有的Irodis Attikos资助建成的。到了1896年的第一届现代奥运会又有了私人和公司的赞助,那时踌躇满志的国际奥委会委员顾拜旦先生一心想恢复奥林匹克的光荣传统,但希腊政府却苦于找不到奥运会赞助商。没有赞助商,奥运会门票的印刷都成问题,更别说门票收入了。为了弥补资金空缺,从希腊王室到平民百姓发起了一场浩大的募捐运动,共募集了33

万德拉马。其中 George 给予了很大的资助,他认为奥运会的复活有助于提升希腊在海外的形象。柯达的创始人伊士曼此时也站出来,为第一届奥运会免费印刷了大量正规的门票。门票收入对当时的奥运会来讲杯水车薪,于是希腊政府想到"门票不足邮票补",特意发行了一套以古代奥运会历史为题材的邮票高价出售,结果收益颇丰,使首届奥运会得以顺利进行。

奥运会,从其起源至今都备受公众的关注,奥运会的商业化运作提供给企业很多机会,像案例中提到的柯达集团,从第一届奥运会开始就一直致力于支持体育事业,在社会上树立了良好的企业形象,再如,在 2002 年的韩日世界杯上,KTF 对 SK 电信、阿迪达斯对耐克、JVC 对奥林巴斯等企业之间纷纷展开对决战。在东道主之一韩国,KTF 致力于与韩国政府及有关体育组织开展合作,领先于第一企业 SK 电信成为世界杯正式赞助单位。官方赞助商现代汽车交纳了大约 1 000 亿韩元赞助费,但是战略上通过广告可获得 60 倍的 6 兆韩元以上的后期效益。另外,体育赞助是一种软广告,如果体育活动和赞助商形象符合,公众会接受并认可,而且容易对品牌产生肯定感,提升品牌的知名度和美誉度。

三刻拍案

拍案一 白云山未雨绸缪,赢得胜利

作为全国最大板蓝根生产基地之一的白云山中药厂在"非典"期间深孚众望且有远见,借机进行了一场富有成效的公关活动,成为此次事件的最大赢家。

2003 年 1 月,该企业针对广东地区春季容易出现流行性感冒的特点,及早进行了部署。不但储备了大量药品,同时还在媒体上发布广告,提醒市民注意预防流感。2 月 8 日,该企业接到发现非典型性肺炎患者的消息,立即召开专题会议,决定当天就实行三班生产。同时,在《广州日报》等各大报纸媒体及新浪网上发布"防治病毒感染良药,板蓝根献爱心"主题广告。2月11日上午,该企业免费为一线交警送去板蓝根、口炎清等预防性药品。下午,又联合《羊城晚报》到广州火车站送板蓝根,免费派发给车站干警、工作人员及部分旅客。2月12日,《羊城晚报》报道了此次公益活动。之后,白云山又为广州市老人院送去板蓝根等药品。鉴于当时板蓝根脱销,部分商家擅自提高价格,白云山郑重承诺:一、秉承"爱心满人间"的企业宗旨,执行国家规定的价格体系,不提价;二、保证质量;三、加班加点赶制板蓝根,尽量满足市场需求。2月14日,该企业负责人做客新浪嘉宾聊天室,回答网民有关非典型性肺炎及用药的问题,并重申了该企业的三个宗旨。通过上述做法,白云山制药的知名度和美誉度由此得到很大提升。

 点 评

就该企业在"非典"期间的公关活动来看,其成功经验主要在于未雨绸缪,早在2003年1月,白云山就针对广东地区疾病流行特点,储备了大量药品,并发布广告提醒市民,因此事发时市民首先想到的就是白云山的药品。而在获悉事件消息后,企业立即加班赶制药品,并从2月9日起以最快速度在广州各大平面媒体最显眼的广告版位连续预订了一周左右的促销版面。

最为重要的是,作为全国最大的板蓝根生产基地之一,在高于平日十余倍的高价利诱面前,仍坚持以前的出厂价不变,能够稳定药品价格,给公众吃了"定心丸",大大提高了企业的知名度和美誉度,更为今后建立和谐的政府关系及社区关系打下了良好的基础。

拍案二 公益广告与公益活动结合,康恩贝树企业形象

消费者平时会对于商业广告比较漠视,但"非典"期间公众对"非典"相关的信息相当敏感,如果企业在此时播放以"抗击非典"为主题的电视公益广告,就能达到与公众进行心灵沟通的目的,同时也能有效地提高企业的知名度及美誉度。

◆ 企业公关

康恩贝集团在2003年5月紧急制作了"抗击非典,我们必胜"公益广告,从5月1日在央视新闻频道进行大量投放。紧跟中央率领民众齐心抗击"非典"的精神,激励民众的斗志,鼓舞大家的士气。

其后,康恩贝集团通过卫生部向北京市捐赠了价值1 000多万元的阿奇霉素冻干粉针等"非典"防制专用药品,同时将总价值400万元的"非典"防护用品和保健药品通过浙江省慈善总会向100多万中小学生进行大面积免费赠送。据不完全统计,康恩贝集团在这场抗击"非典"的斗争中全部捐赠物资的累计价值达到1 776万元以上。结合以上的捐赠行动,康恩贝集团又及时制作了公益广告,这一举动带动不少企业纷纷行动,共同为公益事业尽力。康恩贝集团下属各子公司的医药代表、地区经销商也受到该公益广告的鼓舞,坚持工作,为医护人员和大众提供精神上的鼓励,保证充足的货源供给。

随着"非典"事态的逐步缓和,普通百姓的情绪逐渐恢复平缓,再加上康恩贝集团的产品多为治疗中老年疾病的非处方药品,康恩贝集团又将早先制作完成的"生命之树常青"公益广告投放于央视,以此来呼唤亲情,关爱中老年群体的生命健康。此举得到中老年消费群体的大力支持,并将企业形象牢牢扎根于寻常百姓心中。

点 评

公益广告是以为公众谋福利和提高福利待遇为目的而设计的广告,是企业或社会团体向公众和消费者阐明它对社会的功能和责任,表明自己追求的不是从经营中获利,而是过问和参与如何解决社会问题和环境问题这一意图的广告。公益广告具有社会的效益性、主题的现实性和表现的号召性三大特点。

通过做公益广告,企业可以体现勇于承担社会责任,从而提高企业的知名度和美誉度,能够在公众中树立良好企业形象。像案例中的康恩贝集团在"非典"期间不仅捐款捐药品,而且投放公益广告带动更多的人关注公益活动。一般来说公益广告的作用主要有两个:一是传播社会文明,弘扬道德风尚;二是企业通过它树立自身良好的社会形象,巩固自己的品牌形象。

> 目前我国公益广告有了很大的发展,在公共汽车、道路上等公共场所都可以看到公益广告,媒体上的公益广告也迅速增加,且公益广告的发展得到了政府的大力支持。2002年国家工商总局等五部委发布了《关于进一步做好公益广告宣传的通知》,通知要求:广播电视每套节目平均每天在晚间19:00—21:00播出的公益广告不得少于该时段商业广告时间的3%,全年不得少于商业广告时间总量的3%;报纸、期刊和互联网站年刊登公益广告,同样不得少于商业广告总量的3%,这为公益广告的发展铺平了道路。

拍案三 联想致力公益事业

联想集团一直致力于公益事业,积极承担社会责任。联想集团曾在2006年举办"奥运传递梦想,教育圆梦中国"为主题的公益活动,走进845个偏远县镇,为偏远山区的学校送去上千台电脑。2007年联想以"让爱心更有力量"为宗旨,斥资300万元启动公益创投计划,携手外部专业机构支持中国公益组织发展。迄今,联想已支持了"山水生态伙伴自然保护中心"、"多背一公斤"、"红丹丹教育文化交流中心"等近30家公益组织的发展。2007年联想与世界野生动物基金会等NGO合作,参与和领导了"拯救气候电脑节能行动",旨在通过生产高能效的产品,以及实施强有力的电脑行业节能措施,应对全球的气候变暖问题。2008年联想通过国家民政部向汶川地震灾区捐款1 000万元,600余名员工捐献血液。联想全球员工捐献的500万元,目前已用于四川省广元市嘉陵一中的重建。2009年联想集团向中国扶贫开发协会村络工程办公室捐赠了价值200万元的1300台天福电脑,用于在农村地区建设信息服务站、电脑教室。10月13日,联想集团以"飙爱心,创未来"为主题,在北京启动青年公益创业计划。该计划由联想集团发起,教育部高校学生司担任指导单位,中国扶贫基金会、南都公益基金会、北京光华慈善基金会、友成企业家扶贫基金会等国内知名公益组织,担任该次活动的协办机构,将全程为青年群体提供公益创业的专业辅导和支持。该计划旨在引导更多的青年人投身公益事业,并为青年群体就业提供新的思路。有别于传统的商业领域创业,公益创业以满足社会公共需求,创造社会效益为核心目标,涉及绿色环保、扶贫发展、社区服务、信息化普及、特殊群体关爱等领域。教育部高校学生司负责人表示:"在公益领域创业,无论是对青年的个人成长,还是对推动中国公益事业发展,构建和谐社会,都极具价值。联想推出的青年公益创业计划,为拓宽大学生就业渠道做出了非常有益的实践。"

作为社会的一个重要部分,联想积极关注社会的进步与发展问题,调动员工及公众的热情参与社会公益活动。联想集团所参与的公益活动涉及各个方面:教育、慈善、环境保护等,联想结合自身资源优势将社会参与聚焦于"缩小数字鸿沟、环境保护、教育、扶贫赈灾"四大领域,并通过"结合业务发展战略,引入创新公益机制,坚持传统慈善捐赠"三大手段持续加大社会投入,其公益活动的覆盖面比较广,且沟通对象比较有针对性。联想的公益活动成功之处在于:能够结合自身产品,使公众对企业产生好感,能够间接促进品牌的声誉、形象和销售。联想甚至把公益事业作为公司整体战略的一部分,通过公益事业来改善企业形象、提高产品知名度和增强员工向心力。

联想公益活动的成功主要来自两个方面:一是公益活动举办时,尽量扩大活动的宣传力度,力争向政府、媒体和普通民众传递公益活动的信息,以期在其心目中留下美好的公益形象;二是围绕公益活动后期所做的营销活动,公益活动是公益营销的载体,通过公益活动的持续和叠加来取得效益。

随着社会的发展,在不断更新的社会环境里,企业被赋予更多责任,做好公益事业成为一些企业的选择。但是企业并不是见好事就要去做,企业需要根据自身发展和特色,选择适合公司的活动并把它做好。

回味隽永

一般来说企业公关很多都会涉及政府,企业与政府的关系是一个门,企业不但要跨进这个门槛,还要走进这个门,学会有效收集运用政府出台的相应法规政策,并及时向政府反馈信息,与政府形成良性的信息交流互动,从而在不断的协调中发展和完善自我。企业如何与政府搞好关系,对企业的发展可以说至关重要。企业做好政府公关除了平常的办法之外,参加公益活动可谓是一种高明的方式。

企业支持政府的社会公益活动、福利事业、慈善事业、服务社会是其承担社会责任的表现。企业对社会的责任就是回馈社会,如:支持教育事业、文化事业、康乐活动、保健活动,资助福利机构及其他靠捐款维持的组织;支持社会的公共事业建设,如修路、架桥及水、电、通行、广播电视等基础设施建设;支持企业社区免疫防治计划和照顾老弱病残等弱势群体的活动;参与社区社会治安综合治理工作,预防、打击违法犯罪行为,支持社区对社会建设所做出的努力,会变成无形的资本,并对企业的经营发展起到不可估量的作用。企业积极寻找途径参与各种社会行动,通过此类活动,企业不仅回报了社会还树立了良好的公众形象。另外,公益广告也是企业一个很好的尽社会责任的方法,一般来说,如果企业能够以关怀社会、回馈社会为诉求重点,配合良好的公关策略,就能在公众心目中建立良好的形象。

企业要举办一次公益活动都要投入相当大的人力和物力,相应的需要获得一定的回报。而为了达到这个目的,就需要企业公关人员具有一定的活动技巧。公益活动的种类繁多,企业要根据自身特点做出选择。在举办公益活动时注意以下几点。

第一,要有明确的主题,要有针对性,要选择最能够达到赞助目的的活动,以此确定企业赞助的主要对象、款项比例等问题,并且要进行成本和效益分析,以保证社会和企业同时受益。

第二,要制定周密的计划,举行活动前要了解公众的需求和态度,深入的社会调查,然后选择适当的时机和形式,制订好计划,并且尽可能预计可能出现的突发情况。

第三,要调动新闻媒介的报道,在举行公益活动时要尽可能利用媒介的报道,引起社会公众的关注,扩大企业的社会影响。

总之,企业承担社会责任,可以赢得政府的支持。企业的社会参与可能会帮助政府摆脱困境,减轻政府来自于社会公众方面的压力,如减少失业、缓解通胀压力、治理污染及投资于公益事业等。企业由于承担了一部分有利于政府实施宏观政策的社会责任,政府就会有更多的精力统筹经济发展各方面的工作,并尽可能对企业的发展给予支持,其结果是使企业的经济活动有更多的自由和灵活性。

第三篇

审时度势　打造声誉

——健力宝的"中国魔水"形象公关

　　企业形象公关就是要利用各种传播手段，建立和完善企业与公众之间关系，影响公众舆论，采用各种公共关系活动，有效地提高自身的知名度和美誉度，塑造良好的企业形象的活动。企业要在社会公众中树立良好的形象，首先要靠自己的内功，即为社会提供优良的产品和服务；其次，就要靠企业真实贴切的传播，把握时机、创造机会、制造新闻，通过各种宣传手段向公众介绍、宣传自己，让公众了解熟知、加深印象，从而提高企业的知名度和美誉度。本篇案例就以健力宝把握时机，创造机会，制造新闻为主案例，看其是如何巧妙地宣传自己，从而开拓新的市场，走出国门走向世界，赢得良好声誉，树立良好企业形象的。

◆ 企业公关

开篇导例

开篇之述——健力宝把握时机，审时度势打造声誉

1992年12月20日，美国纽约著名的《纽约商报》刊登了新选总统夫人希拉里举起中国饮料健力宝畅饮的彩色照片。站在克林顿夫人身旁的是戈尔夫人——美国第二夫人。与照片同时刊发的是介绍健力宝的文章。

当天，健力宝美国有限公司电话铃声不断，祝贺、钦佩和订单接踵而至。一时间，中国饮料成为美国舆论界的一大新闻，引起了美国——这一号称世界饮料王国的巨大震动。那么，中国饮料健力宝是怎么到克林顿夫人手里，并让她笑盈盈地举杯畅饮的呢？事情还得从1992年的春天说起。

健力宝，作为中国饮料市场的佼佼者，连续六年被消费者评为全国最受欢迎的饮料，并博得了"中国魔水"的美誉。但是富有远见的集团决策者们并没有沉浸在国内市场的辉煌之中，一种潜在的压力和一种战略意识使他们把目光瞄准了美国，他们想到堪称世界饮料双壁的可口可乐和百事可乐的故乡去充分展示一下中国现代企业的胆识和风采。于是，他们在美国纽约最繁华的商业街设立了健力宝美国有限公司，并开始寻找打开美国市场的突破口。

1992年10月1日，机会终于来了。这天晚上，美国民主党候选人克林顿的助选大会要在纽约湾的一条豪华游艇上举行，克林顿夫人希拉里等出席。当时，克林顿尚未获得竞选胜利的桂冠，希拉里还只是"准总统夫人"，但他们的名字和形象却早已每日冲击着世人的耳目。

获得此消息的健力宝集团的指挥中心开始高速运转起来。下午4点30分，离大会开始还有两小时，健力宝美国有限公司总经理林齐曙就和公司的工作人员来到了码头。他们带来了饮料和照相机，还有外交事务所需要的细心和耐心。

他们通过了严密的保安检查,然后在游艇上详细地勘察了将要到会的克林顿夫人所要经过的路线,制定了克林顿夫人可能停留的位置,并选定了拍摄角度。

6点30分,克林顿夫人和戈尔夫人在大批保安人员的簇拥下登上了游艇。按照惯例,她们首先来到了游艇的客厅,会见当地的名流和有关客人。当她们与站在纽约市政府代表旁的健力宝工作人员握手之际,健力宝美国有限公司的小姐不失时机地用银盘托上4灌精心摆放,从任何角度都能清楚地看到"健力宝"3个字的饮料。

纽约市政府的美国朋友向两位夫人介绍该饮料是中国著名的健康饮品,林奇曙则及时地向两位夫人各敬上一杯。就在两位夫人笑盈盈地举杯饮用的时候,早已等候的摄影师急忙频频按下了快门。于是,健力宝与"克林顿夫人"在一起的情景被载入历史档案,也就有了上面开头所说的这张珍贵的彩色照片。

这一晚,"中国魔水"的魅力在纽约城中大放异彩,两位华裔小姐身着色彩艳丽的中国旗袍,披着"健力宝"小姐的绶带,不断将健力宝送到热情洋溢的宾客手中。

开篇之论

公共关系目标范围十分广泛,其中之一就是,开辟新市场,新产品或服务推销之前,要在新市场所在地的公众中宣传组织的声誉,提高知名度,树立起良好的组织形象。

健力宝饮料虽然在国内已经家喻户晓,但其在美国的市场还是一片空白。要想在美国这一饮料王国开拓新市场,其难度可想而知。如果没有强烈的公共关系意识,不去进行周密的公共关系策划,健力宝是很难打入这一堪称世界饮料双壁的可口可乐和百事可乐的故乡——美国的,也就谈不上在美国打造该饮料的知名度和美誉度。没有良好的知名度和美誉度做铺垫,健力宝就必定面临市场开拓的失败之境。

审时、借时,抓住时机,借势、造势,创造有利形势,这些都是公共关系策划的有效方法。时机或机遇总是稍纵即逝的,因此,善于把握最佳机遇,乘机策划出公共关系活动的杰作,便成了策划家们驾驭时机的主要工作。借势即借用比组织本身更受人们关注的各种事件、事物、名人等,与组织即将要进行的公共关系活动结合起来,从而把公众以及新闻界的关注目光转移到本组织自身方面,起到公关活动的良好效果。

正是由于第一夫人高举健力宝,光可鉴人,从而使得健力宝集团有限公司总经理岁末飞抵美国召开新闻发布会备受关注,从东海岸的纽约到西海岸的洛杉矶掀起阵阵热流。美国报刊又是撰文又是刊登照片,健力宝声名鹊起。

健力宝此次公关活动就是抓住克林顿夫人希拉里等要在纽约湾的一条豪华游艇上举行候选人克林顿的助选大会的良好时机,进行了周密的公关策划。名人具有一种光环效应,吸引着广大的公众,也是新闻记者追踪的对象。健力宝正是借用克林顿夫人希拉里的名人之势,成功地打入美国市场,确立了健力宝在美国市场上的知名度和美誉度。

史镜今鉴

古代的大众传播与宣传都是靠人口耳相传。中国古代几千年的价值理论体系都是以儒家思想的价值体系为核心的,统治者也以儒家思想作为统治思想,对人们进行教化。儒家思想核心就是"礼"和"仁",古代经商之人只有靠"礼"和施"仁德"来得到大家的支持和赞同。古代经商之人,借助施仁德的方式,靠人们口耳相传,才能在古代那种缺乏现代媒介的条件下,打造自己的知名度和美誉度,树立良好的形象。以下的两个历史小故事,就是通过"施仁德"博取了美名。

第一个是明代李五舍糖灭瘟疫的故事。李五,原名李英,字俊育,明代泉州晋江凤池人,因在家中排行第五,故俗称李五。李五是宣德年间福建著名的慈善家。他自小便随兄长经商,成年后继承家中产业,成为"富贾泉郡"的名人。据《泉州府志》载,李五虽家资巨富,为人却性情温和,好义乐施。遇有衣食不足者,李五常周济以钱粮。故而李五家乡的人都尊李五为"义长者"。李五曾多次为家乡泉州的建设慷慨解囊,由他出资兴建的庙宇、桥梁,很多至今尚存。

李五靠生产、贩卖蔗糖致富。有一年榨季过后,李五将大量的蔗糖储藏在仓库中,正待择日外运出售,忽逢暴雨。连日的大雨把一座仓库冲塌。数日后，当李五清理废墟时，偶然发现一部分黑糖因被泥土覆盖而未被雨水溶解，然而糖的颜色却由黑变白，品其滋味，觉得比黑糖更为甘甜。于是此后，李五便在制糖的过程中加入一道覆盖黄土的工序，以此法制出的白糖，口感明显胜过黑糖。李五的生意因此日益兴隆。时人以李五的家乡命名这种糖，这便是著名的"凤池糖"。

随着"凤池糖"声名远播，李五的生意也从福建做到了江西、浙江等地。明正统九年（公元1444年），李五贩糖至浙江宁波。一天，李五听闻鄞县买糖者突然增多，便调运大批"凤池糖"至当地销售。但是，当李五来到鄞县后却得知，此处正瘟疫肆虐，百姓盛传唯服用泉州产的"凤池糖"才可治病，故而购者日众，一时间糖价猛涨，"凤池糖"成为当地奇货。然而"商机"并未使李五的良知泯没。为了让无钱买糖的穷人也得到及时的救治，李五当即决定为民舍糖。人们闻讯后蜂拥而至，纷纷前来求糖。李五见需者太多，便索性在当地交通便利之处找到一口水井，每天将糖倒入井中，任民众自取服用。不久之后，瘟疫果然被根除，鄞县因李五施糖而重享安宁。李五的善行虽然少见经传，却写入民心。为了纪念慈善家李五，鄞县的人们世代将李五舍糖的那口井称为"李五恩公井"，直至今日，此井仍存。

李五通过这些"施仁德"的善举，得到了家乡人的认可，美名不断向外传播，经商地域面积不断拓宽，生意也越做越大。得知人们纷纷购糖服用以抵御瘟疫，李五作为商人，没有将商人追求利润为目的的最终诉求作为追求目标，而是为民免费舍糖，使鄞县瘟疫得到彻底根除，造福一方百姓。好的名声是一种无形无价的资产，李五没有将利益作为第一追求目的，却通过"施仁德"的行动播下了美名，为自己赢得了好名声，反而促使其生意越做越大。

第二个是晋商群体在"丁戊奇荒"中赈灾的故事。明清时期尤其是清代中期以后，晋商在经济舞台上逐步兴起。随着晋商经济实力的不断增强，在谋求利润之外，晋商在当时的民间慈善事业方面，也做出了巨大的贡献。其慈善活动包含了赈济灾荒、恤老扶幼、救贫济困、兴办义学、修桥铺路等诸多方面。其中值得一提的是"丁戊奇荒"中晋商群体的表现。

光绪三年（公元1877年），山西、陕西、河南、河北等北方省份遭受了几百年来最严重的一次旱灾，颗粒无收，这就是号称"数百年不遇"的华北大灾荒——"丁戊奇荒"。据当时驻在天津的万国救济委员会估计，因饥饿、疾病或暴力而死亡的人口在900～1300万之间。其中山西受灾最严重，全省有1/3人口死亡。在"丁戊奇荒"中晋商群体更是开展了各种各样的赈灾活动,帮助山西百姓渡过难关。

在山西榆次车辋村北常后街东端北侧,是著名晋商常家,有着中国民居"第一祠堂"之称的"北祠堂"。这个上下两院的祠堂中有一个相当精美的戏楼,戏楼始建于光绪三年,历时三年才完工,耗银3万两。当时的常家已是有近800口人的大家庭,维持这么多人的生活也决非易事。而且在灾荒之年,生意也大受影响。那么一向以诗书传家、勤俭持家为家风的常家,为什么要在遭遇大荒之年去修建一个大戏楼呢?原来这是救济乡里穷人的一种方法。当时常家同乡的许多人平常还是过着小康日子的,在这样的灾年,他们很难放下面子去粥棚领取施舍。常家深知这一点,他们希望这些人有尊严地接受帮助,就想出了盖戏楼的方法。那些挨饿的人可以有自尊地吃下用自己劳动换来的一餐一饭。常家规定,只要能搬一块砖就可以管一天的饭。大灾持续了三年,常家的戏台也修了三年。

参与这场救灾的不仅是常家,而且是整个晋商群体。短短几个月内,晋商共捐银12万两。一些晋商票号还承担了捐款的募集、汇兑与发放,协助政府进行救灾工作。晋商在各地分号的掌柜也与家乡同仁共同救灾。当时仅仅在四川的士绅中就筹募捐款达几十万两白银,有效地赈济了山西的灾民,缓解了灾荒的灾难性后果。

慈善,是一种软竞争力。在古代社会缺乏传播媒介,缺乏形象塑造手段的情况下,慈善活动成为塑造良好形象的关键手段。晋商能在明清时期迅速崛起,除了政治、经济、思想方面的原因外,通过赈济灾荒、恤老扶幼、救贫济困、兴办义学、修桥铺路等慈善活动为其树立的良好形象,在其发展过程中也起到了催化剂的作用。尤其是通过捐助像"丁戊奇荒"这一受灾面积广的灾民,这就扩大了良好声誉传播的范围,借助慈善活动提升了美誉度。慈善活动已被现如今越来越多的企业作为树立良好形象的重要公关手段。

三刻拍案

主案例中,健力宝正是由于抓住了良好的时机,精心周密地策划了公共关系活动,借时借势巧妙地为健力宝做了一次宣传,打造了健力宝的知名度和美誉度,树立了良好的形象,为健力宝在美国的成功开拓做了前提铺垫。各种组织要想通过精密的公共关系策划树立良好的组织形象,不但要抓住良好的时机,审时度势进行宣传,借助各种专题活动进行组织形象公关更是各种组织不可缺少的形象公关活动。精心巧妙地进行企业公关的专题活动多种多样,其中重要的有新闻发布会、庆典活动、展览展销、社会赞助、开放参观、新闻事件策划、公关广告等,以上公关专题活动不但可以扩大企业知名度,还可以塑造宣传企业的美誉度,树立起企业的良好形象。在三刻拍案环节中我们就以双汇天安门妙做广告、今麦郎赞助南极科考新闻事件策划、牙签肉美食博览会勇夺"双冠"三个案例来看企业是怎样利用公关传播以树立企业形象的。

拍案一 双汇天安门妙做广告

中国北京天安门,历来具有重大的象征意义。在人们的心中,它与商业似乎没有很大的关联。但天安门留给大众的这一印象在1994年有了巨大的改变。改变这一印象的主角就是如今家喻户晓的河南双汇集团。

1994年,北京市有关部门为了进一步开拓北京旅游市场,计划举办"逛北京、爱北京、建北京"大型旅游文化节,并定于6月28日在北京天安门举行开幕式。得知这一消息,双汇集团派出优秀公关团队同组委会联系,最终以12万元的价格买下12个气球,计划在开幕式当天在气球上挂布幅宣传双汇,并联系好有关媒体进行炒作。

1994年6月28日早晨,天安门广场彩旗飘飘,一派喜庆的场面,数百人组成的腰鼓队、秧歌队的精彩表演,引得本来就游人如织的天安门更加拥挤。大家纷纷停下来观看。上午九点,当北京市和国家旅游局的领导宣布"逛北京、爱北京、建北京"大型旅游文化节正式开幕时,几千只信鸽同时飞向天空,人们也纷纷朝空中观看。这时,十多个色彩鲜艳的气球下面托着一条长长的横幅,上面书写"华懋双汇集团漯河肉联厂祝逛北京活动圆满成功"特别醒目,吸引了所有在场者的目光。

与此同时,双汇与首都媒体进行了联系,但首都媒体出于谨慎的原因,不约而同地表示缄默。双汇立即把重心放在了省内的媒介上,很快河南的媒介被动员起来了,《漯河内陆特区报》首先报道了这一消息,随后河南日报、河南广播电视台等媒体都纷纷报道了此事。河南日报的评论说"河南省最成功、最典型的一次企业公关活动"。而更为夸张的是,河南周报在半个多月后的一个星期刊的头版头条位置上,以巨大醒目的标题和大幅图片报道了这一事件,其标题是《双汇高扬天安门》。

很快,这一消息重返北京,曾顾虑重重的首都新闻界不再沉默旁观了。先是《中国青年报》的《社会周刊》刊登了一幅照片,图片下的文字说明中有这样一句耐人寻味的话:能否在天安门广场做广告?这个话题争论了很久,如今却被来自河南的一家火腿肠厂定论了。8月5日的《中国经营报》把《广告首入天安门广场》这条新闻放在了四版头条。

在新闻媒介爆炒"'双汇'登上天安门"这一事件中,"双汇"的拥有者——华懋双汇集团漯河肉联厂无疑是最大的受益者。这个1991年产值和利税仅分别为1.7亿元和463万元的名不见经传的企业,经此巧妙宣传,其经济实力迅速膨胀壮大,一举击败业内最大的竞争对手,以42%的市场占有率成为中国肉制品业的老大。到2001年,双汇集团的销售收入突破80亿元,迈进世界肉类前三强。

点 评

　　双汇利用北京旅游文化节这个全国瞩目的大好时机巧做广告,这种广告不是对双汇产品的直接宣传,而是对旅游文化活动表示祝贺,对社会表达出自己的一份善意。巧妙的广告宣传,大胆精心的地点选择,良好的时机,加上媒体的大肆渲染报道,为双汇树立了良好的社会口碑和社会形象,提高了经济效益。

拍案二　今麦郎赞助南极科考,登上南极大陆最高点

　　为了进一步扩大其自身的知名度,打造品牌美誉度,今麦郎公关人员抓住中国科考队南极科考的机遇,为南极科学考察队员提供在南极生存并进行科研活动所需的产品,精心策划了今麦郎登上了南极大陆的新闻事件。

　　新闻事件策划也称之为事件营销,是指组织为了吸引新闻媒介的报道并扩散自身所希望传递的信息而专门策划的活动。这是公共关系发展过程中最具影响力、最有效的沟通工具。今麦郎正是通过南极科考活动热点策划新闻事件,打造了知名度和美誉度,扩大了品牌的影响力,树立

第三篇 —— 审时度势 打造声誉

了良好的品牌形象。

今麦郎自2002年上市以来的三年时间里,品牌的影响力呈现出跨越式发展的势头,产品销售量不断飙升。据中国食品科学技术学会2004年统计,今麦郎方便面2004年的市场占有率为16%,位居行业第二位。今麦郎所取得的成绩不但源于其卓越品质的保障,更与其周密的公关活动策划密不可分。

2002年,今麦郎选用当红影视明星张卫健为其形象代言人,在以中央电视台为核心的国内各大电视媒体,集中投放"今麦郎,就你弹"的广告,迅速打出了市场知名度。就在今麦郎家喻户晓之时,公司总裁直接领导的营销团队就马不停蹄地开始着手今麦郎品牌美誉度的塑造。于是就导演了"今麦郎登上南极大陆"这一轰动性的新闻事件。

从2004年10月开始到2005年3月结束的中国第21次南极科考活动,为期150多天。此次科考的关键任务就是科考队员将要冲击南极最后一个战略极点——南极大陆最高点"冰穹A点"。"冰穹A点"为南极四个必争点之一,其他三个点已被美国、法国、俄国占据。四个战略要点之中,"冰穹A点"环境最为恶劣,占据此点将大大提升我国在南极事务上的发言权和影响力。此次意义重大的南极科考活动已引起了全世界的关注。中国中央电视台、凤凰卫视等各大新闻媒体也对此密切关注报道。

2004年12月28日,在中国南极冰盖昆仑科学考察队开始冲击"不可接近之极"——南极大陆"冰穹A点"之际,国家海洋局极地考察办公室与今麦郎在京正式宣布:"今麦郎'骨汤弹面'"成为"中国南极科考队员专用面",同时今麦郎正式赞助中国南极科考事业。今麦郎就赞助中国南极科考队的事件召开了新闻发布会,相关报道迅速在全国各大媒体刊登。在新闻宣传之外,"今麦郎骨汤弹面——中国南极科考队员专用面"版的电视广告更是让人出其不意。

2005年1月19日"今麦郎骨汤弹面——中国南极科考队员专用面"的主题广告在央视黄金时段以一分钟的罕见长度重磅播出。这一分钟的广告一次的播出费用高达160万元,成为2005年央视收效最好的广告。

在大众的印象中,方便面属于油炸食品,缺乏营养,甚至被大众评为"典型的垃圾食品"。而今麦郎骨汤弹面与同类产品不同,它运用科技手段在产品中加入了骨汤原汁,提升了产品的营养价值,在同类产品中视唯一得到中国营养学会营养工程认证的产品。南极大陆环境极其恶劣,考察人员要在其中生存,保存体力并进行科考活动必须食用能够提供足够能量和营养的食品。今麦郎正是宣传其产品随同科考人员一起挑战极限,突出传播了今麦郎营养化的特点。今麦郎产品营养化的特点与科考人员的能量和营养需求做了最佳结合。

中国第 21 次南极科考活动,冲击南极最后一个战略极点——南极大陆最高点"冰穹 A 点"是全世界都在关注的一大热点,南极科学考察是体现我国科技水平和综合实力的、具有现实意义和深远意义的活动,中国人十分关注。今麦郎正是结合了这一热点事件,借助国家海洋局极地考察办公室对今麦郎产品的认可,吸引了消费者的注意。通过此次事件营销,今麦郎不但进一步提高了品牌知名度,也成功打造了品牌的美誉度,树立了良好的形象。

拍案三　牙签肉参与上海第七届中国美食博览会勇夺"双冠"

2008 年 11 月 26 日,第九届中国美食节暨第七届中国美食博览会在上海光大会展中心国际大酒店隆重开幕。

25 日晚至 26 日早 6 点,来自全国各地和世界各地的各种名菜、名吃、名宴、金牌婚宴寿宴年夜饭开始布展,五百多家站台布满了一至三楼,规模之大,品种之多是历届之最。

车牌牙签肉的展台就在三楼三排二号,这是人流较多的主通道,很是显眼。牙签肉摆放由六个不同颜色、不同形状颜色组成,分别摆有牛、羊、猪、鸡、兔、鱼肉做成的甜、咸、麻、辣、五香、海鲜味,中间放一朵小红花加绿叶点缀,盘外散放了一些红花瓣,很是美观漂亮。当车牌牙签肉的发明人车明印打开各种口味牙签肉往盘子里摆放时,四邻展台的工作人员闻香而动,不由自主地走过来:"怎么这么香？这是什么产品？"车明印及工作人员一边摆盘一边回答大家的问题,同时拿出几袋让他们品尝,还让大家提出宝贵意见。不少人品尝后问卖不卖,由于带的产品不多,只能让大家品尝。不少观众用手机、摄像机拍照,连摄影爱好者和专业摄影师也争相抢拍镜头。

26 日 10 点开幕式后,首先组委会领导和世界饭店协会领导、国际友人参观品尝,然后对外展示。世界饭店协会主席罗森托先生参观时,闻到牙签肉香味止步观看,车明印马上拿出一支让他品尝,他一边点头一边OK,还示意要点带走,车明印破例送了罗森托两袋。当晚,车明印被特邀参加了由组委会举行的各省、市、自治区代表团团长、全国知名酒店老总和参展参赛部分代表共一百多人的招待酒会。酒会上,江苏、河南、山东等几家酒店老总品尝了牙签肉后,一直反映很好,要了车明印的名片,表示想把牙签肉引进自己酒店,派厨师前去学技后,作为特色菜摆上酒席。

27日7点至9点,评委们兵分三路,每组9位国内德高望重的资深食品专家组成对食品进行评审。从11月26日至29日,经过三天时间反复多次评审,车牌牙签肉一路过关斩将,以配方、工艺、样式和风味独特,外酥里嫩,低脂肪,高蛋白,品种全,市场广,保质期长,既是酒菜佳肴,又是休闲食品等特点,征服了挑剔的评委,赢得了专家和领导的赞誉和认可。中国饭店协会授予其"中国名小吃"和"中国名菜"两项殊荣。通过参加此次博览会,车牌牙签肉美名得到了极大的提升。

点 评

参加博览会也是一种特殊的展览、展销方式。展览、展销活动是社会组织通过综合运用各种媒体、手段推广产品,宣传组织形象,建立良好公共关系的一种专题活动。通过展览、展销活动,既可以向公众展示自身的发展过程,可以增进消费者对企业的了解,为消费者和企业之间的沟通搭建一个平台,加强双方的合作,宣传企业产品的整体形象,争取更多消费者,提高市场占有率,获取更多的经济利益;也可以向社会广泛征集信息,及时了解大众需求的演变动向,进一步为开拓新市场做好铺垫。

展览、展销活动就像一场商业演出,如何使参展产品打动更多观众的心,需要的是公关人员的整体精心策划。真正成功的策划绝不是千篇一律、千人一面,只一味地依赖于新闻媒体的宣传、铺天盖地的广告。普通的新闻媒体和广告宣传已经成为大众化的宣传手段,由于反复使用的形式容易引起大众审美疲劳,很难吸引大众的注意。优秀策划人就要跳出俗套,创办出自己的特色,新颖、奇特,具有创新性的展览才能取得良好的效果。

回味隽永

　　本篇试图通过以上众多案例以及解析,说明了作为公关手段的宣传在打造企业声誉、树立企业形象中的重要作用。简单说,公关就是一种宣传、传播。大众接触传播媒介,开始受传活动后,无论是视听还是记忆都需要有注意地参与。注意分散,传播就只能成为一种形式,大众会对其宣传视而不见、听而不闻。所以,宣传方式不能"千篇一律",尤其是处在现代通信媒体发达的社会中,宣传更要讲究方法。新颖、巧妙、别致的宣传才能吸引大众的注意,起到计划中宣传效果。通过以上案例的分析可以总结出以下三点巧妙宣传策略。

　　第一,创造机会,进行自我宣传,自我推销。这要求企业主动出击,主要有针对产品做宣传广告;召开新闻发布会,通过新闻媒介进行宣传;策划企业产品展览、展销会等。例如以上案例中的双汇在天安门做广告,天安门一直是中国政治的象征,在这一特殊的场合做广告就容易引起大众的注意。车牌牙签肉参展这一案例中,就是通过策划新颖的展览会宣传企业和产品的,这种展览会的形式更容易拉近企业和消费者的距离,增加双方的了解与沟通。

　　第二,抓住契机,让别人说自己好。让别人说自己好就是通过名人、有关方面的专家做产品形象代言人,为产品做宣传。大众更容易认可名人和专家权威人士推荐的东西,有名人和专家的推荐就会让消费者信心倍增,更加放心地去使用其产品。但是,企业花重金请名人,经过包装做出来的代言活动效果并不一定能达到最佳。而抓住契机,不用花钱让名人为产品做免费的宣传却能达到意想不到的效果。在主案例中,健力宝美国分公司工作人员精心计划,抓住希拉里出席美国民主党候选人克林顿的助选大会的契机,巧妙利用美国第一夫人希拉里的名人效应来为其产品做了一次免费的宣传。

　　第三,把握商机,声东击西。这是企业公关传播常使用的一种迂回策略。声东击西就是不提跟自己产品太多有关的东西,而是通过其他活动表现自己的形象。比如,上述案例中今麦郎就把握住南极科考这一蕴含巨大商机的好时机,对南极科考人员进行赞助活动,巧妙地宣传了自己。中国此次南极科考是全世界都在关注的一大热点事件,通过对热点事件的赞助巧妙迂回地为其产品做了宣传。在史镜今鉴的两个古代案例中,李五和山西晋商集体就有意无意中采取了这种迂回策略,通过乐善好施以及无偿捐助的慈善赈灾活动,感动了群众,从而树立了良好形象,促进大众对其产品的认可。

企业形象作为一种无形资产(资源),已上升到与人力资源、物力资源、财产资源并列的地位,它在企业发展、新市场开拓中起着极其重要的作用。良好的公众形象,是企业最宝贵的财富。它不仅能有效地吸引各类人才,而且能吸引各种资金流入;不仅能提高企业产品或服务价格,拓展市场份额,而且能提高企业市场竞争力,大大增强企业竞争优势。在经济全球化的今天,树立良好的企业形象就显得更为重要。因此,塑造良好的企业形象,进行企业形象公关成为企业现代管理的重要内容。

从以上有关企业形象公关案例的介绍、分析和论述中可以看到,企业形象公关的手段、方法和途径是多种多样的。这些企业形象公关的方式手段不是截然分离的,而是相互配合的。塑造良好企业形象必须要通过企业形象设计、形象塑造、形象传播、形象反馈等这一系统工程来进行企业形象公关,单独进行某方面的公关是不完善的。只有对企业形象进行全面系统的公关,才能塑造更持久的良好企业形象。由于企业形象公关的途径方法是多样、丰富的,篇幅有限,不可能系统地介绍企业形象公关,以上有关企业形象公关的方法、途径只是冰山一角。俗语说:一粒沙中看世界。通过对企业形象公关沙粒样的介绍,希望读者能看到有关企业形象公关方面更广阔的世界。

第四篇

科技影响中的企业危机公关

——某通信公司"6·25"断网事件

　　科技是一把双刃剑,它给人类带来巨大利益的同时,也给人类带来各种的灾难。对于企业来说,科技的双刃剑性质显得更为突出。一方面如果企业很好地利用科技,那么这个企业就有可能成为龙头企业。一方面如果企业没有充分地利用科技,或者在新的时代里与科技脱钩,那么这个企业的生死存亡就会是一个问题。随着时代的发展,科技的竞争越来越激烈,为了永葆强大的生命力和竞争力,众多企业都会不惜一切代价去占有和充分利用高科技。

开篇之述——某通信公司"6·25"断网事件

据媒体报道,2009年6月25日晚间6点左右开始,广东、上海、四川、云南等地相继有用户报告无法打开网页的现象,同时,北京、杭州等地区的用户腾讯QQ掉线并无法登陆,QQ多款产品均无法使用,网易泡泡、阿里旺旺等IM工具也从5点50分开始出现不能登录的现象。

发生断网事件后,26日凌晨2点左右,中国各地网民纷纷发帖询问。对此,该公司相关人士并未承认,仅表示若发生断网问题也属于局部线路问题。但国家电脑网络应急技术处理协调中心一位工作人员证实,在25日下午,的确监控到用户产生的流量发生明显下降。

6月26日针对晚间发生在广东、上海、四川、云南等地的断网事件,该公司相关人士对比特网(ChinaByte)表示,目前尚未就此有官方解释,此现象或与腾讯QQ等受黑客攻击有关。

27日广东分公司发布道歉信并解释断网事件的原因,称该次事故出现是由于互联网络集群中两台重要路由器运行异常所致,该公司在当天已经采取紧急应变措施,两小时内网络已基本恢复正常。至于具体故障原因,广东分公司还在深入调查中。

27日据《南方日报》报道,广东分公司已将此事件移交公安机关取证调查,可以肯定断网的原因是"外力强加导致"。

两个月之内,全国发生两次大面积的网络故障。5月19日那一次,该公司后来找到暴风影音作为替罪羊。这一次该公司虽然很快找到了"病根子",然而具体的故障原因"还在调查中"。该公司就"6·25"断网事件发表公告,对此前互联网故障对用户造成的影响致歉,至于故障原因,公司则表示仍在调查中。

此次断网事件造成全国90%以上的电信瘫痪。此次断网事件比

"5·19"更为严重。

开篇之论

在信息时代,对于网络而言,网络技术有了很大的发展,然而网络的安全也面对着更大的挑战。网络黑客等使用的手段和工具借助于科技也显得更加尖端。在网络安全这个问题上各国都是加倍的小心谨慎,因为一旦其数据库被盗,尤其是银行、国防、电信等这些事关国家安危的单位。

此次断网事件,虽然时间很短,然而影响却非常深远。事件发生后,各大网站很快进行传播和转载断网事件。然而该公司在此事处理上却存在很多问题。

第一,该公司不符合速度第一的原则。在断网后,该公司没有及时给向公众解释事件发生的原因,也没有及时给公众带来的不便作出道歉。当各大网站都在讨论此事时,该公司对此事还没有做官方的解释,也没有调查清楚事件发生的原因。该公司这样的做法,给公众留下了极坏的影响,一时间各大网站对电信议论纷纷。

第二,网络防御意识薄弱,责任意识薄弱。这次断网事件充分说明了网络安全防御上存在很大的问题。从5月份到6月份短短两个月的时间居然出现了两次大规模的断网事件,这就说明在网络安全防御方面比较粗心大意。断网事件发生后,该公司没有担起责任,也没有充分利用媒体和公众沟通。两个小时后,网络连接上之后,该公司只是在网络上发了一封道歉信。虽然广州分公司把事情交给公安部去处理,整个过程中,该公司都显得比较被动。

第三,网络出现带来的影响。前文已经说过,科技是一把双刃剑,它给人们带来利益的同时,也给人们带来巨大的隐患。就这次断网之事来看,之所以断网,说明电脑黑客的技术和手段要比该公司的网络安全防御系统技高一筹。虽然科技进步了,网络给人们带来了方便,但各种病毒也层出不穷,这给人们带来新的挑战。

总之,这次断网事件,在科技日益进步的信息时代,有关部门应该充分提高科技创新能力,以此来应对各种高科技带来的危机。同时各企业单位也应该增强抵御网络危险的能力,减少事故几率。这对企业而言,危机管理的重点或许就应该在完善企业内部管理的同时,应该更加关注内部网络的防御系统,增强网络危险的抵御能力,以免重要数据丢失,致使企业机密被泄露。

史镜今鉴

晋商在当时也曾海内外闻名,其中发展比较晚影响比较大的要数乔家的商业。至今还有"乔家大院"的遗址,可见当时乔家商业对后世的影响。

乔贵发是乔家商业的创始人,清乾隆六年,他在绥远、包头一带与人合开草料铺并经营豆腐、豆芽、烧饼、切面以及零星杂货,后来又扩大经营,经协商后来把店铺的名称定为广盛公,这是乔家第一个有名称的商号。乾隆后期,改名为复盛公,经营生活必需品。生意有所发展后又开设了当铺、估衣铺、钱铺等。乔家商业范围地处内蒙古游牧地区和中原汉族地区交界的地方,贸易的对象比较大,商业有了很大发展,一直垄断着交界处的贸易。

光绪十年(公元1884年),乔家创办了大德通、大德恒两个票号。光绪三十年,乔家又独立资本,在包头增设了复盛全、复盛西,以后又增设了复盛菜园280亩及复盛协、复盛信、复盛油场等,统称"复字号",形成一个庞大的商业网络,垄断了包头的商业。后来乔家又垄断、操纵了蒙古市场,进而把商业字号陆续延伸至平津、东北直到长江流域各大商埠,至此乔家商业达到鼎盛时期。

乔家商业从乔贵发白手起家到鼎盛时期,自然会有很多优势,比如说用人之道,在这点上乔家第三代继承人乔致庸就具有非凡的能力。他就曾经大胆地使用了一个没有文化的乡下人做掌柜,而且后来这个人的确发挥了很大的作用。可见在用人上乔家有过人的见解,这点值得今天以学历为门槛的众多企业思考。另外,支持乔家商业发展兴隆的一个重要原因就是诚信,这点又是今天很多企业所缺少的。然而,这么鼎盛的产业为什么很快就衰落了? 这也给我们带来很多的疑问与思考。

首先是政治动荡,大量银两流失。在晚清八国联军入侵,慈禧太后西逃,到了太原狼狈不堪,就向乔家借30万两,李鸿章组建北洋水师,乔家捐银10万两,帮助购军舰一艘。左宗棠平定西北,乔家票号曾为之办理款项汇兑。北洋军阀时期,冯玉祥部队向西北撤退,军饷由包头商号筹垫,乔家复盛公、复盛全、复盛西损失粮食300万担,还有银元等,合计大约损失150~190多万银元。本来社会动荡不安,生意就很难做,再加上巨额的银两被挪用,造成乔家商业由盛而衰!

其次是内忧外患的国内形势。辛亥革命前,南方革命党活动频繁,武昌起义时,许多票号钱庄都被抢劫。辛亥革命后山西票号总体上土崩瓦解。八国联军的入侵致使乔家生意更不好做。1937年10月,日本军队占领包头,复盛西、复盛公、复盛全这三家当铺和估衣店并入日伪新银当;两家钱庄并入日伪的同和实业银行,资金、实物等一律交给了日本人,剩下少数商业苟延残喘。

再次是过分的集权。乔家的商业历代相传,都是长子继承,而不是考虑其他子孙的能力,以及长子是否擅长。继承人又赋予店铺大掌柜的权力过大,而且没有什么方针政策,也没有什么监督措施。这在一定程度上削弱了东家的权力,这也是乔家商业在管理上存在的一个缺陷。

最后是缺乏改革意识。随着科技的发展,交通变得更加便利快捷,比如火车轮船的开动,致使商路的改变,使山西失去了地理优势。而乔家却没有能够跟上时代的步伐进行及时的改革,比如说搬迁店铺,改换经营的范围等,这是乔家商业衰落的根本原因。

乔家商业衰落的根本原因是完全忽视了科技的发展,下面几组事例是科技发展对企业的影响,那么结果又是什么呢?

拍案一　中国第一汽车集团公司成功之道

2005年,中国第一汽集团公司(以下简称"一汽集团")成功入选世界前 500 强的行列。

2006年，一汽集团成功投放了红旗 HQ3、奔腾及威志轿车，订单数量都超出预计目标。红旗新旗舰加长防弹车在北京车展展出。

2007年，解放重型卡车 J6 实现牵引系列 5 种车型投产，标志一汽集团具有国际技术水准的重型卡车率先占据了国内高端产品市场位置；同年 AO 系列产品开始试制；红旗 C601、HQE 加快研发步伐；轿车动力总成变速箱发动机研发取得突破性进展；天津一汽夏利汽车股份有限公司启动了 5 款新车的研发，这些新的关键产品，将使夏利、威志等经济型轿车在未来的市场竞争中形成团队合力；同年一汽集团 CA6DM 大马力重型柴油机、汽油直喷发动机、CA6DL 电控共轨柴油机的成功点火，标志一汽集团在卡车研发核心技术领域取得了新的突破。

2008年，一汽集团的奔腾09款、天津一汽夏利汽车股份有限公司威志 09 款和夏利 N3 年型车，符合国 III 标准的中重型卡车、CA6371 微型车、L501 轻型车等相继推向市场。

2月22日，我国第一款自主研发的 V 型 12 缸发动机（CA12GV）在一汽技术中心点火成功。

5月15日，一汽集团为北京奥运会研发的 6 台奔腾混合动力轿车和 12 台混合动力公交客车运往北京试运行。此次出征的乘用车为技术含量最高的强混合动力系统构型，节能和改善排放潜力大、综合指标达到国际先进水平。

12月22日，一汽集团自主研发的 CA6DM2(11L) 重型柴油机在解放公司无锡柴油机厂成功下线并批量投产。

2009年7月，一汽集团又有两款自主研发的高技术含量的发动机——CA6GV 汽油机、CA4DD 柴油机，在一汽集团技术中心成功点火；国际汽车制造商协会（OICA）公布了 2008 年全球主要汽车厂家按自有品牌汽车产量的世界排名。一汽集团以 63.8 万辆的产量领跑中国企业排名，以产量计在全球主要汽车厂家中排名第 20 位；同时《世界机械 500 强》发布大会在北京人民大会堂召开，一汽集团排在第 38 位。

8月12日，一汽—大众汽车有限公司奥迪销售事业部宣布，全新奥迪 A4L 2.0TFSI 运动型和 1.8 TFSI 舒适型两款车型正式上市。

9月16日下午，"2010 款奔腾 B70 上市会"在北京嘉里中心大酒店隆重举行。5 款内外形象焕然一新的 2010 款奔腾 B70 正式与公众见面。

10月20日，一汽集团承办的 2009 中国汽车第 1 000 万辆下线庆典在一汽解放 J6 生产线隆重举行。

点 评

由上述事件,我们来看一汽集团的成功之道。由上不难看出一汽集团成功的核心理念就是科技创新发展,与时俱进。邓小平说:"科学技术是第一生产力"。科技创新能力也是衡量一个国家综合国力的一个重要标准。对于一个企业来说,科技创新能力在对企业能否经得住激烈的竞争起着举足轻重的作用。为迎接新世纪的挑战,科技是关键。

在这方面,一汽集团给众多的企业树立了榜样,一汽集团高度重视科技创新,而且内部有专门的科技创新机构,每个创新部门分工很细。江泽民说"创新是一个民族进步的灵魂,是一个国家兴旺发达的不竭动力",在这个角度上来说,科技创新就是一汽集团发展的动力源泉。一汽集团的科技创新主要表现在以下几点。

第一,技术创新。改革开放后,一汽集团相继从国外引进四十多项整车和零部件先进技术,并通过对这些引进技术的消化吸收和再创新,一汽集团经过"六五"技术改造和"七五"、"八五"的建设与发展,已经形成中、轻、轿全面发展的格局,在产品结构调整中抓住技术创新这个龙头,走出了一条具有一汽集团特点的道路。

第二,营销创新。一汽集团通过营销策略和政策的不断调整,控制与主要竞争对手的性价比关系,推出特装版、年型车、探索量价平衡点,销量不断创出新高,年销量突破8万大关;一汽大众深化营销变革,把先进的国外理念引入本部,强调快速和有效的市场对策。

第三,人才创新。据有关统计数字显示:近三年来,一汽集团员工经济技术创新能力不断提升,有88 191人参加经济技术创新活动,实现创新成果110 278项,为企业创造了巨大的经济效益。一个争做"知识工人",打造技术创新平台的热潮正在一汽集团掀起,并辐射到全国。

总之,一汽集团的技术中心始终"以掌握核心技术为主体"的自主创新发展为目标,走科学、可持续发展的自主创新之路。多年来,一汽集团技术中心紧跟汽车产品技术发展的脉搏,凭借自身所具有的强大的产品研究、开发、整合及生产和市场推广能力,向汽车高新技术和核心技术进军。

拍案二　丰田汽车"霸道"广告风波

2003年第12期《汽车之友》和美国《商业周刊》中文版刊载了两则丰田汽车公司新车广告,其中一个广告是,在崎岖的山路上,一辆由一汽丰田生产的"陆地巡洋舰"迎坡而上,后面的铁链上拉着一辆看起来笨重的大卡车;另一个广告是,一辆行驶在路上的丰田汽车引来路旁一只石狮的垂首侧目,另一只石狮还抬起右爪敬礼。该广告的文案为"霸道,你不得不尊敬"。这两则广告一亮相就引起了一场轩然大波。很多网友在新浪汽车频道、TOM以及XCAR等网站发表言论认为,丰田的广告侮辱中国人的感情,伤害了中国人的自尊。原因就是,石狮子有象征中国的意味,"丰田霸道"广告却让它们向一辆日本品牌的汽车"敬礼"、"鞠躬"。"考虑到卢沟桥、石狮子、抗日三者之间的关系,更加让人愤恨"。对于拖拽卡车的"丰田陆地巡洋舰"广告,很多人则认为,广告图中的卡车系"国产东风汽车,绿色的东风卡车与我国的军车非常相像。"

12月2日,《汽车之友》在自己的网站上向读者致歉,同时表示将停发这两则广告,由于发行原因,将于2004年1月在下一期杂志上正式刊登道歉函。

12月3日,丰田汽车公司中国事务所公关部的电话几乎被打爆。部分媒体在京的记者聚集到丰田汽车公司中国事务所所在地——北京京广中心,要求采访。当天下午,紧急会议在京广中心召开。会议上,丰田汽车公司主要领导中国事务所代表杉之原克之、一汽丰田汽车销售有限公司总经理古谷俊男、副总经理王法长、董海洋、藤原启税等全部到场,接受记者采访。晚上6点30分,丰田汽车公司又紧急召集记者到京广中心,由一汽丰田汽车销售有限公司总经理古谷俊男正式宣读了道歉信。在致歉信中,丰田汽车公司表示,"对最近中国国产'陆地巡洋舰'和'霸道'的两则广告给读者带来的不愉快表示诚挚的歉意","目前,丰田汽车公司已停止这两则广告的投放"。丰田汽车公司表示,将从今天起在全国30家媒体上刊登致歉信,并已就此事向工商部门递交了书面解释。目前,尚未接到工商部门的回复。古谷俊男表示:"出现这样的事情完全是我们的责任,应该由我们自己来承担。"同时称"这两则广告均属纯粹的商品广告,毫无他意"。

12月4日,丰田汽车公司中国事务所及其合资公司——一汽丰田汽车销售有限公司召开座谈会,就"丰田霸道"和"丰田陆地巡洋舰"两款汽车的广告向中国消费者致歉。丰田汽车公司中国事务所理事、总代表服部悦雄、代表杉之原克之、一汽丰田汽车销售有限公司总经理古谷俊男、副总经理董海洋、藤原启税等出席了座谈会。

会上,古谷俊男首先代表丰田汽车公司通过在座的新闻媒体向中国消费者道歉:"虽然我们在投放广告之前没有任何意思,但由于我们表达的不妥帖,在中国消费者中引发了不愉快、不好的情绪,对此我们表示非常遗憾。公司在事件发生后首先停发了这两个广告,并在一些媒体发布致歉信,同时也在丰田网站上登出。为了防止类似事件发生,公司正在采取相应措施,以坚决杜绝类似事件的发生,我们希望在最短的时间取得消费者的谅解和信任。"

12月4日,这两则广告的制作公司也公开致歉,表示:"一些读者对'陆地巡洋舰'和'霸道'平面广告的理解与广告创意的初衷有所差异,我们对这两则广告在读者中引起的不安情绪高度重视,并深感歉意。我们广告的本意只在汽车的宣传和销售,没有任何其他的意图。"同时还表示,"对出现问题的两则广告已停止投放。由于12月的杂志均已印刷完成并发布,这两则广告将在2004年1月份被替换。"

丰田汽车公司的诚恳态度得到了公众的谅解,12月5日后,整个事件就告一段落。

点评

随着时代的发展,科技创新在企业的发展中显得尤为重要。谁首先占有了高科技,也就意味着谁首先在企业界占据了独特的优势,拥有了最雄厚的资本,最有可能占领未来的市场。就像美国的硅谷,一直拥有领先的科技,因此,一直占据着市场。因此,未来企业之间的争战某种程度上可以说是高科技的竞争。

创新需要科技,创新也离不开科技,而创新表现在很多方面,广告创新也是其中之一。很多的企业不惜投资大量资金去做广告,以此促进消费。好的广告确确实实给很多的企业带来不可估量的资产。上述丰田汽车公司也想通过新颖别致的广告来引起世界的关注,以此打开市场。它的出发点是好的,然而在广告的设计上却考虑不周。以致广告一上市就引起了伤害民族感情与尊严的嫌疑,在公众的信任上首先就打了个大大的问号。然而,丰田汽车公司在此事发生后的处理过程中显示出来三大亮点。

亮点一:丰田汽车公司诚恳道歉的态度。在事件发生后的丰田汽车公司首先在新浪等主要网站上发表道歉信,紧接着又召开媒体道歉会,公司高层领导亲自出面道歉,古谷俊男首先表示,"丰田汽车公司对最近中国国产'陆地巡洋舰'和'霸道'的两则广告给读者带来的不愉快表示诚挚的歉意。这两则广告均属纯粹的商品广告,毫无他意。"借助媒体宣传的力度与影响力,一方面向各界表示道歉。一方面为公司赢得舆论与公众的信任。这在一定程度上缓和了事态的进一步恶化,给下一步的措施争取了时间,这是丰田汽车公司危机处理过程中的第一大亮点。

亮点二:积极承担责任。丰田汽车公司对于事件的发生,没有找其他理由,比如说借口狮子并非中国独有,而是从西方传来的。或者说陆地巡洋舰拉的并不是东风卡车,而是一辆虚构出来的假车。然而丰田汽车公司没有那样做,而是承担了责任,认为:"我们是广告主,我们要负责任"、"这两则广告是一汽丰田和盛世长城两家公司决定的,事先并没有征求丰田汽车公司中国事务所意见。我们以前每则广告都要征求丰田事务所的意见,但这次把这道程序给落掉了,这是我们的失误",这样会给公众一个很好的影响,至少可以让公众相信丰田汽车公司是一个比较负责的公司,这是亮点二。

亮点三:赢得中国政府部门的援助。赢得中国政府部门的援助可以说是丰田公司最为高明的一点,在事发后丰田汽车公司一边做好道歉的工作,一方面向中国工商部门递交情况,并请求援助。众所周知,在事发后,公众都是很想听到该国政府权威部门的声音。而且一旦事情恶化,比如说,公众出现过激的行为,如果该国政府权威部门不发表声明,后果将不可设想。丰田汽车公司的高明之处,首先就向中国政府部门解释情况,而且请求援助,这样在一定程度上稳定了形势的进一步恶化。

总之,虽然丰田汽车公司成功的平息了这件风波,但给我们的启示是,企业在宣传产品的科技创新内容时,需要注意对表现形式的充分权衡,并且尊重本土文化,以此加强传播的风险控制,避免引发形象危机。

拍案三 康泰克 PPA 事件

1996年,耶鲁大学的一个医学研究小组经过研究发现:过量服用PPA会使患者血压升高、肾功能衰竭、心律紊乱,严重的可能导致因中风、心脏病而丧生。

2000年11月6日,美国食品与药物监督管理局(FDA)发出公共健康公告,要求美国生产厂商主动停止销售含PPA的产品。

中国国家医药监督管理局(SDA)于2000年11月16日发布了《关于暂停使用和销售含苯丙醇胺药品制剂的通知》,宣布暂停销售含有PPA(苯丙醇胺)的15种药品,并且是以中国红头文件的形式发至中国各大媒体。在15种被暂停使用和销售的含PPA的药品当中,包含了中美天津史克制药有限公司生产的康泰克和康得两种产品。

面对突如其来的变化,史克公司迅速做出回应。首先,在收到通知的当天,公司迅速将全国各地的销售经理召回天津总部,并且在公司的内部,迅速成立了跨部门危机管理小组,由总经理亲自领导,相关的高层和部门主管参与,十余名工作人员负责协调。在离津的时候,全国各地的销售经理都已经带着统一撰写的中美史克《致医院的信》和《致消费者的信》到各地安抚消费者。

其次,设置专门接待人员,正确引导媒体的舆论导向。在事发后,公司总部特别指定中美史克天津制药有限公司总经理杨伟强先生担任新闻发言人,专门接待和回复各大媒体的采访。这样各大媒体得到的信息都是一致的,不至于有媒体对事件的猜测引起炒作,尽量为公司挽回正面形象。同时也就是在通知发出的第二天,中国环球公关公司就开通了热线电话,解答所有来自全国各地的媒介咨询电话。更为完善的是,公司还先后召开了媒介恳谈会、CCTV新闻、座谈会、专访等,向媒体解释事件的整个过程,同时借助媒体向公众致歉。也是由于公司总部危机公关工作训练有素,所以中美史克对外发言人的回答给与会媒体留下了深刻印象。

再次,高度贯彻对公众负责的精神。在媒介恳谈会上,中美史克做出"无论如何,维护广大群众的健康是中美史克公司自始至终坚持的原则"的立场和决心。执行政府暂停令、向政府部门表态、坚决执行政府法令、暂停生产和销售;通知经销商和客户立即停止康泰克和康得的销售,取消相关合同;停止广告宣传和市场推广活动。回收市场上的康泰克,进行统一销毁,对有不良反应的消费者进行赔偿。始终贯彻对公众负责的精神。

最后,加快科研步伐,推新产品面市。在会上,中美史克鼓励所有的科研人员快速研制出新的产品,推出新一代不含PPT的新康泰克。新康泰克采用的是不含PPA的新配方,而用了盐酸伪麻黄碱,即PSA取代了PPA。另外,新康泰克采用了全新缓释技术,保留了12小时持续特点,使药效平稳地释放。而且所研制出的产品高于康泰克等药品的成效,更便宜,以改善其在大众心里的原有印象,保持品牌的先进性。使公众再次确认本公司产品的可信度,提高公司产品的市场份额,迅速扩大销售市场。

点评

PPA事件289天后,中美史克公司将新康泰克产品推向市场。中美史克公司仅广东新药上市头两天即拿到几十万元订单,通过实施危机期间的媒体关系管理方案,中美史克有效控制并处理了由PPA事件引发的重大危机,保护了品牌,更为重返感冒药市场奠定了良好的舆论基础,同时这份订单表明分销商对中美史克公司和新康泰克的信心;这份订单也证明:有效的媒体关系管理帮助中美史克公司走出PPA阴影,使中美史克公司的品牌重生;这份订单也证明:科研产品的更新是对康泰克的品牌保护以及对新康泰克重新赢得昔日"老大"地位奠定了坚实的基础。也许可以说,这次事件中,中美史克牺牲了经济效益,却赢得了社会效益。

本篇主要叙述的是科技对企业的影响,更多谈的是企业在由高科技带来负面影响的应对策略。的确,在科技高度发展的时代,科技确实给众多的企业带来了便利。同时由于企业的一时不慎也着实造成了一些不良影响。那么作为企业,应该如何做好科技攻关这一工作呢?

第一,企业必须自身具备规范的危机应对机制与体制。这是一个企业必须具备的危机应对机制。如果一个企业没有完善的危机处理预案,在危机面前就会变得束手无策。比如说,上述乔家商业发展的兴衰案例中,乔家商业衰落的根本原因就是完全脱离了科技的发展。同时,乔家的决策人也没有应对危机的机制和预案。这也致使在交通运输业发达的时候,乔家商业束手无策,只能看着商业一步步地走向衰落。因此,对于企业来说,在发展的同时要时刻考虑科技的进步与发展。同时,还要有预设好的危机应对的流程和方案,只有这样企业才能在危机面前有充分的应对预案。

第二,面对危机的过程中,企业的内部一定要保持高度的协调统一,而且要迅速解决危机。比如通信行业,如果不紧跟科技的发展,肯定很快就会被淘汰。既然公司能够健康地发展,就说明它们在高科技方面还是投入了很大的精力。然而公司对科技发展的负面影响却有所忽视。比如本案例中的某通信公司这次断网风波,公司忽视了科技发展的负面影响,致使短短两个月之内就出现了两次大规模的断网事件。在面对危机时,通信公司内部就显得不够统一,在解决问题时整体也不够统一。在断网事件发生后,该公司对断网事件反应迟钝,而且迟迟没有调查清楚,这就表明在企业内部的运转不够高度统一。在这方面,中美史克公司就给众多的企业一个很好的榜样,他们在应对危机时上下一致,整个协调统一。因此PPA事件之后,中美史克公司依然占据了药市的老大。

第三,要正确面对和处理媒体信息。信息时代,媒体会对事件的发展高度关注,如果处理不当,很可能就会遭到媒体的炒作。因此作为企业在应对危机时,如何引导媒体的舆论导向是一个不容忽视的问题。如果能够处理好媒体的舆论导向,在一定程度上也就遏制了事态的恶化。比如上面几组案例,能够正确引导媒体舆论导向的,基本上挽回了企业的正面形象。没有正确引导好媒体舆论导向的,都会致使事态恶化。因此,企业要正确引导媒体的舆论导向,不仅如此,还要充分与媒体沟通和交流。最好能够派专门的公关人员来与媒体沟通和交流,以免造成由于信息不够准确、统一而造成媒体的炒作。

总之,科技发展了,企业要面对和处理的问题很多。企业要充分做好危机应对预案和机制,平时要有一套运转良好的危机应对机制。所以企业危机公关,必须把科技因素考虑进去,仅仅使用传统的应对方式是远远不够的。在这方面,康泰克PPA事件的应对之策是值得效仿的。

第五篇

品牌化之路 "赠人玫瑰，手留余香"——公益的魔力

——美国联邦快递公司用公益塑造品牌企业

当广告作为品牌宣传的主要方式被普遍使用时，时之长久，必定会使消费者产生类似审美疲劳一样的"广告疲劳"，他们对广告不再感到新鲜，不再相信广告，特别是当虚假广告也混杂入这一传播过程中时，消费者甚至开始对广告有了不自觉的抵触情绪，对它的不信任也不可避免地产生了。于是，企业开始思考另一种更有效的品牌宣传方式。有人将这种另辟蹊径的公关策略形象地称之为"品牌美学"。是的，我们的品牌创设已不是一个简单的宣传活动，而应是一场系列化、规范化的系统工程，只有这样，才能将品牌的形象以最有效的方式传达给每位消费者。公益活动和公益广告，也许可以算是企业找到的一帖良药。

公益活动是指一定的组织或个人向社会捐赠财物、时间、精力和知识等活动。常见的赞助体育活动、赞助文化活动、赞助教育事业等都是公益活动。公益广告是指以为公众谋利益和提高福利待遇为目的而设计的广告，它是企业或社会团体向消费者阐明它对社会的功能和责任，表明自己追求的不是从经营中获利，而是过问和参与如何解决社会问题和环境问题这一意图的广告。它不是以盈利为目的，而是为社会公众切身利益和社会风尚服务的广告。正是由于公益广告和公益活动具有效益性、主题的现实性和表现的号召性三大特点，更多的企业开始选择去制作通常由政府部门来做的公益广告或参与公益活动来提高自己的知名度，扩大自己的影响，同时更进一步提升自己的品牌形象。事实证明，这样的选择是明智的。

开篇导例

开篇之述——美国联邦快递公司用公益塑造品牌企业

总部设于美国田纳西州,创始于1971年的美国联邦快递公司(以下简称"联邦快递公司")是一家国际性速递集团,提供隔夜快递、地面快递、重型货物运送、文件复印及物流服务。其品牌商标"FedEx"是由公司原来的英文名称"Federal Express"合并而成,标志中的"E"和旁边的"x"刚好组成一个反白的箭头图案,代表着快速和直达。

对于一家快递公司而言,关乎其企业生存发展的重要思考就是如何迅速、安全、可靠地传递各种信息和货物。在对市场进行了实地的调研之后,基于快递公司要求迅速、安全、可靠的特点,联邦快递公司于2004年联合全球儿童安全网络宣布:将携手亚太地区推出作为世界卫生组织旗下"世界健康日"活动组成部分的"儿童步行安全"活动,共同对抗导致14岁以下儿童死亡的一大"杀手"——道路交通意外。这项活动不但包含研究和资料收集工作,而且还要建立一支安全工作小组,纳入本地的执法机构,致力于推广儿童安全步行的概念。

之后的2005年3月,联邦快递公司在调查了上海市的交通状况后,也选择了与"儿童步行安全"活动主题相同的行动——策划了"大手牵小手"行动,即由联邦快递公司的志愿者带着孩子们过马路,亲自示范安全步行的准则。借着这样的机会,传达出公司的理念:既讲速度,又讲安全!

在此之后,联邦快递公司并没有将这样的活动停止,在经过对其他城市的调研之后,针对儿童步行安全的保障问题,联邦快递公司结合全球儿童安全网络提出了一系列实际可行的方案。

2009年9月3日,联邦快递宣布为天津的学龄儿童启动"儿童安全步行月"活动。这项活动还在北京、成都、广州、上海、武汉和厦门等6个城市举办,鼓励孩子们在步行上学或在社区周边活动时养成安全过马路三部曲"停、看、过"的良好习惯。

这种对于公益事务的认真负责态度为联邦快递公司赢得了不少称誉,而这些好评又直接加深着联邦快递公司在消费者心中的好感。

除了举办"儿童步行安全"活动之外,在公益活动上,联邦快递公司自2006年起选择中国国家羽毛球队作为自己的赞助对象。2009年8月20日联邦快递宣布延续对中国国家羽毛球队的赞助。

开篇之论

毫无疑问,品牌是做出来的。但是,如何去做,却是一个需要认真思考的问题。在信息更加畅通的今天,在各种宣传传播方式充斥消费者视线的今天,如何使自己脱颖而出,无疑是个最需解决的难题。

联邦快递公司的成功之处就在于,选择了一个合适的方式和合适的对象,从而将自己以非常正面积极的形象宣传了出去。

这场成功的品牌宣传是和公司前期的调研、策划、创意分不开的,正是对市场准确的把握、富有品牌针对性的策划和创意,使得联邦也准确高效地向广大消费者传达了自己的形象。

作为快递公司的业务需求,"快"和"安全"是他们要考虑的最大问题。而"快"和"安全"都是相对抽象的概念,如何将这抽象的特点以生动具体的外在表现表达出来,无疑是个最难解决的问题。如果只是简单地用商业广告说如何"快",如何"安全",也是难以让人信服的。

选择加入"儿童安全步行"活动,是联邦快递公司体现自己社会责任和社会道德的一面,显示了作为一个企业的良好姿态,同时,这样的活动所强调的"安全"、"快速",又正好和快递公司的服务宗旨和服务理念相匹配。于是,在成功地完成公益事务的同时,公司也得到了宣传。

联邦快递公司选择对中国国家羽毛球队进行持续赞助,也是有其特定思考的。羽毛球运动所追求的速度、精准性、团队精神等,也正是联邦快递公司欲以秉承和追求的目标。如此相似的特点,如此精准的分析,如此坚持的赞助,使得联邦快递公司将自己的服务理念通过赞助活动这一公益方式很好地推广了出去。事实证明,这样的赞助活动很好地将联邦快递公司的企业品牌精神传播了出去,而这样所达到的效果,又比直接的商业广告要超出许多:十三亿中国人的内心感激和支持就已经比任何的宣传都要伟大了。

史镜今鉴

创号于清顺治六年(公元 1649 年)的方回春堂,是一家有着悠久历史的国药名店。自立业之日起,方回春堂便悉遵古方精选各省道地药材,依法炮制门市饮片,虔修各类丸散膏丹,杜煎虎鹿驴诸胶,择料讲究,选工尽善,闻名杭州,老幼皆知。

在精心经营药店、精心为病人医治的同时,方回春堂还以另一种方式得到了所有杭州人的认可。

在方回春堂的大厅里,终年备有一只大木桶,桶内装的是药店精心熬制的茶饮,免费供来往顾客饮用。而这茶饮也是由老中医精心调制而成的,随季节变化而有调整。秋冬季为"决明子苦丁茶",用炒决明子和苦丁茶等纯正中草药冲泡,具有清热降火、平肝明目、降血脂和降血压的功效;而春夏季的"六月神仙茶"则用六一散、青蒿、荷叶等组方,有清热解毒、利湿消暑的作用,老少皆宜。这样的茶饮不仅吸引了广大顾客前来品尝,杭城的百姓也习惯于路过方回春堂去喝一杯药茶饮了。

每年的"端午节",方回春堂还力求传承民俗文化,依从当地习俗,在这一天为杭城儿童免费发放 5 000 个香袋,让儿童感受一下传统的民俗神韵。香袋依方回春堂自家传统方法秘制,内有丁香、檀香、白芷、陈皮等数味中药材,具有驱虫除蛀、芳香醒脑等功效。而这一活动也早在方氏创业的时候就已经开始了。

每年腊八,方回春堂也注重杭州传统习俗,熬制腊八粥广施民众。这看似简单的腊八粥,其实更是方回春堂的一片心,一份为百姓谋福的心,一份为自己扬名的心。

在杭州,还有和北京同仁堂齐名的百年老号胡庆余堂。民国时期方回春堂与胡庆余堂、叶种德堂"三足鼎立",成为互为竞争的对手。但是方回春堂在资金和经营规模上要远远逊于胡庆余堂和叶种德堂。据资料记载,在民国二十年时,胡庆余堂的资金为 100 000 元,叶种德堂为 18 000

元,而方回春堂仅为7 280元。今天,方回春堂却凭借着自己的特色在杭州乃至全国中医药市场上占有自己的一席之地。在方回春堂,正如公司所承诺的那样:"真材实料得到最大的注重,名医良方得到最大的敬重,生命得到最大的尊重。"而方回春堂的种种举措,也都在证明着这些。每日的中药饮、端午的香包、腊八的粥,无不体现这家百年老店对社会的责任和关心,而这些细微之处,也正是方回春堂传承百年行医济世的方略。

其实,这些茶饮、香包、腊八粥,方回春堂又都巧妙地与自己的专营结合在一起——都加入了中药成分,就连平常百姓家都要喝的粥,也因加入了合适的中药材而更加营养、美味。事实上,这已经也是一种广告宣传了,只是这种宣传更加贴心、更加让老百姓直接感受到温暖。

所以,在对社会公益作出贡献的同时,方回春堂也收到了更为珍贵的回报——顾客的信任。所以,方回春堂会一点点儿地赶上胡庆余堂,而成为杭州中医药界的另一块金字招牌。

成立于1946年的雅诗兰黛公司是现在全球最大的护肤、化妆品和香水公司,旗下包括倩碧、阿拉米斯、波比·布朗、马克、原创、简、唐娜·卡兰等诸多品牌,其产品系列已在全球130多个国家销售。

短短几十年间,雅诗兰黛公司就创造了一个品牌经营销售的神话。这样的神话是和公司的经营理念分不开的:坚持为每个女性带来美丽的初衷、致力于科研的突破和创新、保持与顾客良好的交流,如此等等,都是公司优良的传统并会成为未来发展的基础。同时,雅诗兰黛也选择与时尚先驱进行创造性的合作,邀请多位在各自领域有突出成就的精英人士代言,这些策略赋予了品牌全新的魅力和内涵,象征着雅诗兰黛的当代精神,更传达了品牌长期以来所推崇的优雅和内涵,共同诉说着女性美的回归——年轻、自信、富有女性魅力。

品牌创始人雅诗兰黛一直认为:"每一个女人都可以永远拥有美丽和时尚。"由此,她将自己的生活品位和对时尚的敏感度融入品牌之中,不但重塑了美国化妆品行业的面貌,更影响了全球的化妆品市场。

正是在这种对女性的关爱理念的影响下,雅诗兰黛才发起了一次影响深远的活动,那就是"粉红丝带乳腺癌防治运动"。如今,雅诗兰黛已不再是仅仅关心女性的美丽和时尚,而更关注女性的健康和安全。

1992年10月,时任雅诗兰黛副总裁的伊芙琳·兰黛和友人在美国倡导了"粉红丝带乳腺癌防治运动",旨在向全球女性传播"及早预防,及早发现,及早治疗"乳腺癌。在他们的倡导下,如今"粉红丝带"已经成为全球乳腺癌防治运动的标志,每年10月的第三个星期五被定为"粉红丝带"关爱日,每年的10月成为"世界乳腺癌防治月"。同时,雅诗兰黛公司还志愿发放乳腺癌防治宣传手册,用这一举动唤起女性预防、战胜病魔的信心。

"粉红丝带亮灯仪式"是粉红丝带乳腺癌防治运动中的一项重要内容,这一仪式也在全球造成了很大的影响。全球五十多个国家,二百六十多个著名建筑物,如法国的凯旋门、意大利的比萨斜塔、加拿大的尼亚加拉大瀑布以及美国纽约的帝国大厦等都曾参加过"粉红丝带亮灯仪式"。2003年10月,"粉红丝带"也在中国的上海黄浦江上点亮,中国人也开始领略到她的风采。2006年,中国首次加入"粉红丝带"全球各地标志性建筑的亮灯活动,上海南浦大桥的主桥部分也被粉红色笼罩,黄浦江面沉浸在一片粉色的海洋中。

在女性乳腺癌的发病率和死亡率都不断上升的今天,雅诗兰黛的这一活动无疑是对女性呵护的最好方式。作为化妆品公司,不仅仅关心女性的容颜,而且更贴心地去关心女性的健康,雅诗兰黛已被人们称为"女性健康倡导者"。通过这样的活动,雅诗兰黛也为越来越多的女性所熟知、认可。

正如罗马诗人恩尼乌斯的名言:"好心为迷路者带路的人,就像用自己的火把点燃他人的火把,他的火把不会因为点亮了朋友的火把而变得黑暗。"雅诗兰黛的粉红丝带不仅点亮了别人,自己也因此更加明亮。

"粉红丝带乳腺癌防治运动"是一次成功的"品牌形象美学"。通过这一运动,很好地树立了雅诗兰黛的女性健康倡导者形象,同时也是一种热心公益的企业形象的巩固。而它也同样显示了雅诗兰黛健康、富有活力的企业形象。

这场运动成功的要点就在于选择了正确的切入点。女性是化妆品公司的最重要客户群,得到这一群体的广泛接受和信任,是每一家化妆品公司都孜孜追求的目标。只停留在美丽容颜层面的宣传,很容易就落入俗套,而且很难将自己与其他品牌区别开来。雅诗兰黛选择利用这样一场公益活动来进行品牌宣传,就要高出许多。乳腺癌所危害的群体和化妆品所要面向的群体是一致的,而在另一个更高层面上使女性得到信任,无疑也会直接影响到低一层面的接受和信任。雅诗兰黛所选择的就是先站住高层面,在这样的层面上将自己的品牌广泛宣传。一旦有了这样的接受基础,产品的销售自然也就不是一件困难的事了。

在这一系列的公关活动中,不难发现公司的公关策略:结合特殊时间点,制造热点事件;分阶段推进传播,注重连续性;融入民族文化,升华活动内涵;丰富活动内容,强化视觉冲击。作为一家商业公司,最基本的要义其实还是自己品牌的宣传。雅诗兰黛聪明地看到了这一活动产生的社会效应,于是一年年地连续下去,在时间和频率上,都起到了很好的强化印象的作用。不难想象,当曾经接受过"粉红丝带乳腺癌防治运动"影响的女士去选择化妆品时,看到雅诗兰黛的品牌,会自然地联想到这一品牌对女性的关爱和呵护,情感的天平也就会自然地倾向于它了。

所以,在一系列的粉红丝带亮灯仪式中,当粉红丝带点亮时,雅诗兰黛的品牌标识也同样一次次被点亮着。

三刻拍案

拍案一　蒙牛——"每天一斤奶,强壮中国人!"

蒙牛的成功不仅仅是企业的成功,更是企业所采取的营销手段的成功。无论是商业层面的广告营销,还是社会层面的公益营销,蒙牛都充分发挥了各种营销方式所能产生的最大效果,从而使得自己的企业和品牌在短短的时间内一跃而成中国奶制品行业最强势的领军者。也正像公众的评价那样:"一头牛跑出了火箭的速度。"

我们今天要关注的就是蒙牛持续采取的公益营销策略。

1999年,是蒙牛的初生之年。正是在这一年,蒙牛就开始将自己的企业品牌和形象与公益事业紧密联系在一起。在广告费并不充裕的情况下,蒙牛选择了做公益户外广告牌,用这样最质朴的方式将自己推销出去。于是,1999年5月1日,呼和浩特市一夜之间就多出了五百多块户外广告牌,上写"发展乳品行业,振兴内蒙古经济","我们为内蒙古喝彩,让内蒙古腾飞"等字样。新企业成立,不是马上宣传自己的产品,而是来关心内蒙古的城市发展,这正是蒙牛的过人之处:用公益的行为博得大众和社会的认可,用负有责任的行为将自己的形象正面宣传出去。这样的效果,当然是绝对的成功。仅仅 300 万的广告费,却使整个呼号浩特市都知道了蒙牛的诞生和存在。

两年之后,蒙牛又抓住了另一个时机,从而使全国都开始认可这一品牌。不过两年时间,蒙牛就完成了向全国市场的进攻和占领,而其所凭借的还是"公益"这张牌。2001 年是北京"申奥"之年,蒙牛正是抓住这个契机,开始向全国市场的进攻。

借助于感谢 1999 年北京市西城区对口帮扶捐资 100 万元,启动蒙牛的大本营——内蒙古和林格尔盛乐经济园区这一契机,蒙牛喊出了"北京援我 100 万,我助北京 1000 万!"的口号,并在精心选择的 2001 年 7 月 10 日公布这一消息:北京申奥成功,蒙牛捐款 1000 万! 三天后,随着北京"申奥"成功,蒙牛集团向奥运捐助 1000 万的消息也随之传遍全国,"滴水之恩,涌泉相报"的传统美德,被蒙牛诠释得淋漓尽致。而且,在信息发布之时,蒙牛还举行了新闻发布会,并进行公证。一个知感恩、担责任的企业形象就这样树立在了国人的面前。

数字可以直接检验蒙牛的这次公益公关:宣布捐款后的 2001 年 7 月至 12 月,蒙牛销售额直线上升,是 2000 年同期销售额的三倍多。

又是一个两年后,当 2003 年"非典"的阴影笼罩全国时,蒙牛又一次向世人展现了自己作为一个负责任的大企业的形象,再一次在全国人民心中留下深刻的印象。

"非典"的突袭让大家开始意识到身体健康的重要性,而牛奶作为增强体质、具有免疫力的营养食品一下子成了紧俏货,北京的乳品市场抢购成风。如果此时提升牛奶价格,人们不会计较,对看重销售量和利润增长的乳品企业无疑是绝好的机会。蒙牛抓住了这次机会,但却不是提升价格,而是超出人们常规思维宣布严禁经销商涨价,并且严厉规定违者开除或者终止其经销权。

在这一年,蒙牛没有像一般的企业一样选择减少广告的投入,反而是增大公益广告的力度,提醒大众关注健康的意识。2003 年 4 月 21 日,蒙牛率先向国家卫生部捐款 100 万元,成为卫生部红榜上中国首家捐款抗击"非典"的企业。此后,蒙牛又陆续为全国 30 个城市的医务工作者和消费大众捐款 900 万元,捐奶 300 万元;"非典"后期,蒙牛又发出了"向人民教师送健康"的倡议,向全国 17 个城市的 125 万名教师,每人赠送牛奶一箱,总价值达 3 000 万。

正是蒙牛的这些举动将蒙牛品牌与消费大众紧密地联系在一起。"非典"之后,蒙牛的品牌认可率大幅高涨,并且被公认为有公益责任心的社会企业,再次成为消费者首推的标榜品牌。

在2003年的一系列举措后,蒙牛当年销售收入40.71亿元,同行业排名第三位,成为行业中的佼佼者。品尝到公益活动带来的甜头后,蒙牛在2004年春天又开始牵手奥运冠军,在运动场上打造自己的公益形象。在蒙牛的努力下,国家体育总局训练局选定蒙牛乳品为"国家体育总局训练局运动员"的特供食品。"支持奥运、支持奥运健儿就选蒙牛"的心理暗示为蒙牛带来了可观的销售并赢得了消费者的好感。

这一年,蒙牛的销售收入比上一年增长了近一倍,同行业排名第二位。

至此,蒙牛一步步地继续自己的公益事业。是的,此时的蒙牛已不是简单地利用公益来为自己造势了,当自己的品牌和形象已经在国人心中牢牢树立后,蒙牛依然选择继续做公益,继续延续自己负责任的企业形象。

2006年4月,温家宝总理在重庆考察时说:"我有一个梦想,让每个中国人,首先是孩子,每天都能喝上一斤奶。"蒙牛率先响应国家领导对人民群众关心的号召,提出了"每天一斤奶,强壮中国人!"的口号,并在全国范围内进行了有史以来最大的一次捐奶助学工程:为500所贫困学校的贫困学生免费提供一年的牛奶。这次花费折合人民币上亿元的公益行为,使蒙牛连同政府部门、科研机构、行业协会一起创造了一个中国健康史的里程碑。这次公益活动的花费虽大,但是当人们意识到牛奶的价值之后,当更多的人去响应"每天一斤奶"的号召时,蒙牛不成为最大的赢家,又有谁人敢当?

在关心大众身体健康的同时,蒙牛也敏锐地看到现代社会繁重的压力对人们心理健康的负面影响。结合自己成立以来就一直为健康生活和绿色明天而努力这一基点,2009年7月13日,蒙牛乳业联合中国绿化基金会、哇噻网共同发起了绿色植物免费认养活动。自活动开展以来,总计5 000株的万重山、罗汉松、袖珍叶子、七彩千年木、金边碧玉等植物已经进驻了北京CBD各大写字楼。借着这场活动,蒙牛又提出了"减法生活 储蓄明天"的理念:少开一天车、少用一次性筷子、节约一度电、关灯一小时……这一"减法生活"理念在城市人群中得到了积极的响应,"减法准则"也日渐成为一种时尚的生活方式。

十年辛苦,十年成长,蒙牛用自己点点滴滴的公益行为收获了一个足以自豪的十年。

点 评

蒙牛的成功在于它深知一个企业的发展离不开社会发展的道理:企业在自身发展的同时,如果以实际行动回报社会,在市场竞争中自觉承担相应的社会责任,会得到国家各级部门的支持,更使企业非常容易地在公众中获得更高的信任度和知名度,从而让品牌产生更大的魅力,在消费者心中产生良好的共鸣。

公益活动是一场 $1+1>2$ 的系统工程,一场一场的公益活动做下来,一年一年的坚持下来,收获会远远超过当时的付出。

牛根生曾经说过"不要看我们地方小,小地方的人不想则已,一想便是全国的大事",这一句"想的便是全国的大事"将蒙牛的公益基因展现出来了;也正是牛根生的公益意识,才使他打破常规,使得"质量就是生命,产品就是人品"的企业理念在每个员工心目中生根发芽,使蒙牛从一开始就关心到国家的大事。

当然,作为企业所做的公益活动并不是单纯的慈善事业、捐助事业,它是企业的另一种健康积极的营销方式。在公益活动中,企业必须让消费者感受到品牌的存在,触摸到产品的品质,让消费者在意识中把品牌与公益行为牢牢地联系在一起。很多企业都在用公益营销,但很少能有企业能像蒙牛这样运用得恰到好处:从"捐助2008奥运会"到"向500所贫困地区小学赠奶",再到"每天一斤奶,强壮中国人!"再到"减法生活,储蓄明天"等活动,这样一步一个脚印地将蒙牛的营销活动与公益活动结合起来,既树立了品牌形象,又促进了产品销售,可谓名利双收。

也正是蒙牛对奶农、对消费者、对社会、对国家的关心和支持,使得蒙牛一次次成为消费者关注的焦点,一次次赢得消费者的信赖,让蒙牛从"一无工厂,二无品牌,三无市场"的企业发展到今天的行业冠军。

蒙牛,正是用自己的实例向我们证明了"赠人玫瑰,手留余香"的真谛。

拍案二　农夫山泉——"一分钱的影响力"

农夫山泉股份有限公司成立于1996年,现为中国饮料工业"十强"企业之一。1997年6月,农夫山泉4升装产品率先在上海、浙江的重点城市(如杭州、宁波、温州等)上市,并很快进入注重生活质量的现代家庭。同年,农夫山泉在上海同类产品的市场占有率排名已跃居第一。1998年,农夫山泉的市场占有率上升为全国第三。2002年农夫山泉天然水的总产量达61万吨,居全国饮料企业产量第四位。2003年9月农夫山泉天然水被国家质检总局评为"中国名牌"产品。2003年后公司先后推出农夫果园混合果汁饮料、尖叫系列功能饮料,2005年又推出新概念茶饮料——农夫汽茶,均获得显著成功。

在这快速发展的背后,农夫山泉的公益宣传策略功不可没。

很多人在走入超市选择品种繁多的矿泉水时,都曾经有过这样的感受:水的口感其实都差不多,而农夫山泉推出的"喝一瓶水捐一分钱"的活动很轻易就能俘获消费者内心的向善慈善愿望。只要喝水就可以捐献爱心这一如此简单可行的办法,让大部分人的情感天平都倾向了红色的农夫山泉。因此,尽管农夫山泉矿泉水的价钱并不是最便宜的,但是销量却是最好的。

这场公益活动开始于2001年,当时的主题是"喝农夫山泉,为奥运捐一分钱"——每卖一瓶水即为2008年北京奥运会捐赠一分钱,当时,首届"一分钱"行动支持了北京申办奥运会。而农夫山泉倡导的"聚沙成塔"公益宣传理念更被评为当年十大成功营销案例之一。

2002年,"一分钱"行动的主题更换为"阳光工程",据公开资料显示,农夫山泉共向全国24个省的395所学校捐赠了价值500万元的体育器材。

而2006年,一分钱的广告更是做到了另一个高度。"一瓶水,一分钱。每喝一瓶农夫山泉,你就为水源地的贫困孩子捐出了一分钱。饮水思源,农夫山泉。"这条"饮水思源"广告在中央电视台及地方台等多家媒体上发布以来,引起社会的广泛关注,并引发了公众对"喝水慈善"的关注热情。与那些慷慨投身公益事业的企业相比,农夫山泉过去每年几百万元的投入似乎并不算多,但效果却远远超出了人们所能设想的范围。

◆ 企业公关

除了这样带有公益色彩的商业广告之外,农夫山泉也有实实在在的公益赞助。1999年至2003年,农夫山泉被中国乒协和中国乒乓球国家队选中作为乒乓球"梦之队"的合作伙伴。2000年,被选为悉尼奥运会中国代表团训练、比赛专用水。

点 评

　　农夫山泉"一分钱"的成功,在于它唤醒了每个人心中都可能有的向善的积极面。在自己可能的条件下,为有需要的人做出自己的绵薄之力,而这"力"又非常容易做到:仅仅只需要喝一瓶矿泉水就可以。

　　公益的魔力,也许在农夫山泉推出"一分钱"计划之前,都没能让我们有足够的重视。因为农夫山泉的宣传策略其实就是一条带有公益色彩的商业广告。当农夫山泉获得极大的成功,我们才意识到在我们的生活和意识中,原来公益事业竟有如此大的影响力。虽然这种广告实际是商业广告,但是由于它和企业实际的公益活动相结合,而企业也并没有仅以企业的名义提出公益行为,而是代表消费者来支持公益事业、投入公益事业,这样就迎合消费者的心理需求,使消费者也参与到企业的公益事业中来,从而弱化广告中的商业味道,收到良好的广告效果。

　　据一项最新的调查显示,北京地区86.5%的居民最爱看的广告片是公益广告。与商业广告相比,公益广告的时效性、社会性充满人情味,从而在这个冷漠的商业社会中温暖着消费者的心,同时也潜移默化地影响着人们的行为,改变着人们的观念。

　　而这些选择用公益性的行为去进行宣传的企业,很自然地就在公众的心目中树立起了负责任、关爱社会的正面形象,提高着自己在社会上的知名度和在消费者心中、口中的美誉度,从而为自己的产品销售打下了良好的基础。

拍案三　安踏——"永不止步"

创建于1991年的安踏（中国）有限公司，自创业以来即秉承"安心创业、踏实做人、创百年品牌"的经营理念，经过不懈努力，如今已发展成为国内最大的集生产制造与营销导向于一体的综合性体育用品企业。公司品牌"安踏"及其产品也荣列"中国驰名商标"、"中国名牌产品"、"中国免检产品"之列。

2001年开始，安踏开始跨向运动服、配件等服饰系列产品领域，力图实现产品的多元化和品牌的国际化。2004年，安踏公司全面实施海外推广战略，相继在新加坡、希腊等国家开办专卖店或展开业务或建立合作伙伴关系，取得了很好的销售成绩。到目前为止，安踏公司在国内外已拥有近5 000家安踏体育用品专卖店。

短短十几年，安踏却能书写出如此宏大的篇章，这中间有重要的一笔不容忽视——公益活动。安踏参与公益活动的方式也许很简单，但是却是立足在这个体育用品行业内的最佳选择——赞助体育赛事。

1998年安踏首创了"安踏极限运动精英赛"，至今，该赛事已发展为全国规模最大、关注率最高、影响最广的极限运动赛事；此外，安踏公司还先后赞助了中国大学生篮球联赛CUBA，中国男、女排球联赛等赛事，赞助总金额逾亿元。

2004年10月，安踏斥巨资连续三年赞助中国篮球职业联赛，成为CBA职业联赛运动装备唯一指定合作伙伴。2005年2月，安踏还与中国乒乓球协会正式签约，独家赞助中国乒乓球俱乐部超级联赛2005—2008年连续四个赛季的唯一指定运动装备。

正是在这一系列的赞助活动中，安踏伴着一场场激烈的比赛，也将品牌传播到了众多观众那里，并为自己树立了良好形象，在无形中占有了大量的市场。

现在，安踏打出的新口号是——"keep moving 永不止步"，这是对安踏体育事业最新的阐述，也代表安踏为追求更高目标的拼搏精神。随着2008奥运会的举办，安踏品牌核心也已融入现代体育精神。从积极支持中国体育各大赛事开始，走与中国体育事业共同发展的道路，安踏一直在做它的努力。

 点评

中国有句古话:"大河有水小河满。"集体好比大河,个人好比小河。集体实力雄厚了,这个集体中的每个人也会相对的富裕,反之亦然。

在安踏所存在的世界里,国家的体育事业无疑就是那条可以作为依赖的"大河",只有整个国家的体育事业繁荣发展,才有自己企业"小河"的发展。从另外一个角度看,当国家的体育事业蓬勃发展时,必然会带动一批与之有关的产业。所以,安踏选择先做公益,而且是大投入地去将公益活动做好做实。事实证明,安踏对市场的分析是完全正确的,而事实也证明,安踏所采取的策略是完全成功的。

安踏赞助 CBA 的费用包括投入在产品研发、市场推广等项目的费用,预计将超过1.2亿元。如此巨额的投入曾让很多人不解,但是随着赛事长期的进行,安踏的品牌知名度和美誉度越来越高。而这样的效果,却是做多少单纯的商业广告都无法获得的。这次赞助还有另外一个意义,即是第一次由我们的自主民族品牌打破国际品牌垄断国内顶级赛事的格局,从而吹响了体育品牌争夺国内市场的号角。安踏的品牌,也随着这号角声而传播开来。

同时,安踏赞助的中国大学生篮球联赛已成为中国篮坛两大赛事之一,每年的高校参赛队伍近700支,影响力仅次于中国男子篮球职业联赛。安踏,借助这样一个庞大的赛事,也将自己风风火火地点亮着。

在赞助时,安踏也不忘及时跟上自己的适时营销,及时的"煽风点火"也是品牌宣传事半功倍的秘诀。由于长期支持中国男子篮球职业联赛(CBA)、中国男女排球联赛、中国男女乒乓球超级联赛等赛事,平均每三天就有一场安踏赞助的比赛在中央电视台播出,受安踏赞助的152支专业队分布在150个城市,于是安踏的营销队伍也直接深入到这些城市,随着比赛的进行而展开。

在进行公益赞助不过几年的时间内,安踏就成功地为"大河"注入了新鲜的水源,而在同时,也赢得了自己满满的"小河"。

回味隽永

当我们在谈及企业品牌公关的时候,现在也许应该分两个层面来看:公关之"术"与公关之"道"。"术"指的是具体的外在操作,具体的实现方法;而公关的"道"则侧重指一种能够达到更深远影响力的、站在一种高度上的策略和谋略。目前的企业公关大部分还是以新闻发稿和事件炒作等为主,怎么做新闻,怎么制造事件,怎么炒作话题是他们关心的内容,而这些其实都只是最低层面的一时之举,企业要想在激烈的竞争中夺取自己的一席之地,就要更多地考虑涉及更长远意义上的策略和谋略。正如商业广告和公益广告,商业广告针对的是产品,它的时效性可能只是一时;而公益广告、公益活动提升的却是整个企业的形象和地位,让消费者在更高的层面去理解企业、接受企业,如此所达到的效果,便非一般的商业广告所能比拟的。但是,在选择公益作为自己宣传突破口的时候,有些原则还需要好好掌握。

第一,公益也是有目标的。所有的公益活动和公益广告,都应该有一个明确的受益者。落实到企业上说,就是应该针对企业产品的目标消费人群进行集中投入。比如雅诗兰黛面向女性提出的"粉红丝带乳腺癌防治运动",就是抓住了这一运动的主体和自己的产品所面向对象的一致性。这样有针对性的活动,成功的几率当然会更大程度地提高。蒙牛针对奥运健儿首先提供鲜奶供应,正和牛奶可以强身健体的主题结合在一起。方回春堂的广泛选择,其实也是中医药店特殊的角色决定的,没有特定的人群,于是所有的人都是实施公益的对象。

第二,要结合自身特点选择受益人群。公益活动的最终目的其实还应该是宣传企业。因此,在选择受益人群和公益活动的具体操作上,要注意和自身的特点结合在一起。联邦快递公司选择中国国家羽毛球队作为自己的赞助对象,农夫山泉选取乒乓球队、奥运代表团作为自己的赞助对象,就是和企业自身的特点密切相关的。羽毛球队要求的准确、快速和团队精神正和作为快递公司的联邦快递的目标一致,而运动中水的需要也决定了农夫山泉选择赞助体育运动。

第三,要注意公益活动开展的技巧。在考虑完选择哪种公益活动作为自己的投入点之外,方式的选择也尤为重要。这也在考察一个企业对市场的调研分析能力以及自己的策划、创意水平。雅诗兰黛选择了"范围大,持续时间长"的活动;农夫山泉选择了可以"聚沙成塔"的一分钱;而蒙牛则选择了年复一年持续性地进行各个层面的公益活动。

第四,公益活动也是一把双刃剑。如果真正地对社会抱有感恩和回报之心,实实在在地投入公益事业,会给企业带来意想不到的好声誉、好口碑。但是,如果只是想用公益做一把遮阳伞,只图享受这把遮阳伞带来的好处,也许聪明反被聪明误。比如以"一分钱"捐赠而出名的农夫山泉,现在就面临着被众人所指摘当时"一分钱"承诺落实的尴尬。

正如《反向品牌美学》的作者郑新安所言:"反向需求定位,让消费者在感性体验上产生差异性化,具有不可替代性;反向感受沟通,满足消费者的审美需求,有效实现品牌价值;反向理解说服,以无形价值来打动消费者的内心世界,建构高品牌忠诚度;方向解构渴望,让产品产生品牌资产溢价,让产品增加丰厚利润。"

公益活动何以在企业的营销中能达到如此之好的效果,从这番话中我们也许可以得到答案。公益活动不同于一般企业广告营销的独特之处就在于,它不是直接考虑眼下的直接受益如何,而是侧重于反向思考消费者的消费心理,在另一个层面上打造自己的品牌形象,用这样无形的价值来打动消费者的内心世界,从而达到现实意义上的购买宣传的效果。

也正如那句美丽的话:"赠人玫瑰,手留余香。"当企业赠出公益这朵美丽的玫瑰花时,它所得到的却是整个春天的芬芳。

企业品牌化意识
——传播添翼，以至千里

　　21世纪是个知识经济时代，而对知识经济时代的企业商界来说，其实就是一个"品牌"的时代。正如迪斯尼公司的行政总裁奥维兹所说："对于商界的任何人来说，他的全部未来在于其品牌资产及与之有关的一切。"对于任何企业来说，要想在风云变幻的商界中拥有自己的一席之地，就必须有自己的特色。这种特色具体来说，就是自己独特的品牌。市场竞争的核心，其实就是品牌竞争。现代企业想要生存、壮大、发展，就必须在品牌公关上做足功夫。本篇所选的案例均是品牌化意识强烈、注重品牌打造的成功代表。从它们的身上，我们定会收益良多。

开篇导例

开篇之述 "动感地带"——中国移动通信集团公司的"我的地盘"

国家工信部 2009 年 9 月 2 日发布的通信业运行报告显示,中国的移动电话用户已突破 7 亿大关,达到 7.03 亿户。在这 7 亿用户中,中国移动通信集团公司占领了市场 73.29% 的份额,在市场占有率上强势领先。目前,中国移动下设全球通、神州行、动感地带三大客户品牌。这其中,尤以"动感地带"品牌最为引人注目。它着力于以新奇、年轻、大胆、时尚的角色,以低资费和各种丰富、时尚、新奇的数据业务吸引具有成长性的中低端年轻用户。有人甚至说"动感地带"的推出是一场电信业界的"品牌圈地运动"。

2003 年 3 月,中国移动做出了战略抉择:将"动感地带"作为与全球通和神州行并行的第三大子品牌进行宣传与推广。在推出仅仅 15 个月时间内,就"感动"了 2 000 万目标人群,也就是说,平均每 3 秒钟就有一个动感地带新用户诞生。

为了更好地塑造"动感地带"(M-ZONE)品牌形象,让更多的人亲身体验"动感地带"(M-ZONE)品牌文化,传播"扩张我的地盘"品牌主题,中国移动通信集团公司针对目标诉求对象——大学生的主要特点,于 2003 年 9 月至 12 月,在全国举办"2003'动感地带'M-ZONE 中国大学生街舞挑战赛"。这场大赛在全国 600 万大学生中掀起了跳街舞的阵阵狂潮。随后两年,中国移动又连续举办全国街舞挑战赛至第三届。不难发现,中国移动选择街舞作为自己宣传"动感地带"品牌的公关才智。从表面看来,街舞挑战赛和中国移动移动品牌之间毫无关系。但是,中国移动的过人之处就在于,他们准确而敏锐地发现了街舞的爱好者和他们所推出的新品牌"动感地带"的预期受众是一致的,都是喜爱新鲜事物、富有激情的年轻人。同时,街舞的快节奏又正好与其"动感地带"的"动感"特点相呼应。因此，当中国移动在全国高校掀起一阵阵街舞狂潮的时候，"动感地带"这一品牌也随之舞动到广大的年轻人面前。急剧上涨的用户数量，有力地证明了中国移动这次完美的品牌宣传推广策略的巨大成功。

除此之外，中国移动在品牌传播时又采取了很多创新举措，如：与麦当劳合作——只要通过短信、彩信、WAP 等方式参加麦当劳每季度的"动感套餐"投票，就有机会获得在全国各地麦当劳店内享受其他人无法企及的"动感套餐"优惠；与 SP 联合开展灵通"动感之旅"大型路演、腾讯赠送新入网"动感地带"客户 QQ 号码活动等多项推广活动；与三星、首信等终端厂商合作推出针对"动感地带"用户的定制手机活动；与美国职业篮球协会 NBA 联合宣布双方达成长期市场合作伙伴协议等。这些举措就是"动感地带"在大众与分众间吸引目标消费者的兴趣，并在事件行销和公关活动中缔造品牌舆论效应的成功所在。

2009 年新学年开学伊始，"动感地带"品牌又抓住大量新生入学这一有利契机，率先在诸多高校展开红红火火的高校迎新终端促销活动。话费优惠、刮卡有奖等促销活动又为"动感地带"带来大量客户群体。

开篇之论

不过短短几年时间，中国移动"动感地带"品牌已经占领了相当可观的市场份额。这份战果，当然与其优秀的品牌公关有关。

第一，品牌定位相当明确。"动感地带"品牌核心人群的"DNA"描述是：年龄在 15～25 岁之间，追求时尚，崇尚个性，乐于接受新事物，容易相互影响，尝试新事物，有成长性，是未来高端客户的主力军。"动感地带"产品功能的"四大特权"——话费节约、业务任选、联盟优惠、手机常新就是针对这一人群的特点而量身打造的。同时，它还为这些人找到了一种族群的归属感。在周杰伦、潘玮柏、S·H·E 等时尚明星的代言号召下，在"我的地盘，听我的"的品牌宣言下，迅速集合了大量追求健康、时尚与动感的用户。

第二，品牌推广活动富于特色，有吸引力。"动感地带"选择举办全国性的街舞大赛来进行品牌推广，也是综合了方方面面的因素。街舞起源于美国街头黑人舞者的即兴舞蹈动作，因其轻松随意、自由个性和前卫精神而理所当然地受到年轻人的喜欢。"动感地带"的街舞大赛中，选手们轻松的节拍、开心的笑容、动感的舞步，无不传达了年轻人和爱追求时尚的大学生们的青春活力。而这种活力，在他们看来，就已经和"动感地带"

这一品牌紧紧联系在一起了。"动感地带"以街舞为切入点抓住品牌渗透的契机,锁定以大学生和公司白领为主的年轻用户对移动数据业务的潜在需求大,且购买力会不断增长的特点,使之成为三五年后的高端客户,为中国移动在未来竞争中占有优势埋下了伏笔,逐步培育稳固市场的客户。

第三,品牌内涵的成功创设。"动感地带"现在已被认为是品牌与时尚的完美结合。国内的移动通信业的竞争已经不仅仅是产品和服务的竞争,更是品牌内涵的竞争,品牌包含的潜在因素与客户自身的共鸣,已经成为影响现代人消费的重要因素。把"动感地带"和街舞结合起来也是中国移动寻求品牌内涵和目标客户群——大学生之间发生共鸣的一种非常好的手段。中国移动希望可以依靠街舞在年轻人中的巨大号召力,以及现场比赛的冲击力,迅速、准确地传达"动感地带"的品牌特性和品牌内涵。

第四,灵活多变的品牌宣传策略。在动感地带所有的品牌营销传播活动中,目的都是让目标消费群体参与进来,产生情感共鸣,特别是全国街舞挑战赛,在体验之中将品牌潜移默化地植入消费者的心智,起到良好的营销效果。在高校聚集的地带,中国移动直接与其合作,采取赞助活动等灵活多变的形式直接面对高校学生。而在其他地区,中国移动就采取直接面对社会时尚青年的做法,最大限度地保证自己的诉求对象与潜在客户的数量。

正如中国移动自己对动感地带的品牌特色描述:"'动感地带'是中国移动通信为年轻时尚人群量身订制的移动通信客户品牌,不仅资费灵活,还提供多种创新的个性化服务,给用户带来前所未有的移动通信生活。"

作为中国移动长期品牌战略中的一环,"动感地带"抓住了市场明日的高端用户,更加突出品牌力,提供更加个性化、全方位的服务,提升消费群体的品牌忠诚度。对自己"时尚、好玩、探索"的品牌性格,也进行了一系列全面的符合自己品牌性格的宣传活动,将动感地带的品牌形象、品牌主张等迅速传达给目标消费群体,更加确立了"动感地带"在年轻人心目中的地位。中国移动将"时尚、好玩、探索"作为自己的品牌性格,也是经过了数年的市场实践和调查而得出的准确定位。在全球通面向的商务客户之外,青少年群体是拥有手机和进行手机相关消费的最大群体。青少年的自身特点决定了他们是一群勇敢的闯者,最新鲜和最好玩、最有挑战性的是他们的最爱。因此,中国移动迎合他们的口味为他们量身定做了

"时尚、好玩、探索"的品牌性格,并且采用的就是一种时尚、好玩的宣传手段:街舞挑战赛、最热门的影视明星的代言、富于特点的品牌口号"我的地盘,听我的"等。如此种种手段,很轻易地就俘获了年轻人的心。

可以这样总结,在成功的品牌宣传意识下,中国移动"动感地带"品牌胜利地获得了宣传、推广与发展的成功。

史镜今鉴

在悠久的历史中,中国古代的商界虽无"品牌"之称,但有些商家已是自觉地在创制自己的品牌,比如杭州的胡庆余堂。

飞檐高挑,雕梁画栋,国内最大的晚清商业古建筑;参茸银燕,丸散膏丹,集数百余种传统名方成药;是乃仁术,真不二价,诚心戒欺的职业道德。这就是清末著名红顶商人胡雪岩于清同治十三年创建的胡庆余堂国药号。近两个世纪来,在悠悠历史、缓缓长河中,历代庆余人继承传统、弘扬中医中药、济世救人撰积了丰厚的中药文化,为社会做出了积极的贡献。

在胡庆余堂的大厅门楣上,至今还保留着创始人胡雪岩所立的"是乃仁术"四个大字,它表达了胡庆余堂创办药业是为了济世救民、广济于人。

著名的"戒欺"匾额系胡雪岩清光绪四年四月亲笔所写的店训,它告诫属下:"凡百贸易均着不得欺字,药业关系性命,尤为万不可欺。""戒欺"的理念,涵盖方方面面,这其实已经成了胡庆余堂的品牌核心。胡庆余堂着力打造的就是一个"真不二价"、"采办务真,修制务精"的尚真品牌。这也是"北有同仁堂、南有庆余堂"的"江南药王"饮誉百余年的立业之本。

而到现代,胡庆余堂国药号坚持走"名店、名医、名膳"相结合的道路,与时俱进、不断发展,已成为同行业中的佼佼者。党和国家领导人及许多国际友人视察参观过胡庆余堂国药号及其所在的国家级古建群,给予了高度的评价。目前胡庆余堂古建筑群为全国重点文保单位,胡庆余堂中药文化列入国家第一批非物质文化遗产名录,成为目前我国行业内唯一一家"双国宝"单位。

　　胡庆余堂的成功,其实就是品牌形象宣传的成功。"北有同仁堂,南有庆余堂"的口碑,对于胡庆余堂来说实在是一种很高的评价。因为虽然同为老字号,但庆余堂比同仁堂迟了远远两百年。这两百年的距离,就是靠着胡庆余堂的戒欺、务真、务精的品牌精神迎头赶上的。这种品牌形象的宣传,没有今天的广告媒介,而是在店内那块著名的"戒欺"牌匾下靠着最朴实的渠道——老百姓和病人的口耳相传而逐步形成的。也正是因为如此,胡庆余堂才深入人心,而被老百姓尊敬地称为"江南药王"。

　　在香烟王国的众多品牌中,万宝路(Marlboro)无疑是最响亮的名字。在世界品牌实验室(World Brand Lab)编制的2008年度《世界品牌500强》排行榜中,万宝路名列第十四位,其品牌价值高达500亿美元。在全球"反烟"浪潮高涨的今天,这个位置及其品牌价值不能不让我们思考它的无穷魅力。

　　1902年,总部设在伦敦的菲利浦·莫理斯在纽约开设分公司,销售包括万宝路在内的一些品牌。在品牌创设之初,万宝路被宣传为女性的香烟,宣传口号为"Mild As May"(温和如五月)。在市场证明了这个消费群体定位的失败之后,万宝路迅速改变了自己的形象,目光深邃、皮肤粗糙、粗犷豪放的西部牛仔成为了万宝路的代表。在美国文化中,西部牛仔是开拓和进取的代表,这样的形象定位在万宝路的身上,也给它带来了同样的生机和活力。万宝路从此成为真正的男子汉的代表。"Where there is a man, there is a Marlboro."成为万宝路成功的口号。

　　但是,西部牛仔的形象只有在美国的文化背景下才会达成这样的接受效果,在不同的文化背景之下,人们对牛仔的理解是完全不同的。比如在香港人的心目中,牛仔就是低下体力劳工的代表。面对这种接受矛盾,万宝路迅速对自己的传播策略做了调整,在面对不同的消费对象时,万宝路不再用同一个模式进行宣传,而是采取了一体化的精神内涵与本土化的外在表现相结合的方式,即在坚持万宝路的品牌精神的前提下,针对不同的消费者策划不同的广告传播方式。比如在对香港播出的宣传广告中,万宝路的形象由香港不喜欢的牛仔而变成了年轻洒脱、事业有成的牧场主,在山丘、树林、海滨、沙滩的背景下,牧场主策马扬鞭,纵横奔驰。这份对美好世界的追求与征服,很轻易地就俘虏了香港消费者的心。而适时的广告语"希望给你一个多彩多姿的动感世界"伴着动感的音乐,也激发着人们去创造自己心目中的美好世界。1993年底,万宝路为中国设计了一则贺岁广告。这次的主角换成了敲锣打鼓、欢天喜地、富于激情和力量的大汉,苍茫的黄土地、火红的腰带、震天的锣鼓声,这一系列具有鲜明中华民族特色的元素,既让中国人感到亲切自然,又与万宝路的品牌精神所强调的雄壮、野性、洒脱的阳刚之气相契合。如此一体化与本土化相结合的宣传策略,获得了巨大的成功。于是,在世界各地,万宝路都成为最好的香烟代名词。

在品牌创设过程中,品牌形象是最直接的外在表象。它是企业直接面向大众传播自身形象的途径。通过它,消费者达成对品牌的感性认知,在心中树立起品牌的倒影。要想做好品牌公关,品牌外在表现形象的选择与定位是至关重要的。它应是能刺激销量增长并在消费者心中产生积极影响的代表,当不利于企业产品销售并在消费者心中产生负面影响时,改变品牌定位、更新品牌形象就势在必行。

万宝路的当机立断就显示出了他们对于品牌形象的关注,当他们塑造出的产品所针对的潜在消费者并不能转化为实际购买者的时候,他们快速地调整策略,以使自己的品牌形象能够唤醒更多的潜在消费者转化为实际购买者。

同样,万宝路在香港市场的随机应变也充分显示了他们强烈的公关敏感度,不同的文化背景决定了大众接受度的不同。只有针对消费者的需要去进行传播,才能达到积极的效果。"知己知彼,百战不殆。",只有了解自己,了解对方,才能做成每一件事。

万宝路品牌着重强调的魔力就在于,它能够让你抽着香烟,就感觉到美国的滋味。万宝路的宣传策略就是在品牌传播中无限扩大这种滋味:第一、强调万宝路来自牛仔的故乡,是美国的最畅销品牌;第二、抽万宝路是典型的美国生活方式;第三、美国主义的精髓在于个性、自由,鼓励消费者加入自由自在、无拘无束的"万宝路国度"。在这样的品牌传播引导下,会使消费者自然地觉得:抽的不是香烟,而是美国梦了。

在强调自身美国文化属性的同时,在面向全球的品牌传播过程上,万宝路一体化与本土化相结合的品牌传播策略也是它得以成功的关键。在香港,万宝路是年轻洒脱、事业有成的牧场主形象;在中国内地,万宝路是敲锣打鼓、欢天喜地的中国大汉的形象,这些都是这种品牌宣传策略的最佳表现。这种充分尊重异地文化又坚持自己全球一体化特色的品牌传播策略,使开拓进取、狂放不羁的万宝路精神就这样深入了世界的各个角落。

从名不见经传的香烟品牌到全球崇尚的美国文化的代表,万宝路在品牌传播公关上的每一个细节都值得正在实施大品牌战略的国内烟草企业乃至其他行业去研究、学习。

拍案一　加多宝公司的"王老吉"凉茶品牌公关策略

凉茶是两广地区一种由中草药熬制、具有清热祛湿等功效的"药茶"。"王老吉"凉茶发明于清道光八年（公元1828年），至今已有近两百年的历史，被公认为凉茶始祖，有"药茶王"的美称。但是在2002年以前却最多只能算是广东省的凉茶，大家在全国知之者寥寥。或许当时的公司，都无法想见其今天在全国的知名度：吃火锅、通宵看球、吃油炸食品薯条、烧烤和夏日阳光浴，在"王老吉"凉茶的广告画面中，人们在开心享受上述活动的同时，纷纷畅饮红罐王老吉。结合一句看似最通俗却最有感染力的广告语——"怕上火，喝王老吉"，这一凉茶品牌迅速站稳了市场，并开始了扩张发展之路。

20世纪50年代初，王老吉凉茶铺分成两支：一支完成公有化改造，发展为今天的广州王老吉药业股份有限公司，生产王老吉凉茶颗粒（国药准字）；另一支由王氏家族的后人带到香港。加多宝是位于东莞的一家港资公司，经王老吉药业特许，由香港王氏后人提供配方，该公司在中国内地独家生产、经营王老吉牌罐装凉茶（食字号）。正是在加多宝公司的精心策划下，红罐王老吉凉茶饮料在今天的凉茶市场上占据了绝对的份额。

让我们从数据来直观地感受王老吉的发展扩张：2002年销售额一亿多元，2003年猛增至6亿元，并冲出广东；2004全年销量突破10亿元；2007年销量达80亿元；2008年超过百亿大关，达120亿元！

点 评

  品牌创设在企业的发展乃至生存中至关重要。品牌,绝不仅仅只是一个简单的符号,而应该是一个能激发消费者购买欲望的外在导引。它其实更像是一个动态的过程,从感知它的存在(Awareness),到产生兴趣(Interest),再至产生购买它的愿望(Desire),决定最后购买(Action),这才应该是一个品牌担负的责任,也就是平常所说的 AIDA。

  "王老吉"凉茶当初的不温不火,究其原因,并不是它缺乏潜在的市场,而是对品牌的重视与经营远远不足。它的"存在"无法让更多的人去感知,更不用说产生"兴趣"了。一个原应完整的品牌活动链在起初就断裂了。"王老吉"虽然经营多年,但其品牌缺乏一个清晰明确的定位,原来的广告语"健康永恒,永远相伴"其实是一个较模糊的概念。"存在"不明,概念过大,势必造成内涵和外延的不确定性,消费者在面对"王老吉"的时候,并不知道它是什么、可以做什么。

  2002年加多宝公司开始用心策划调动消费者对自己的"兴趣",经细致的市场调查,王老吉最终明确了自己品牌定位——"预防上火"。作为企业的品牌核心诉求点,这种"防上火"的理念深入人心,为自己开辟了一片阔大的生存与发展空间。

  为了刺激品牌在更大范围消费者中的"购买"欲望,"王老吉"投入大量广告费锁定覆盖中央电视台及原有销售区域(广东、浙南)的强势地方媒体。此外它还设计制作了巨大的广告横幅、电子显示屏、灯笼等实用物品,免费赠送给餐饮场所。密集而整合的信息传递,使消费者真正接收到了这样的品牌主题——"怕上火,喝王老吉"。

  2008年5月18日,加多宝公司一举捐出单笔最高捐款——一亿元。在表达对汶川灾区同胞的深切关怀之外,加多宝公司更收获了国人对这一品牌的好感和赞誉。2009年2月18日,加多宝饮料有限公司正式成为广州2010年亚运会高级合作伙伴。这次牵手,是企业为营造品牌而打出的文化牌。文化理念的认同将带来急剧膨胀的品牌效应,刺激更多的"购买欲望"。

> 在这样一个"感知存在"→"产生兴趣"→"产生购买欲望"→"最终购买"的品牌活动链中，企业所能做的就是"强调存在"、"激发兴趣"和"刺激购买欲望"，而这三点王老吉已经做到了近乎完美。如此，就不难理解"王老吉"凭借着几元一罐的凉茶居然达成了120亿的销售额。

拍案二　品牌文化渲染——柒牌男装的成功之路

福建柒牌集团有限公司成立于1979年，是一家以服饰研发、制造和销售为一体的综合性集团公司。短短三十年间，柒牌就在同行业中成为了佼佼者。它曾先后荣获福建省著名商标、福建省名牌产品、中国服装博览会金奖、中国十佳过硬品牌、中国最受消费者欢迎的男装品牌之一、全国质量稳定合格产品、中国驰名商标、中国名牌产品、国家免检产品等多项殊荣。这些荣誉，都与柒牌男装从20世纪90年代就开始重视塑造品牌的种种举措密不可分。柒牌集团在一开始就明确提出"立民族志气，创世界名牌"的品牌战略，力图演绎柒牌"比肩世界男装"的品牌形象。

独特的品牌策划是柒牌男装冲出市场重围的第一步。在国内男装市场竞争激烈，新品牌不断涌现，同质化竞争日趋严重的形势下，柒牌首先对中国服装文化和当下的消费趋势进行深入分析。在确定发现立领样式服装是一个大有可为的产品开发方向后，决定以中式立领服装作为主打产品，作为自己的品牌突破口。事实证明，这一定位是相当正确的。

在相应的品牌推广策略上，柒牌也达成了自己的成功。在找准定位之后，柒牌经过多方衡量将这一系列产品命名为"中华立领"，强调自己的品牌文化内涵，为自己留足充分的演绎空间；在推出"中华立领"之前，先为柒牌注入"中华立领"所表现的"时尚中华"的品牌理念，把品牌形象拔高，进而为"中华立领"的上市做铺垫。这样的策略无疑是成功的，它首先在消费者的心中树立了一种信念或形象。从一定程度上而言，"中华立领"在市场销售的不只是衣服，更是一种文化观念与消费体验。中国中产阶层所寻找的民族文化之根及时尚化的消费体验正是"中华立领"的创新营销要推销的核心产品。在前期的文化积淀铺垫好之后，公司也没有忽略另一层面上可以达到较高影响范围的手段：明星代言。他们选择中国传统功夫影星、爱心大使李连杰作为品牌形象的代言,同时又在中央电视台进行密集投放。这样的一系列行为,为"中华立领"建立较高的品牌知名度,并在一定程度上传达了柒牌"中国心、中国情、中国造"的企业经营理念,打造了柒牌企业"民族服装文化"的积极倡导者形象。除此之外,柒牌又抓住男装的一个重要目标市场——婚庆市场,专为新郎们打造特色的婚庆礼服,既具有时代特征,又不乏民族特色。西服内里绣上的"囍"字,既蕴涵吉祥祝福,又值得永久留念。在策略上重点传播"重要时刻,我只穿中华立领"的口号,让消费者在潜移默化中就接受了在参加婚庆、会议、等正式场合时要穿"中华立领"的观念。

点 评

柒牌集团的品牌内容的形成到传播的过程,我们可以学习到在公关传播之初,说什么,是十分重要的,也就是绘制好明确的公关载体是公关成功的基石。而在进一步传播中,切合自己特点的系列宣传活动也可以为自己的公关锦上添花。

拍案三　关注企业品牌形象——杉杉成功导入 CI 设计

1989 年,在中国服装界品牌时代即将到来的时候,杉杉品牌的创始人和缔造者郑永刚发出"创中国西服第一品牌"的誓言,率先实施品牌发展战略;1993 年,杉杉西服销售额达到 2.54 亿元,五年时间杉杉创造了一个中国西服名牌。"不要太潇洒"这句广告语的广为流传也证明了杉杉前期品牌公关的成功。

当然,公司并未因巨大的成功而止步,他们进一步思考：企业和品牌该如何向更高层次发展？当企业和品牌籍实力和宣传手段达到一个发展的相对高峰时,企业如何才能获得新的动力,得到迅速发展,赢得未来的成功？怎样让品牌得到提升？企业到底该按什么样的模式发展？

在深思熟虑之后,1994 年集团导入 CI,即企业形象识别系统。杉杉集团不仅要整塑恒久弥新的品牌,而且要营造含义丰蕴的企业文化,建立起经营集约化、市场国际化、资本社会化的现代化、国际化产业集团。正如总裁郑永刚之论断:"今天的杉杉已经超越以品牌宣传为第一要旨的阶段,未来的竞争更重在企业形象"。

杉杉集团标志以音译"ShanShan"及象征中国特有杉树"CHINAFIRS"作为设计题材,将大自然的意蕴融入设计,"S"字体象征有如流水般生生不息,杉树则有节节高升之意,又正与中华民族五千年文明史积淀下来的坚韧不拔、蓬勃向上、生生不息、挑战未来的精神内核和谐一致。据此,杉杉集团确立"立马沧海,挑战未来"的企业精神和"奉献挚爱,潇洒人间"的品牌宗旨;确立"我们与世纪的早晨同行"这一对外诉求标语。从而,从自身的品牌诉求出发,紧扣 21 世纪"环保、生态平衡、绿化"的世界性主题,把杉杉品牌提升到与人类生存处境息息相关的高度,确定杉杉企业及品牌在社会中的位置和宣传定位,成为成功的品牌公关。

点 评

  杉杉的成功是一个印象的成功,通过操作性较强的企业形象识别系统,来与企业的整体公关无缝对接,从而打造出一个令人印象深刻,内容清晰易记的企业标志性记忆。

回味隽永

  "打江山难,守江山更难。"一个成功的品牌是要从创设之初就认真策划,精心运作的。比如柒牌,在创设之初就事先找准了自己的品牌切入点,如此有针对性的努力,当然会得到应有的回报。但是形成品牌之后也还有更长的路要走,那就是品牌维护与品牌管理。通常,我们是在品牌创设上花了很大的工夫,一旦品牌做成,就以为自此可以高枕无忧了。殊不知,很多品牌就是这样在一夕之间或被兼并或被收购的。凡是知名品牌,后期的维护和管理与品牌创设相比是同等投入,乃至投入更多。我们看到的是万宝路稳居全球香烟业的销量第一,看到的是可口可乐在全球的风靡,可是我们都没看到在这些繁荣的背后,企业对品牌所做的持续维护与管理。每一根万宝路香烟、每一瓶可口可乐都凝聚着万宝路人、可口可乐人对自己品牌的重视与不懈追求。

反观我们自己,成功的品牌曾经有很多,比如秦池、燕舞、巨人、飞龙、健力宝、亚细亚集团等,曾几何时,它们全不在了。也许细化的原因有很多,但是终结来说,就是对品牌的创设意识、发展意识、维护意识太过薄弱乃至没有。我们不能等品牌出现危机后再去弥补,那样的话,只是被动。"被动就要挨打",这句话已经被证明是颠扑不破的真理。

因此,我们要做的是:从成功的品牌中,学习经验;从失败的品牌行为中,汲取教训。唯此,我们才能在成功的路上越行越远。

第一,准确的品牌定位是品牌创设的基石。在一场品牌公关活动中,最初的品牌定位直接决定着品牌的受众人群和消费市场。明确、相配度高,是定位的两大原则。王老吉、万宝路前后两期迥异的发展正是向我们诠释了这两大准则的重要性。对比王老吉前后发展的巨大变化,不难发现"怕上火,喝王老吉"这句定位鲜明的广告语的巨大作用,明确了自己能做什么,自然也就为自己锁定了稳定的市场。同时,品牌定位还应与产品自身的特点密切配合。万宝路前期的失败,也正是其没有正视到这一点。"Mild As May"的品牌口号及预期受众——女士,与自身产品——香烟的适配度是相对较低的,这样,也势必会影响到品牌的发展。改换过后的口号"Where there is a man, there is a Marlboro",就准确地选择了潜在的最大市场——男士,从而缔造了一个香烟业的神话。

第二,生动的品牌形象是品牌宣传的要义。品牌,是一个相对抽象的概念,它凭借着相关的媒体传导而进入消费者的视野。这种媒体传导的外在表现,就是品牌形象。成功的品牌宣传,少不了生动的品牌形象这一外在媒介。杉杉选择杉树、万宝路选择西部牛仔,就是利用这种具化的外在形象而将自己的品牌精神生动地表达出来,达到很好的效果。

第三,持续的品牌维护是品牌发展的关键。在完成了品牌创设与形象的宣传之后,并非万事大吉,对品牌的保护和后期维护也是至关重要的。杉杉的成功,就是一个典型的正面例子。杉杉并未被眼前的暂时成功而冲昏头脑,而是放眼到了更久远的未来,提前进行现代的企业形象识别系统的设计,从而达到更深层次意义上的成功。

第四,品牌发展——企业前进的不止之步。品牌一旦形成,应该是一个相对固定的符号意义。但是,又决不能就此止步。在市场经济的浪潮中,企业正如在其中逆水行舟,不进则退。一个富有生命力的企业,总是会适应时代的变化而不断向上、不断前进的。这种精神,同样也应赋予给它的品牌。杉杉品牌、动感地带品牌的不断发展,都在向我们证明着这一点。

"千里之行,始于足下。"企业品牌公关是一条漫漫长路,就让我们从脚下的第一步开始,向那最远最美处迈进吧!

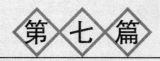

第七篇

企业品牌推广公关
——"王老吉"的品牌效应

　　以产品占领更大市场,并为更多消费者所接受,这是每个企业在行业竞争中的必然选择。而公关宣传作为企业舞动市场的重要法宝,却并不是时刻都能灵验的。如果将公关宣传比成一个有血有肉,替企业开疆拓土的战士的话,那一个准确清晰的公关主题就是这个战士的灵魂。近五六年来,王老吉作为一个异军突起,风靡了大江南北的饮料品牌,得益于其"怕上火,喝王老吉"这一精彩的公关主题。在这一案例组合中,我们就遴选"王老吉"作为分析的主案例。

开篇导例

开篇之述——王老吉品牌的重新定位

从背景来看,红色罐装王老吉是香港加多宝饮料公司的主打产品,从其1995年上市以来,建厂于东莞,在广东、浙南地区销量稳定,赢利状况良好,销售业绩连续几年维持在1亿多元。加多宝为了将王老吉产品做大,推向全国,就必须解决好产品的定位问题,最核心的问题是——红罐王老吉当"凉茶"卖,还是当"饮料"卖?

2002年成美营销顾问公司受加多宝委托,开始对红罐王老吉展开公关调研进行品牌定位。成美花一个多月时间,对加多宝内部、经销商和零售商以及全国范围的消费者进行调研,得出其现有王老吉产品和品牌的概念模糊、认识不清,饮料行业竞争态势激烈,其市场极为局限,功能作用不突出等问题。

从策划来看,成美在策划报告中提出几点方案:第一,明确红罐王老吉性质是在"饮料"行业中竞争,竞争对手应是其他饮料;第二,在产品本身上,弱化其是一般饮料还是中药的争议,将视角转到其功能上;第三,其品牌定位——"预防上火的饮料",在传播上尽量凸现红罐王老吉作为降火饮料的性质,以轻松、欢快、健康的形象出现,将王老吉同"传统凉茶"切割;第四,明确其推广主题"怕上火,喝王老吉";第五,把其公关环境放在消费者无忧地尽情享受生活:如吃煎炸、香辣美食、烧烤,通宵达旦看足球等消费场景。

在实施过程中,王老吉在大众媒体方面以电视媒体为主,特别是锁定能辐射全国的中央电视台,并结合原有销售区域(广东、浙南)的强势地方媒体进行覆盖,同时向沿海城市推进。在地面推广上,将餐饮渠道设为推广平台,为餐饮场所设计制作电子显示屏、灯笼等装饰物品并免费赠送,在餐饮场所以现场提示和实物沟通的方式,传达主题信息和视觉元素。

在促销活动中,夏季举行了"炎夏消暑王老吉,绿水青山任我行"刮刮卡活动等一系列公关事件。冬季则针对北方空气干燥特点,王老吉从关爱居民冬季身心健康角度着手,开展"冬季干燥怕上火喝王老吉"推广活动,培养消费者冬季饮用王老吉预防上火的生活习惯,一起将干燥上火预防到底。针对中间商,加多宝一面建立传统渠道的"加多宝销售精英俱乐部",另一面还充分加强餐饮渠道的开拓与控制,推行"火锅店铺市"与"合作酒店"的计划,选择主要的火锅店、酒楼作为"王老吉诚意合作店",投入资金与他们共同进行节假日的促销活动。由于给商家提供了实惠的利益,因此红罐王老吉得以迅速进入餐饮渠道,成为主要推荐饮品。

从效果评估来看,首先,王老吉的明确定位,使其产品性质和品牌内涵都更为深入人心,给这个有175年历史的、带有浓厚岭南特色的产品带来了巨大的效益:2003年红罐王老吉的销售额比上一年同期增长了近4倍,并以迅雷不及掩耳之势从广东开始辐射全国,企业在之后的几年都保持了高速增长,2008年销量突破100亿元大关。其次,因为主题明确使得其广告和公关活动更有针对性,能更好地借用各大媒体进行信息传递,从而占领消费者的认知。最后,王老吉经过几年推广,从一个原本仅在港澳地区经营的老字号,变成2006年中国品牌研究院公布的"首届中华老字号品牌价值百强榜"中,价值高达22.44亿元的品牌。

开篇之论——王老吉的"避实就虚"和"以虚促实"

公关作为一种社会传播活动,首要解决的不单是传播方式的问题,更是要明确其传播的主题信息,即在"怎么说"之前先分析"说什么"。在2002年之前,加多宝公司注重的更多是其产品的广告宣传,却从根本上忽略了明确产品的宣传主题,加之王老吉本身处在一种"似药非药"的认知中,所以并没有取得什么明显的市场发展。

成美营销顾问公司在接手王老吉广告策划时,以毒辣的眼力发现王老吉这一"本末倒置"的状况,于是其主动从打好传播根基入手,进而夯实品牌的树干,再促进开花结果。为明确公关主题,扭转已有消费者的认识误区,并对潜在受众进行说服,成美分别采取"避实就虚"和"以虚促实"两大步骤来实施其公关活动。

首先是"避实就虚"。按理说一个企业要推广自己的产品,应先告诉消费者自己卖的到底是什么。而对于王老吉而言,面临着一个"两难"问题,说是中药凉茶,却难以被消费者大量饮用,而且对于北方人而言,"凉茶"的概念不易理解;如果当成普通饮品,既不能突出其价值而吸引消费者,也无法掩盖其药用功能。而成美给加多宝公司制定的公关主题,巧妙地回避掉给王老吉定性这一问题,转而突出其功能特性。尤其是"上火"作为一个在国内比较流行的中医概念,为广大受众所熟知,成为传播双方的共有语境。同时从市场角度看,降火这一主题对消费者而言,由于生活的改善,煎炸、烧烤和香辣美食得以普及,有降火的迫切需求;而王老吉的"凉茶始祖"的身份、中草药配方、175年历史等要素又能为其在市场上打造的"预防上火"形象提供支撑。所以,这种回避矛盾,逆向思考的方法,恰恰达到了公关策略中精准传播的要求,也使得加多宝敢于毕其功于一役,最终一炮打响,一夜成名。

其次是"以虚促实"。当一个避其锋芒、以柔克刚的主题明确后,尽管已经成功了一半,但仍然需要将其付诸实施。在"怕上火,喝王老吉"这样一个主题之下,加多宝敢于果断出手,在三条战线上集中火力,明确"轰炸"。这三条战线中,第一条战线是广告,第二条战线是渠道,第三条战线是产品。在广告方面,因为降火作为宣传卖点十分明确,所以其广告战略也就很简约,我们能够看到红罐王老吉的身影频繁地出现在中央电视台的黄金时段,其广告的情景和内容也均限定在吃烧烤、熬夜看球赛、吃煎炸食品和夏日运动等场合,使得传播概念统一,不至于让受众产生混淆。另外在各种落地的车身和路牌广告上,王老吉的视觉要素多是蓝色的冰水和红色的饮料罐,使得视觉冲击力与冰镇降火的功能相匹配。在渠道方面,王老吉结合中式菜肴中的川菜、湘菜和火锅以及各种烤肉餐饮的特点,充分挖掘和覆盖各城市的此类餐馆和酒楼,将其纳入"王老吉诚意合作店",提供尝品,搞公关营销。2004年起,王老吉凉茶还正式打入洋快餐肯德基,并在各类大小超市和杂货店进行布局,实现其"渠道为王"、"终端为王"的战略构想。最后,从产品方面看,稳定是王老吉凉茶的一大特色,这种稳定包括百年来不变的配方,十年来精心设计的口感和严格品质,上亿罐的统一制作和单一包装。事实上,当公关主题和营销策略稳定时,对饮料产品而言,有过多的改变和创新往往可能适得其反,使消费者不知所为。就像可口可乐看似单调的口味和瓶罐一样,王老吉正用它醒目而恒久的红色,打造着中国自己的传奇。

史镜今鉴

王老吉公关策略如果只是概括为一个字,那就首先是"准"。而这种"准",并非"以己为准",而乃"以人为准"。再诠释一下,就是传播主题的时候,并不是从自身角度考虑,自己有什么观念强加给对象,而是从对象角度思考,如何才能够使其接受,完成自己的传播目标,甚至达到良好的公关效果。

王老吉的历史悠久,其悬壶济世的形象曾是百年前老广州街头的一道风景。再眺望一下历史的天空,我们能够看到不少为人传诵的故事,从中也同样能发现王老吉的这种"以人为准"的古代公关的精彩实例。

首先是一个"海大鱼"的故事。在战国时期的齐国,齐宣王的弟弟田婴因功绩而官拜宰相,并受封地薛。然而,齐宣王对他的这个弟弟并不喜欢,于是田婴便想在自己的封地薛地筑城盖房,发展私家势力,以备不测。那个时候诸侯纷争,各大贵族都养有很多食客,田婴的儿子便是著名的"战国四公子"之一的孟尝君,因而在他手下自然也有众多食客。然而,当田婴打算加强薛地防御的消息传出之后,他的客卿谋士纷纷劝阻。对此,田婴很是恼火,于是下令任何人不得劝谏,违者杀头。一天,有这样一个齐国谋士跑来求见田婴,说自己只是来说三个字,如果多讲一个字,就把他放到锅里煮死。田婴就允许他说。这位谋士只大声喊了"海大鱼"三个字,说完拔腿就走。田婴听了觉得很奇怪,要他留下来把话说清楚。谋士说,"我不敢以生死开玩笑。"田婴说,"这是我请你讲的,当然不能惩罚你。"谋士说:"您听说过海里的大鱼吗?渔网网不住它,鱼钩也钓不了它;然而一旦离开了水,蚂蚁都可以吃它的肉。现在,齐国就是您的水。您有齐国保护,在薛没有城也不要紧。如果失去了齐国的保护,即使薛城修到天那么高,也没有用。"田婴听了觉得很有道理,于是,放弃了建薛城的打算。

对于这个故事,我们撇开主角田婴所处的情势,仅就这个齐国谋士说服对方的公关策略做一番分析。这个谋士如果冒死进谏,尽管是忠实地将其信息实实在在地传播给了田婴,从传播过程来看是完全了,可传播效果却无法形成,甚至可以想象其沟通至一半,就会因此夭折。而这位谋士很聪明地采用了类似"王老吉"的"避实就虚"之道,用一句"海大鱼"唬住了他的主人,出其不意地从侧面迂回进了传播的核心内容。另外,区区三个字也并不全是"谬以千里",反而是真正做到对其公关主旨的高度凝练。"海"代表齐国,"大鱼"指的是薛地和田婴本人。这样一种巧妙的沟通策略,使得受众在不经意间就明白了一切,远胜于那些一味死冲硬撞似的传播。

还有一个是战国时期著名变法家商鞅的"徙木为信"的故事。商鞅作为一个有志于变法强秦的卫国人,初来秦国之时,尽管秦孝公对其十分信任,商鞅变法的法令也已经准备就绪,但他并没有立刻公布。因为此时的秦国百姓对商鞅本人信任度,对新法的威信,都还没有形成。为了先在公众心目中塑造自己说一不二的形象,商鞅策划了一次出色的公关活动。他首先在秦国都集市的南门外竖起一根三丈高的木头,并告示:有谁能把这根木头搬到集市北门,就给他十斤黄金。百姓们感到奇怪,没有人敢来搬动。商鞅又出示布告说:"有能搬动的给他五十金。"有个人壮着胆子把木头搬到了集市北门,商鞅立刻命令给他五十金,以表明他说到做到。此次公关事件,因为议题新颖,主题明确,很快在百姓中传播开了。而这时,商鞅才开始下令变法,新法便很快在全国推行。

与王老吉明确主题,进而得以推广产品是何其相似,商鞅也正是将"立信"作为主题,以树立令出必信、法出必行的印象为目的,才使其新法得以推广开来。毛泽东早年在评论"徙木立信"这段故事时指出:"商鞅之法,良法也……民何惮而不信?乃必徙木以立信者,吾于是知执政者之具费苦心也"。由此可见,移动一根木头并非难事,关键是以此而树立的千金难买的威信。无论执政者还是企业家,做公关活动并不难,难的是能否在公关中确立符合自己组织目的的主题并加以实施。

三刻拍案

同样以明确的公关主题来谋求产品推广的企业绝非王老吉一家,在

"拍案"环节,我们就以近年来的三个国内案例为例,看看它们是否与王老吉的主题公关呈现出异曲同工之妙。

拍案一　Shine——我本闪耀

中国的手机市场可谓是群雄并立,竞争激烈。而韩国的LG电子能够在其中占据自己的一席之地,除了产品和设计本身外,很大程度依靠其公关策划的到位,尤其是其在2005年和2007年先后两个公关主题的成功推出。

LG电子在中国上市的手机最核心的关键词是"时尚"。2005年,一句"I Chocolate you"让人们认识了一个与以往完全不同的LG手机,LG"巧克力手机"也因此一炮走红,全球销量突破1 500万台。"巧克力手机"的畅销开创了手机情感营销的先河,为LG手机赋予了美丽、年轻、时尚的全新品牌形象。事实上,"I Chocolate you"这一主题可以翻译成"爱上你,爱上巧克力"、"喜欢你就像喜欢巧克力",或者更为直接地是"把你变成巧克力"等。通过手机、巧克力、恋人等意象的巧妙组合,使这句公关口号一时间在年轻人中风靡。而这一切却又十分明确地对应了LG手机时尚可爱的主题和产品设计。

2007年,LG通过对其手机型号的升级,开始推出一系列新的有着纯不锈钢金属外壳和镜面屏幕的手机。同时,LG在对其原有"巧克力手机"使用人群调查发现,年轻的、女性的目标人群是其主要消费者。为此,LG在进行公关主题的更新换代时,就必须不仅考虑手机特点,更要考虑其受众和其已有的"时尚"这一关键元素。

策划者认为,LG手机特点主要是外形酷亮,而且吸引眼球。所以将其全球公关主题定位为"Shine",而针对中国这一重要市场,翻译为"我本闪耀"这个中国化的主题。在具体操作上,主要采用两种策略,第一是传递可炫耀信号,第二是走明星推介路线。首先,可打造炫耀信号是基于"Shine"独一无二的可反光,可当镜子的机身,高端的摄像头和颇显华贵的工业设计,以及再通过植入国内电视媒体的知名时尚类栏目,如"魅力前线"、"美丽俏佳人"、"完全时尚手册"等,使得年轻白领女性产生一种时尚压力和时尚口碑。其次,在走明星路线上,一边利用韩国明星代言人玄彬、金泰熙在中国的超高人气,一边再邀请许多国内演艺明星中的时尚达人来作为公关活动的嘉宾或代言人,这都为其时尚形象大大加分。另外,在具体公关项目选择上,也往往从时尚角度出发,紧扣主题。比如,LG

与华谊兄弟公司合作,举办"我本闪耀,我将闪耀——华谊兄弟群星双年汇"明星时尚 party。华谊旗下六十多位明星在"Shine"的舞台上纷纷展现自己的魅力。这场近年来少有的"全明星"活动,引起娱乐圈和时尚界以及许多掌握时尚话语的人群极大的反响。再比如,与时装发布会进行整合,将衣着的时尚与 LG 手机的时尚统一作为模特的装饰,达到互为绚烂、震撼人心的效果。

我们看到从"Chocolate"到"Shine",LG 手机都取得不俗的销售业绩,而其中最重要的便是"时尚"这一情感元素对受众心理的牢牢把握。一个明确的主题并不意味着就是要像王老吉那样的保持一成不变,变与不变在于各自的具体品牌、产品和环境情况。一个明确主题真正的含义是在思想清晰,道路明朗之后对内在的坚守。就像 LG 牢牢把握其手机产品的"时尚"脉搏一样,同时在具体活动设计和实施中,做到有根有据,有指导有依托。当然,对 LG 而言,"时尚"主题的本质也意味着喜新厌旧和多变,或许要想将受众的心抓得更久,注定还有更多挑战。

拍案二 "棉花——超乎你的想象"主题活动

有另一类型的企业产品公关也离不开明确主题,但这类公关往往结合着对新消费观念的传导,是以一种科学教育的外衣出现的,从营销学的角度讲,这类公关活动也属于教育式营销。让我们看看一个美国棉花公司的主题活动教育的公关案例。

作为纺织产品中最重要的纤维,棉花在日常生活中一直默默地发挥着不可替代的作用。然而,中国的消费者在已有认知中,棉制品往往只是与舒适、环保画上等号,却没有棉制服装也可以被设计成靓丽高档时装这一概念。美国棉花公司及其背后的美国国际棉花协会都是美国棉农的行业性组织,其长期以来致力于提高棉纺织品在世界纺织品市场中的份额,尤其是促成美国棉花制品在世界范围的销售。面对中国这一潜力巨大的市场,美国棉花公司通过调研发现,消费者有着对成衣制品的质地舒适和款式美观的双重诉求。因此,如何使其认识到棉花能够满足款式美观的这第二点诉求,也就成为美国棉花公司的公关目标所在。

为此,美国棉花公司在 2006 年至 2007 年间,在中国内地推出一系列主题为"棉花——超乎你的想象"的公关宣传活动,来改变消费者对棉花的固有看法。这一教育营销活动的主题是旨在从三个视角着手,即时尚视角、功能视角和环保视角,以大大提升受众对人类使用棉花制品的认识。

从时尚视角看,美国棉花公司特别把棉花制品的时装作为其"超乎想象之外"所要传达的最重要内容。为此,其策划并执行了一系列遵循该主题的公关活动,包括:先后在2006、2007年连续举办两届学生设计大赛活动,以鼓励新锐青年设计师发挥想象展示棉花的时尚性及多功能性;其次,进行多场棉花时装的路演和展示会活动,并邀请众多名模参与,利用这些活动,既提供新锐设计师设计棉制成衣的机会,又与大众消费者就棉花时尚的议题进行互动。

从功能视角看,棉花究竟有哪些功能?这样一个看似科普教育的话题,渗透到整个公关过程之中。无论是本身的主题宣传网站,还是与电视等媒体合作的时尚推广节目,其传播内容都披上了一层知识传授的"外衣"。受众既可以从中了解到棉花舒适、时尚的特性,以及棉花生活方式的益处,还可以获取时装的最新色彩流行和设计样式的信息。经过一番的信息轰炸,消费者自然会惊叹原来棉花还有这么多的奇妙之处。

从环保视角看,随着环境保护成为一个普遍关注的议题,消费者早已意识到生活和环境的密切关系,而这一消费观念为棉花市场提供一个绝好的发展契机,棉质服装无疑是环保主义者的最佳选择。在摒弃了昂贵而简单的广告之后,"棉花——超乎你的想象"这样的主题活动,向消费者传达棉花不仅仅是一种简单的纤维,而且还代表了一种环保、时尚的生活态度。基于中国人对棉制衣料对身体益处的已有认知,以及对其他像动物衣料或是化纤、合成面料的破坏环境的定性,因此自然会对棉花的环保特质倾心不已。

另外,美国棉花公司的整个在华公关,在实施主题时充分演绎了整合媒体传播的精髓。首先,整合e时代的电子媒体。通过每月提供特定的网络和手机电子快报,按时发送给在活动网站和路演活动中注册信息的消费者,形成持续的传播。其次,整合活动网站。特别创立的"棉花——超乎你的想象"网站向消费者提供棉制时装的相关信息,包括衣物护理、儿童天地、流行时尚、家居装饰、牛仔秀场和时尚生活等频道,向消费者系统地展示了棉花材料的优点。截至2007年11月30日,网站浏览量达到近23万人次。再次,整合时尚网络频道。在中国最大的时尚网络平台——新浪伊人频道设立专门针对18~35岁的具有理性、时尚性的女性目标消费群的"棉花——超乎你的想象"专栏,在12个月中连续不断地增强棉花特性的介绍与推广。生动的报道、鲜活的图片,使棉花的时尚感、功能性得到了体现。最后,整合时尚电视栏目。为了进一步影响中国消费者,并采用经济的传播手段对更广泛的人群施以影响,从2007年3月开始,与北京电视台"魅力前线"栏目合作了一系列关于棉花时尚及流行趋势的节目。此外,还将节目制作成视频在"棉花——超乎你的想象"主题网站上进行播出。

应该说,这次"棉花公关"同样具备王老吉精准的主题定位,只不过更难得的是其在"战役进行"上更加全方位、多层次的覆盖了目标人群,从而使公关效率达到了最大化。

拍案三　农夫山泉矿泉水主题,不甜反"涩"

企业在公关过程中,有时候会出现这样一种情况,公关主题的制定貌似十分成功,也达到了企业自身的市场目标,然而这种公关主题在诞生之初就带有先天疾病,以至于最后影响企业公关战略的可持续性,国内著名品牌农夫山泉就是如此。

农夫山泉股份有限公司成立于1997年,经过十年多的发展,农夫山泉已成为国内大型综合饮料集团。在农夫山泉发展历程中,其农夫山泉天然矿泉水的公关策划,可以说是最浓墨重彩的一笔。农夫山泉集团从1998年开始,借助"农夫山泉有点甜"这句儒雅动人的公关口号,充分以农夫山泉天然矿泉水为企业发展的利器,由名不见经传发展到饮用水市场的三分天下。

应该讲,农夫山泉的天然矿泉水主题定位为"有点甜"还是十分到位的。首先,当时市场经过发展,正处在纯净水全面胜过矿泉水的阶段。然而,作为经过处理的纯净水,不仅除掉了水中的有害物质,同时也去掉了有益于人体的各种常量元素及微量元素。而消费者对于饮用水除了卫生的要求外,健康有益也是另一更高标准,这就为矿泉水卷土重来预设伏笔。其次,"有点甜"的传播内容,突出了农夫山泉矿泉水的传播重点,既不同于乐百氏等的"纯净",也不同于其他矿泉水的矿物质或产地等重点,而是主打"口感牌",实现了差异化的公关宣传。最后,"有点甜"的表述,让人印象深刻,容易记忆。因为受众本身对上好的泉水就有着清甜、甘甜一类的认知,而农夫山泉强调了千岛湖的天然水资源也使人可信。此外,"有点甜"无疑是让人感觉美好的,"甜"意味着甜蜜、幸福、欢乐,这是中国人所追求的,这样一种感觉甜美的产品,必然内含一种吸引大众的魅力。加上"有点"二字,不说"真甜"或是"很甜",明显使人感觉其内涵超凡脱俗,隐隐之中还符合中国文化中淡泊、内敛的语义标准,真可谓字字珠玑。

与王老吉一样,农夫山泉这一经典主题的推出在广大消费者心目中刻上了印记,也使其之后的数年间尽享品牌之利。不同的是,农夫山泉为自己设计的这一主题,逐渐显露出其双刃剑的特质,因为农夫山泉有点儿"甜"策略,而自我埋下的隐患,终于开始暴露出来了。

隐患一:水质是硬伤。清凉上等的矿泉水,本身会有甘甜的味道。但是,由于"甘甜"在无形中成为农夫山泉矿泉水对自身品质的一种保证,农夫山泉水源地的水质就成了一个尤为敏感的话题。在各种工业污染日益严重的今天,中国水体能够完全保持纯净的已经很少,农夫山泉包括千岛湖在内的几个水源地也不能例外。而这种高品质的宣扬,使得农夫山泉对其水源地水质的公关特别敏感,就如同中国的奶制品行业一样,一个潜藏的炸弹随时可能化为危机。

隐患二:标准难捍卫。农夫山泉的这一"天然甘甜"主题,产生的除了控制水质的问题外,还导致了对其扩张市场的严重制约。因为做大市场是现代企业在竞争生存中的必然选择,就如同逆水行舟,不进则退。而农夫山泉如果要在天然水上扩张,就必须进一步挖掘能够达到同样标准的新的水源地,而这在我国这样一个人口众多、资源贫乏且处于工业化的国家,难度很大。因此,如何平衡好企业发展和标准捍卫的这一矛盾,考验着企业家的智慧。

隐患三:后劲显不足。同上面两点相关联的是,农夫山泉发展后劲也因此有所制约。较高的物流成本,市场同类商品的价格打压,以及更完整、更大范围销售渠道的建立,每一项都是一场硬仗。或许为了维护农夫山泉天然矿泉水的这一品牌形象,而要付出如此之大的代价,也是当初的企业战略决策者所没有料到的。只是,如果不能通过思路创新而打破发展瓶颈,那么农夫山泉或许真就要"成也萧何,败也萧何"了。

回味隽永

以上古今中外的这些案例,因为都明确了公关主题并加以贯彻而达到了自己初步的传播效果。尤其是"拍案"部分的几个现代企业的市场推广案例,更是表明了厘清公关主题,已经成为占领受众心理的一个必要条件。那么,结合这些案例的观感,回头重看王老吉之路,我们可以做出以下几点结论。

第一,明确主题需要精准。瞄准靶心,才能一炮打响。像红罐王老吉、LG手机等案例中,公关主体在公关战略提出之前,无不是聘请了专业的公关顾问公司,进行了大量的市场调查,方才有了如此凝练而精准的定位。当然,所谓的主题有力,并不意味着要语不惊人死不休,就好像购物或是婚姻一样,只有找到适合自己的,才是最好的。

第二,主题概念要具有自己独特的内涵,它不是单一的一句广告口号,而是一个有机的整体,包含对产品包装设计、功能和渠道,还有整合传播等一系列内容。典型的例子,比如美国棉花公司的公关案例,究竟什么是"超出你的想象",如果没有时尚、环保、功能等一系列要素的注入,如果没有网络、移动媒体、电视等各种传播渠道的融合,这样一个主题根本连躯壳都谈不上,更遑论具有生命力了。

第三,主题概念需要不断地丰富,通过保持其差异化内涵,而历久弥新。定位容易被人模仿、抄袭,中国企业也向来不缺乏这种天分。自王老吉"防上火"定位成功后,各大品牌纷纷打出了各自产品的独特定位,企图寻求差异化的品牌诉求点,打造自己独特的产品价值核心。潘高寿凉茶打造了新的广告语"清润少点甜",从平衡的口感和润肺诉求入手;而邓老凉茶营造出"平衡养生"的差异化概念,塑造"更适合现代人喝的凉茶"产品形象;念慈菴不遗余力地打造"润"概念,使之成为差异化的创新品类。可以说,尽管王老吉主题独特,但也并非可以一劳永逸的。在这点上LG要做得更好。LG通过其手机从"Chocolate"到"Shine"两个公关主题的变化,既本质上保证了其时尚内涵的延续,又使受众眼前为之一亮。

第四,要在主题策划之初,就以战略高度思考长远。对主题的策划需要在顾及企业短期发展的同时,思考相当一段时间的目标,尤其不能竭泽而渔。以农夫山泉的矿泉水主题为例,尽管它的公关主题很好,持续的效果也久。但是,如果能在公关活动之初,就将其未来所带来的负面影响纳入思考范畴,特别是在资源和渠道的可持续性上更早入手,或许能够迎来更为主动的局面。

应变之道

——捷蓝航空公司的"2月危机"

在这个激烈竞争的时代，企业的生存举步维艰，因为它们面对着各种各样的挑战。危机就是其中之一，有时候企业处理危机的得当与否会直接决定一个企业的生死存亡。因此作为企业，不能忽视对危机的防范和解决的一些措施。古人言："夫以铜为镜，可以正衣冠；以古为镜，可以知兴替；以人为镜，可以明得失。"本篇列举并分析一些知名企业在危机来临之时的应对措施，有成功的，也有失败的。希望以此可以给更多的企业管理者与经营者一些启示。

开篇导例

开篇之述——捷蓝航空公司的"2月危机"

2007年2月14日,一场灾难性的冰暴袭击了捷蓝航空公司的基地——纽约市肯尼迪国际机场,机场的跑道结冰,造成多趟进出港航班延误,数百名乘客被困机舱,时间最长达9个小时。

危机发生之后,捷蓝航空公司第一时间做出反应,认为这次事件发生的原因不是天气造成的,而将责任归为自身的管理失误,主动承担了责任,捷蓝航空的CEO尼尔曼做了两个大胆而有创意的举动——在YouTube上发布道歉视频和参加电视节目"大卫·莱特曼晚间报道",视频中尼尔曼以非常诚恳的态度就旅客滞留和飞机延误及航班取消等事件道了歉,并提出了三点应对措施,最后承诺以后此类事件不会再发生。

2月20日捷蓝航空公司又以书面形式对外公布了一份保障顾客权利的公告。公告承诺,如果捷蓝航空公司在起飞12小时之内取消航班而且原因是公司可以控制的话,旅客可以获得全额退款,或得到一个贷记卡或优惠礼券。如果捷蓝航空公司在可控制的情况下发生航班误点,旅客可根据误点时长获得赔偿,赔偿金不少于25美元,甚至可以得到相当于全额来回机票的礼券。而其他对顾客的补偿还包括:如果飞机已经着陆,但却在30分钟之内无法滑行与接机口对接,或者如果飞机起飞时间延误超过3个多小时,旅客所获得的礼券至少有100美元,具体的数额取决于机票的价格。经过一系列有效的措施,捷蓝航空公司获得了公众的信任,在6月份的公众满意度的调查中再次占据首位。

开篇之论

捷蓝航空公司成功地化解了危机,给我们以下几点启示:

第一，面对危机，捷蓝航空公司具备应变策略且能主动出击。在出现危机事件后，尼尔曼没有以天气等客观原因为借口，而是主动承担责任，迅速采取攻势策略，全权进行任务分配与资源调度，有效控制事态的进一步恶化，最大限度地减少危机造成的损失和不良影响。在整个事件处理过程中，捷蓝航空公司一直坚持"顾客权利永远是第一位"的理念，将公众的利益放在首位，并且将公司的信条落实到实处。

第二，充分利用媒体，争取公众的信任。众所周知，在信息时代，公众在很大程度上受媒体宣传的影响，而捷蓝航空公司恰恰抓住了这一点。YouTube是全球最大的视频网站，拥有庞大的用户群体，具有传播快、覆盖面广的特点。"好事不出门，坏事传千里"，捷蓝航空公司很好地利用了网络这把双刃剑，迅速在人们面前表明了其对于"2月危机"的态度。其次，"大卫·莱特曼晚间报道"是美国最受欢迎的脱口秀节目，能在节目中出现的都是些大牌明星级人物，但尼尔曼却创新地利用该栏目表达对公众的道歉和解释，大大增加其传播效应，而且在沟通的过程中捷蓝航空公司始终坚持诚心诚意的态度。尼尔曼先是以非常诚恳的态度就旅客滞留和飞机延误及航班取消等事件做了道歉，并提出了三点应对措施，最后承诺以后此类事件不再发生。此外，尼尔曼在美国著名的收视率最高的电视节目中解释事件的经过，并且主动承担了责任，让更多的人看到了捷蓝航空公司的真诚，因此获得了更多的信任。

第三，尊重顾客的权益。顾客就是上帝，在商业激烈竞争的时代，谁拥有最多的顾客谁就是最大的赢家。因此谁先保证了顾客的利益，谁就会拥有最大的胜利资本。捷蓝航空公司在这次事故中陷入危机，事件的发生与捷蓝航空公司在人们心中留下的印象极其不相符密切相关。而在这时捷蓝航空公司把顾客的利益放在第一位，并且通过各种途径去落实，消除了人们的怀疑，让捷蓝航空公司获得人们的认可和信任。这一举措回归了捷蓝航空公司一直以来的宣传核心，显示捷蓝航空公司把顾客永远放在第一位的态度。

第四，与政府沟通，寻求政府的帮助。不管在什么地方发生什么事，公众最需要的是来自政府部门的声音。尤其是在危机来临的时刻，政府权威部门出来做出解释或承诺，都会最大限度上使公众保持稳定的状态。针对航空服务存在的问题，国会希望捷蓝航空公司采取步骤自行解决有关服务问题而不是由国会来立法。捷蓝航空公司采用书面公告的形式来推出"服务保证"，对政府做了最好回应，而这一举动也得到了某位重量级国会议员的肯定。可以说捷蓝航空公司与政府的沟通做得非常及时和到位。

捷蓝航空公司彻底整顿了跟踪全体员工所在位置的信息系统,为方便客户在网上更改预订,还升级了公司的网站,并且对纽约总部的员工进行了机场危机处理方面的培训。如此一来,一旦类似事故再次发生,一支捷蓝航空公司的"特警"队伍将奔赴机场,装载行李,操作计算机工作站,并且帮助进港飞机做好再次起飞的准备。就这样捷蓝航空公司走出了危机,保持了生命力。

史镜今鉴

陶朱公就是范蠡,春秋时期越国的大政治家、军事家和经济学家。楚国宛(今河南南阳)人,《史记》中记载他"累十九年三致金,财聚巨万",后世称他是"古代十大著名商人之一"。但他仗义疏财,他赚了钱,就从事各种公益事业。他的行为使他获得"富而行其德"的美名,成为几千年来我国商业的楷模。那么他致富的秘诀是什么?我们可以从一个有关他的比较著名的故事说起。

范蠡在齐国经商的传说很多,比较著名的是范蠡贩马的故事。范蠡看到吴越一带需要好马,而他在齐国收购马匹不难,因此他就想在齐国收购马匹,然后运到吴越去买,以此从中赚取大钱。然而这里却困难重重,比较难以解决的是把马匹由齐国运到吴越,千里迢迢,这样一来运输费用就非常得大,而且当时正值兵荒马乱的时期,沿途强盗很多,单他一人之力是难以应对的。这样本来想赚钱的买卖可能就要面临巨大的风险。但是他又不想失去这样一次赚钱的机会,后来他就通过市场做了了解,得知齐国有一个很有势力、经常贩运麻布到吴越的巨商姜子盾,姜子盾因常贩运麻布早已用金银买通了沿途强人。于是,范蠡看中了姜子盾。但是他与姜子盾素不相识,自己亲自去邀请很有可能会碰钉子。因此,范蠡绞尽脑汁想出了一条妙计。

一天,范蠡写了一张榜文,张贴在城门口。其大意是:范蠡新组建了一马队,开业酬宾,可免费帮人向吴越运送货物。不出所料,姜子盾便主动找到范蠡,求运麻布,范蠡满口答应。这样范蠡与姜子盾一路同行,货物连同马匹都安全到达吴越。马匹在吴越很快卖出,范蠡因此赚了一大笔钱。

由此可以看出,在面临"危机"时,措施计策得当的话,完全可以转危为安。由此我们可以看出,在商场上做交易时很大的可能就是面对危机,然而危机并不一定就是灭顶之灾。当危机出现的时候关键是如何转变经营理念,如何做到转危为安。这其中一个很重要的因素就是领导阶层中核心领导者的作用。核心领导者是危机管理决策的核心,拥有紧急召集、资源配置的权力。因此核心领导人对危机的判断、定性、授权、治理以及领导人对待危机的心理状态和精神素质对危机管理的成败至关重要。作为危机决策者首先有灵活的头脑,面对危机应该采取果断措施,有效地防范和避免突发事件事态的扩大,把损失降到最低限度。其次,领导者必须要具备在有限的时间内迅速动员各种社会资源投入到危机管理过程中的能力。面对瞬息万变的公共危机,这是核心领导必不可少的一项基本能力。最后核心领导者要具有良好的心理素质。在危机管理中,危机决策者承受的心理压力最大。危机决策者科学决策的水平、危机管理能力的发挥在很大程度上受到其心理素质的影响。因此,危机决策者必须具备冷静、果断和审慎的心理素质。

企业有强弱,危机有大小,即使同样的危机发生在不同的企业其所形成的影响也不同。我们也应该清醒地认识到,千里之堤,溃于蚁穴。所以不能无视任何一个危机。细节决定成败,或许一时的疏忽可能就会造成不堪设想的结果。

拍案一 美国通用的破产

美国号称是"车轮上的国家",通用、克莱斯勒和福特是美国汽车业

"三巨头",其中成立于1908年的通用曾经是美国工业的荣耀和象征。在被丰田取代前,通用曾雄踞世界汽车业霸主地位长达77年之久。通用引领的美国汽车业被美国总统奥巴马称为"美国精神的标志",同时通用被全球认为是"最大的汽车公司"、"汽车行业的航空母舰",迄今在全球35个国家和地区有汽车制造业务。然而在它走过了百年的辉煌历程之后,一场全球性的金融危机席卷而来,这个曾辉煌一世的通用却是难逃劫难。汽车业的轮子摇摇欲坠,而且深陷泥潭,通用即将面临出局。2009年2月10日,为确保174亿联邦担保贷款最终可以被偿还,9日有消息传出,美国政府将强迫通用汽车公司和克莱斯勒公司破产,而且已经聘用了一家法律公司来帮助其处理偿还贷款的事务并帮助确定其获得还款的优先地位。如果联邦官员未能就偿还救助贷款问题达成一致,这些官员将会强迫公司破产来作为得到更多援助的先决条件。美国律师事务所破产事务律师沃克曼表示,按照破产法的相关规定,一旦申请破产保护,美国政府的债权人地位将优先于其他债权人。

2月17日之前,通用汽车及克莱斯勒都在努力进行重组、削减劳动力成本、降低债务水平并减少经销商。《纽约时报》4月12日报道,美国财政部已经要求通用汽车公司为申请破产保护做好一切必要的准备。美国《华尔街日报》14日报道,通用公司正向法院提起破产保护申请,以期能够剥离不良资产,重组公司优质业务。北京时间4月28日早晨,克莱斯勒得到了期盼已久的好消息——美国联合汽车工人工会(UAW)发布消息,工会领导人达成一致,希望UAW的成员们能够投票支持UAW领导人与克莱斯勒达成新的债务重组方案。5月27日通用汽车公司宣布,公司未能说服足够债权人同意债转股方案,公司与债权人之间的谈判宣告破裂。美国财政部已指示通用汽车公司为可能于6月1日最后期限前申请破产作准备。依资产规模计算,通用将成为依美国《破产法》第11章申请破产的美国第三大企业、第一大制造业企业,也是破产涉及员工人数第二大企业。根据重组方案,属于汽车工人联合工会的通用工人到2011年将被削减到3.8万人;旗下悍马等经典品牌也将被"割舍"。北京时间6月1日晚上20点,美国通用汽车向纽约当地南区破产法庭正式递交破产保护申请,正式进入破产保护程序。美国政府向通用提供301亿美元援助,任科赫为通用汽车首席重组官。这也宣告了美国百年车企、美国工业经济力量的象征正式完结。

通用汽车的破产成为美国历史上最大宗的工业公司破产案,也是美国历史上破产规模第四大破产案。

8月1日前通用汽车都在摆脱破产保护,剥离大部分债务、八大品牌中的四个以及多余的工厂和经销商。通用汽车公司在当日除了公布申请破产的消息外,还宣布关闭14家工厂的消息。这14家工厂当中,只有1家工厂会被保留,用于生产小型车。白宫方面说,经过两个月的努力,通用已经提出重组计划,主要股东也都做出重大牺牲,使公司得以重新再出发。美国总统认为计划具体可行,因此决定再提供300亿美元联邦协助,支持通用展开重整作业。相关发言人还表示,为了使重整计划付诸实施,通用将依据破产法规定,向法院提出破产保护申请,以消除其他不利重整的障碍。随后白宫又重申,政府无意拥有公司股权长于必要的时间。政府的目标是促成一个坚强而能永续经营的公司,使它能够尽快获利,并在没有政府的介入下,对经济成长和制造就业机会做出贡献。

点 评

曾经"撑起千千万万美国人梦想的精神支柱"的通用汽车公司,纵观它百年的历史,也曾经数次濒临破产,但是幸运的是似乎总是有援手伸出,让它重新走上汽车行业的峰巅。而这次的金融海啸似乎比往常更猛烈了些。

通用,这个雄踞美国市场几十年的汽车巨头已经滑向破产的边缘。致使通用这幢大厦摇摇欲坠!一步步走向崩溃的边缘。通用从辉煌走向衰落甚至破产有着深刻的历史原因,给我们今天的企业带来更多的思考:通用一旦破产,将给美国和世界带来什么样的打击?曾经不可一世的通用怎么就走到今天破产这一步?

第一,导致通用破产的最直接最重要的因素是致命般昂贵的养老金和医疗保险等。这方面主要是通用没有进行一定的危机预案,因为在通用成立那天起他们只顾按照美国的相关法律,免费提供给汽车工会工人医疗保险,并无限期负担被解雇人员的全薪,也就是说汽车工会退休员工终身享有和在职员工一样的医疗保险。这让通用从一开始就插上了沉重的翅膀,从一开始就埋下了致命的隐患。经过多年的积累致使通用的财务丧失了灵活性,最终也丧失了资金。加上通用没有处理好政府、员工和媒体的关系,使通用在面对危机时雪上加霜。

第二，不断疯涨的石油价格，让通用非常耗油的运动型多用途车（SUV）和卡车的销量冷却下来。而公司又没能够尽早投资研发混合动力型轿车更是另一大原因。多年来差劲的轿车设计也算一个原因。由此可见与时俱进对一个企业来说是多么的重要，随时开发研制替代能源也是一个企业永葆活力的一个重要因素！古人曰："生于忧患，死于安乐"。

第三，汽车销量下跌、产品组合恶化、原材料成本上涨是汽车公司的赢利大幅减少的表层原因。深层次竞争力上的不足，战略上的失误，组织上的缺陷。通用虽然也努力在用同一套模具上生产出的产品挂不同的品牌，以节约研发成本，但它始终不能做到像丰田那样，在佳美轿车的基础上推出五六款车，每个车型均能大获成功。同时，数十年的兼并收购让通用的高端豪华车广泛分布于别克、卡迪拉克、萨博等多个品牌，而市场需求量最大的是日益增加的小型经济轿车。

总之，在某种意义上，通用汽车正是被它几十年来的骄傲、自大所击倒。美国《财富》杂志在2004年这样评论道："通用汽车公司过去一直在闭门造车。它非常自闭，没有人费心去想：为什么通用汽车的组织方式与丰田截然不同，而且也不同于福特、大众以及其他所有的汽车制造商。组织方式是导致通用汽车表现不佳的主要原因。"

拍案二　某国际快餐公司：一次不完美的"救赎"

2005年3月15日，某国际快餐公司热销的烤翅和鸡腿堡调料中被发现含有可能致癌的"苏丹红一号"成分。

3月16日第一次发表声明承认"涉红"以后，这家公司连续向媒体发布了四至五篇声明，适时介绍"涉红"产品的检查及处理情况。在随后召开的新闻发布会上，该公司就目前的几款产品查出含有苏丹红的事件发表声明。

3月16日下午，该项公司发表公开声明，宣布烤翅和鸡腿堡调料中被发现含有"苏丹红一号"，并向公众致歉。该公司表示，将严格追查相关供应商在调料中违规使用"苏丹红一号"的责任，并承诺："从16日开始，立即在全国所有餐厅停止售卖烤翅和鸡腿堡两种产品，同时销毁所有剩余调料。"

3月17日该公司在记录中发现某公司提供的含苏丹红的辣椒粉也用在了调料中。随后,他们采取紧急措施,用现存经过验证不含苏丹红的调料取代原来的调料。此外,该公司在电视品牌广告上也下了大力气,在广告后加上"本公司产品均通过权威部门检测,请放心食用"等字样。同时,该公司也主动配合以"揭露问题"著称的中央电视台"新闻调查"以及"每周质量报告"等栏目的采访。恰恰在这时,3月18日,北京有关部门抽查到了这批问题调料。3月19日向媒体公布,责令其停售。

点评

回望整个事件进展,我们可以发现该公司做到了良好但并不算优秀。在产品中被确认含有"苏丹红一号"之后,该公司在第一时间和媒体沟通。一方面对媒体做出解释,一方面追究供应方的责任,很自然地转移了公众的部分视线。其危机公关的反应非常迅速,所实施的各项公关措施环环相扣,且处置得当。

首先,由于其在第一时间以不回避问题的积极态度通过媒体公布事件进展,在公众中塑造了"该公司是一个有信誉和敢于承担责任的企业"的良好形象,在一定程度上打消了消费者的疑虑和减轻了来自媒体的压力,防止了舆论环境的进一步恶化;还在一定程度上给公司下一步的"拯救"计划争取了时间,这点较为成功,符合危机公关处理原则。

其次,"企业高管及时出现在新闻发布会上,以坦诚的姿态向公众介绍事件的过程,并巧妙地将视线从其产品转移到供货商身上,同时积极配合政府部门的调查,给公众造成"该公司也是受害者"的印象。该公司这样做自然会给公众一个比较好的印象,会让公众以为它是一个比较负责的公司,公众会期待该公司给予一个比较合理的说法及恰当的解决方案!可以说,该公司在事件初期的主动态度对摆脱危机起到了至关重要的作用"。

然而，该公司的这次"拯救"计划也还不够完美。虽然在第一时间与媒体沟通，并向公众发表声明，但过度承诺，在没有100%把握的情况下，声称"确保不再有类似事件发生"，导致公众开始怀疑肯德基"诚实背后的不诚实"。在一定程度上该公司这样做是把公司的利益放在了第一位，把公众的切身利益放在了第二位，是对公众的切身利益不负责的表现！同时有的专家认为，缺少国内权威的帮助正是其化解危机不够到位的原因，应该让权威部门来发话，而不该自己乱表态。在危机处理时，信息通过权威部门的传递，其可信度大大增加，更能使公众信服。另外，该公司与媒体和消费者的沟通仍然不算畅通，虽然它承认事实并适时发布消息，但仍有记者和索赔的消费者不能及时从该公司获得所需要的信息。虽然该公司成功地把媒体的目光引向"苏丹红"的来源，但这也正体现出它对辅料供应商管理的不善。因此在危机来临之际，我们要清醒地看到企业缓解危机的措施，同时也要清醒的认识公众利益的安危。

拍案三 联想与戴尔"邮件门"事件

2005年5月29日《第一财经日报》获得的一组电子邮件显示，为了争取订单，戴尔公司的销售人员使用了很不光彩的手段。在这组邮件中，一位名叫Chris的戴尔公司的销售人员称，"要知道，联想公司是一家中国政府控制的企业，最近刚刚收购了IBM的个人电脑业务。尽管美国政府已经批准了联想的收购，大家必须明白一点，现在客户们每买IBM 1美元的产品，都是直接支持和资助了中国政府。"

5月30日《第一财经日报》以《戴尔营销"妖魔化"了谁》为题，在第一时间将戴尔伸出幕后黑手之事捅出来，立即成为最热闹的IT消息，被称为戴尔"邮件门"事件。面对一个民族品牌遭到如此赤裸裸的攻击，中国的消费者对一个跨国公司使出如此卑劣的招法既感到震惊，又感到愤怒。

5月31日下午，戴尔通过代理公司向媒体发来声明称，"戴尔美国销售人员与客户邮件"一事引起了公司的高度重视，并作了四点正式声明。

第一，"诚信取胜"是公司的行为守则，在戴尔公司的员工行为守则中，对于发表任何有关竞争对手及其产品的评论均有明确和严格的规定。

第二，我们对该员工发表这样的言论深表遗憾，该言论绝不代表公司的立场。

第三,对于该员工的行为及此事,公司目前正在严肃认真地处理。

第四,戴尔一贯致力于在中国长期投资和发展,与中国政府有着长期良好的合作关系,戴尔公司对中国政府所给予的一贯支持表示感谢。

6月1日,戴尔通过公关公司表示:戴尔不准备再发表任何声明,对于员工的处理结果也不会对外透露,也不准备以公司名义做出任何道歉。

点 评

剖析上述戴尔公司在面对危机时的举措,我们不能不做出如下思考。

第一,戴尔在声明中表述了三层含义,一是说这是员工自己的个人行为,不是公司在营销上使用的推销手段。二是说为此表示遗憾。三是说这是公司内部的事情,公司会进一步进行调查。对于戴尔公司的这种做法,公众无法接受,虽然这封邮件与公司的关系尚不清楚,但是员工是公司的一员,员工的所作所为公司都要负责。然而戴尔方面不但不负起责任,而且还推卸责任。连最起码的对公众进行公开道歉都没有。这完全是逃避责任的表现。

第二,戴尔在问题出现之后,不与媒体沟通,也不召开新闻发布会,戴尔最后的处置结果是不准备再发表任何声明,对于员工的处理结果也不会对外透露,也不准备以公司名义做出任何道歉。这些都是不真诚的表现。

第三,在这场危机出现之后,戴尔唯一可取的地方就是,在事发之后第一时间即作出反应,不管戴尔方面做出的反应是对公众负责还是不负责,至少表示这件事公司还是做出了反应,引起了公司的注意。

第四,一切商业行为都不可避免地掺杂有商业目的,为此戴尔方面回避了公众最关心的问题。

第五,作为消费者,主流媒体倒向一边,民意倒向另一边,戴尔在此时强调的却是对中国的投资力度,这样会更让公众对戴尔方面产生更多的疑虑!

看完上面几组案例，"凡事预则立，不预则废"，这句古话在今天依然给我们很多的启示，企业要想有较强的"免疫力"：

第一，必须加强危机的预防。如果在危机发生后，企业能对危机进行有效的控制，在最短的时间内，拿出合理的解决方案，那么企业就会最大限度地减少危机造成的损失和不良影响。比如塞勒菲尔德的核泄漏事件，如果该公司有危机处理备案，就不会遭受那么大的损失。因此企业在运作当中应该组建一个危机管理小组，对企业潜在的危机形态进行分类，制定出预防危机的方针对策。即"处理每一项潜在的危机指定具体的战略和战术；组建危机控制和险情审核小组；确定可能受到危机影响的公众；为最大限度减少危机对企业声誉的破坏性影响，建立有效的传播沟通渠道；建立危机预警系统等；在制定危机应急计划时，要多倾听外部专家的意见，以免重蹈覆辙；写出书面方案，对有关方案计划进行不断的实验性演习；为确保处理危机时有一批训练有素的专业人员，平时应对他们进行专门培训。"

第二，作为企业应该有忧患意识。如肯德基苏丹红事件，虽然肯德基公司在事件发生后弄清楚了事件产生的原因，然而针对出现的问题肯德基公司却没有及时正确地解决。公众的信任是企业的无形资产之一，如果一个企业失去了公众的信任，严重的可能导致一个企业失去竞争的根本，最终走向消亡！如果把公众的信任比作水，那么企业就可以比作舟了，"水能载舟，亦能覆舟"，由此我们可以看到公众的信任对于一个企业的生存是多么重要！

第三，企业应该灵活多变。当危机出现之后，要考虑到最坏的可能，在确定来源之后，要给危机定性。针对不同的危机使用不同的对策，一定不要使用一个方式去解决所有的危机。那么面对危机，首先应该不回避危机，对危机造成的后果不避重就轻，对自己应该承担的责任不回避。同时要正视产生的问题，进行彻底大检查。然后及时通过传播媒体，及时向社会各界通报危机的真实情况。同时要积极和政府有关部门沟通,赢得政府部门的帮助。最后,集中所有部门的意志和力量去对待它,争取在最短的时间内解决问题,赢得公众的信任。在这方面捷蓝航空公司给我们做出了榜样!让我们从中明白了一个企业能够永葆青春的秘诀!

第四,企业应该总结经验教训。当危机处理完毕后,企业应该进行深刻的自查和反省,找出企业危机管理体系的漏洞,积累经验教训,并修复企业危机期间受损的与企业相关利益人的关系,恢复企业形象。同时还要召开专门的会议,邀请同行参加,倾听一下他们的建议,做出出现类似的情况以后应该怎么办,以确保企业今后的健康发展!

全球化在这个时代已经成为无法逆转的趋势,企业之间的竞争已经越来越激烈,每个企业都生活在市场竞争中,都要面对着各种各样的危机。作为企业应该拥有危机意识,应该知道防微杜渐的道理,懂得千里之堤,毁于蚁穴的哲理!尤其在信息时代,可能我们一时的疏忽就会给对手打击我们的机会,可能就会因为一个小小的细节使我们前功尽弃,使我们辉煌的事业走向衰落!在激烈的市场竞争中,能否预防以及能否在危机发生后成功地进行危机公关,关乎企业的生死存亡。

前事不忘,后事之师。通过大量活生生的案例,将成功者的经验与失败者的教训呈现给企业管理者,从而帮助他们提升对危机公关的认识水平及应对危机的能力。

第九篇

得人心　树形象

——海尔真诚到永远

　　有人说21世纪是形象制胜的世纪，不管这句话是否有所夸大，但它毕竟道出了形象的重要性。对于一个企业来讲，知名度和美誉度（企业形象的关键组成部分）关系到其发展的前途和命运。要想塑造良好的企业形象，就要进行企业形象的公关。企业形象公关策略多种多样，其中赢得顾客的心便是其中重要的一种。赢得顾客的心才能获得顾客对企业的良好评价，从而扩大企业的知名度和美誉度。反过来讲，良好的企业形象又能为企业赢得更多的顾客，只有拥有比竞争对手更多的客户资源，占有更多的市场份额，才能在现今激烈的市场竞争中立于不败之地。树立良好的企业形象，赢得顾客的心是一个重要的途径。赢得了消费者的心，定能为企业良好形象的树立添砖加瓦。本案例组即是以海尔真诚到永远的服务与诚信为主案例，阐述其如何通过真诚的优质服务赢得了顾客的心，从而树立了良好的企业形象，取得了今天如此巨大的成就。

开篇之述——海尔以顾客满意为导向

青岛海尔集团(以下简称海尔)是以生产家电为主的特大型企业,它是在1984年引进德国利勃海尔电冰箱生产技术成立的青岛电冰箱总厂的基础上发展起来的,于1991年12月正式组建。从1984年至今短短二十来年的发展时间里,已经成为我国家用电器行业的领头羊,在国际市场中也占有了一席之地。如此迅速的发展,除了有很好的外部环境的支持和全体员工辛勤的拼搏外,最主要的就是海尔由始至终贯穿的"真诚到永远"的服务理念。

为使顾客满意海尔树立了三个重要观念。

第一,顾客永远是对的。1984年,海尔抓了"顾客永远是对的"这一服务观念,抓了如何对待顾客的问题。当一个顾客对产品质量提出问题之后,海尔就检查库房里的所有冰箱,把凡不是一等品的冰箱都挑出来,谁的责任由谁亲手砸。砸毁76台冰箱为的就是解决一个意识问题,即"带缺陷的产品就是废品",不能说能够用的产品就是合格品。这件事对职工起到一种震撼的作用,从这时开始,职工心里就已牢牢记住"时时想着顾客"。通过这件事海尔推行了全面质量管理。

1994年夏天,青岛市一位退休老人买的一台海尔空调器被出租汽车司机拉跑了。海尔从《青岛晚报》上知道了这个消息后,给她送去了一台空调器。海尔在职工中做了讨论,这件事情的责任究竟在谁,虽然社会与舆论一致认为海尔是助人为乐,但企业自己认为,这件事情真正的责任还在企业身上。如果海尔把这台空调器送到她家里去,就不会出现这样的问题了,由此海尔推出了无搬动服务。随后,又推出了上门设计、上门安装等服务举措。

第二,要不断去挖掘市场的潜在需求、新的顾客,使顾客达到一个更高层次的满意。市场处于永远不停止的变化当中,既然"市场永远在变",企业就必须在变化中寻求顾客新的潜在需求。如何能满足顾客潜在的需求,就成了企业的市场导向。海尔有一个原则是"只有淡季的思想,没有淡季的市场",任何产品都有一个淡季和旺季,但是,如果认为淡季是天经地义的,就不可能去想如何改变淡季的状况,不可能去想如何创造一个适应淡季的产品。在这个方面,海尔成功地制造了适应所谓淡季的"小小神童"洗衣机。洗衣机的淡季在每年的5~8月,为什么夏季衣服天天换,人们却恰恰不买洗衣机呢?这是因为当时市场上的洗衣机容量都大,一般都是5千克左右,所以不是顾客不需要洗衣机,而是没有生产出适合顾客需要的"小小神童"小洗衣机。海尔了解到顾客这一方面的需求,开发了1.5千克的洗衣机。这就是根据市场潜在需求开发出的产品,创造了不仅在国内淡季市场上受欢迎,而且在世界市场上也广受欢迎的产品。

第三,"东方亮了再亮西方"的名牌延伸战略。海尔提出"东方亮了再亮西方"的观念,不是看做了多少产品,而是看做好多少产品。如果能力不足,做一个产品就要老老实实地把它做好,确实做好了再进行延伸。否则,就可能做了一大堆却没有一个成功的,最后都成了自己的包袱。作为企业的发展道路也是这样,海尔是做好一个产品,再做与这个产品相关系数比较大的产品,就是技术和市场关联度比较大的产品,这样过渡起来也比较容易,顾客也更容易接受。海尔产品由冰箱开始过渡到做冰柜,再到空调、洗衣机、微波炉等,每一种产品都在国内名列前茅。

开篇之论——海尔顾客满意工程有感

时时刻刻方方面面让顾客感到满意,赢得顾客的心,才能为企业树立良好的形象打下坚实的基础。让顾客满意所引发的口碑效应能给企业带来巨大的经济效益和社会效益。据调查,一个满意的客户会把满意的感觉与状态至少告诉7~12个人。因口碑效应而购买的客户,是企业靠任何宣传和促销手段赢得的客户都无法比拟的。所以赢得客户的心让顾客满意,是扩大企业知名度和美誉度、树立企业形象的非常重要一个途径。由以上开篇之述对海尔的分析阐述中,我们可以看出,海尔正是通过让顾客满意,实践了"真诚到永远"的理念,赢得了顾客的心。

首先,一切为顾客着想,真诚到永远。如果海尔仅仅把企业和顾客之间单纯地建立在消费者的钱和公司产品的交换上,对售出的产品不闻不问,海尔肯定得不到顾客的青睐,也就不会取得现今巨大的成就。如上所举的例子中,海尔在卖给青岛那位离休老人空调后,可以说已经完成了产品价值的实现。空调被出租车司机拉跑和海尔没有直接的关系,也不是海尔的错,海尔完全可以不负任何责任,而海尔就是凭着"一切为顾客着想"、"顾客永远是对的"理念,送给老人一台空调器,并由此推出了无搬动服务。

在激烈的市场竞争下,必须有对顾客的准确认识,不能把企业和顾客之间完全建立在钱和物的交换上:我生产这些产品,你掏钱来买,我们之间就算完成一次交易,再多一点就是采取什么办法将自己的产品卖出去。如果仅停留在这个阶段,就不会真正赢得顾客。真正该做的必须是把钱和物的交换变成人和人之间的情感交流。如果没有这一条,就很难赢得顾客的心。可见,在这一点上,海尔做到了。

其次,打造一个创美誉度的系统。一个企业在市场上怎么满足市场的需求,怎么使顾客满意,它不应该是一项集体的活动或者说不应是一段时间的运动,它应该是一个系统。这个系统是一个企业内部售前、售中、售后服务,电话服务等。如果不是以一个系统全力地去做,就不可能满足顾客的要求。市场上的产品大致可以分为三种:一是有知名度的产品;二是有信誉度的产品;三是有美誉度的产品。仅有知名度的产品最好做,只要有钱打广告就可以了,但不一定能真正在市场上得到顾客的满意。对信誉度的产品而言,国家规定的职责都履行了,但是没有真正去研究顾客到底需要什么。要求最高的就是美誉度,美誉度就是要满足顾客潜在的需求。海尔的宗旨是不仅仅有知名度、信誉度,而是要创出美誉度。海尔推出的无搬动服务、上门设计、上门安装服务就抓住了顾客对便利的需求,为美誉度的创造奠定了基础。此外,海尔建立的售前、售中、售后等真诚服务得到了客户的一致认可,赢得了顾客的信任。以顾客满意为宗旨,满足顾客的各种需求,赢得了顾客的心,树立了良好的企业形象。

史镜今鉴

让顾客满意,赢得顾客的心,通过口碑效应扩大企业的知名度和美誉

第九篇 —— 得人心 树形象

度,是进行企业形象公关的一个重要策略途径。海尔的"真诚到永远",以顾客满意为宗旨,赢得顾客的心,就是企业进行形象公关的典型案例之一。细数历史的过往,在奔腾不息的历史长河中,我们同样可以看到无数个通过赢得对方的心,从而树立起良好形象的例子。

第一个故事是历史上著名的"绝缨宴"。春秋时期,楚庄王一次平定叛乱后大宴群臣,宠姬嫔妃也统统出席助兴。席间丝竹声响,轻歌曼舞,美酒佳瑶,觥筹交错,直到黄昏仍未尽兴。楚王乃命点烛夜宴,还特别叫最宠爱的两位美人许姬和麦姬轮流向文臣武将们敬酒。忽然一阵疾风吹过,筵席上的蜡烛都熄灭了。这时一位官员斗胆拉住了许姬的手,拉扯中,许姬撕断衣袖得以挣脱,并且扯下了那人帽子上的缨带。许姬回到楚庄王面前告状,让楚王点亮蜡烛后查看众人的帽缨,以便找出刚才无礼之人。楚庄王听完,却传令不要点燃蜡烛,而是大声说:"寡人今日设宴,与诸位务要尽欢而散。现请诸位都去掉帽缨,以便更加尽兴饮酒。"听楚庄王这样说,大家都把帽缨取下,这才点上蜡烛,君臣尽兴而散。席散回宫,许姬怪楚庄王不给她出气,楚庄王说:"此次君臣宴饮,旨在狂欢尽兴,融洽君臣关系。酒后失态乃人之常情,若要究其责任,加以责罚,岂不大煞风景?"许姬这才明白楚庄王的用意。这就是历史上著名的"绝缨宴"。三年后,楚庄王伐郑。一名战将主动率领部下先行开路,这员战将所到之处拼力死战,大败敌军,直杀到郑国国都之前。战后楚庄王论功行赏。庄王问那人说:"你那么努力是为什么呢?"他说:"我就是三年前被您爱妃拔掉帽缨的人啊!您的宽宏大量让我感激不尽。所以,我下定决心不怕牺牲,为大王效力。"楚庄王大为感叹,便把许姬赐给了他。这人名叫唐狡。

楚庄王从大处着眼,用宽容的心对待自己的群臣,替他人着想,信任他人,原谅他人,最终赢得了唐狡的忠心,也为自己树立了宽容大度的形象。企业也是一样,只要赢得了客户的心,就能获得客户对企业的忠诚,赢取客户对企业的赞誉,树立起良好的企业形象,进而占有更大的市场,在市场中获取竞争优势。

第二个故事是魏文侯诚信待人。魏文侯是战国时期魏国的第一位国君,有一次,他和管理山林的人约好第二天下午一定去山林打猎练兵。到了次日,下朝后举行了宴会,魏文侯准备宴会一结束就去打猎练兵,可谁知宴会结束后,天忽然下起了瓢泼大雨,雨不见停反而越下越大了,魏文侯起身对众大臣说:"对不起,我要告辞了,赶快准备车马,我要到郊外去打猎练兵,那里已经有人在等我了!"众臣一见国君要冒雨出门,都有上前去劝阻。这个说:"天下这么大的雨,怎能出门呢?"那个说:"去了也无法打猎练兵。"魏文侯看看天色说:"打猎练兵是不成了,可是也得告诉那位管理山林的人哪。"众臣中有一个自告奋勇的人说:"那好,我马上去。"魏文侯把手一摆,说:"慢,要告诉也得我自己去。"那个人眨着眼睛仿佛没有听懂似的,魏文侯说:"昨天是我亲自跟人家约定的,如今失约,我要亲自向人家道歉才行。"说完大步跨出门外,顶着大雨到管林人的住处去了。魏文侯处处诚信待人,博得了臣民的信赖,不论当官的,还是普通百姓,都很敬重他,所以魏国迅速强大起来。

　　魏文侯身为一国国君,在约定打猎却不幸遇到大雨的情况下,完全可以派身边的朝臣去通知,这样做也完全没有人会觉得国君爽约或有什么不妥,因为众人皆知在这种天气打猎是不可能的。魏文侯并没有这么做,而是冒着大雨亲自去通知山林管理人员,为客观条件造成的失约亲自向山林管理人员道歉。魏文侯的诚信待人赢得了众臣民的心,众人齐心协力使国家最终强盛起来。

　　同理,作为企业同样要真诚守信,企业工作人员要有一颗真诚为顾客着想的心,海尔的真诚到永远的服务为企业赢得了众多的消费者,树立了良好的企业形象。企业和顾客之间不是价值与使用价值的简单交换关系,而是要用心真诚地为企业和顾客之间搭建具有浓厚感情联系的桥梁。对顾客许诺下的各种优惠和服务活动一定要认认真真兑现,不能令顾客失望。只有建立了与顾客之间的真诚守信的信任关系,才能赢得顾客,企业才能获得长远的发展。

三刻拍案

　　赢得客户的心,树立起良好的企业形象,是现代企业进行形象公关的一个重要策略手段。在拍案环节中我们就以国内外三个著名集团公司即德国奔驰公司、广州格兰仕集团有限公司、云南白药集团的成功案例为例,看它们是怎样赢得客户的心,从而树立起良好的企业形象的。

拍案一　奔驰优质服务赢得客户

德国奔驰已有一百多年的历史,是世界著名的豪华品牌。奔驰公司之所以能够享誉世界,不仅仅是因为其以高端的技术生产出质量过硬的汽车产品,也不仅仅是其经营者拥有纯熟的经营技巧。在现今产品质量走向同质化的时代,质量不可能成为企业制胜的唯一法宝;单纯的经营技巧更不能将一个公司推向世界名牌之列。视服务为自己生存的条件,为客户提供优质的服务,赢得客户的赞誉,树立良好的企业形象,是奔驰驰名世界的重要因素。

为了方便客户,公司扩大了服务业务的站点,加大了管理力度。据统计,至2004年,奔驰汽车在全世界范围内有将近5 000个销售和维修服务网点,在欧洲等发达国家的营业网点就多达2 700多个。在德国,奔驰公司启用了由56 000人组成的强大售后服务团队来负责轿车的维修和养护工作。让人感到非常满意的是,在德国的公路上几乎平均不到25千米就有一个奔驰的特约服务站。高级轿车需要倍加呵护,奔驰公司提供了全面的服务项目,从货源到输出系统以及咨询系统都尽力而为。

相对而言,奔驰服务站的员工技术和业务都受过训练,许多服务项目都能在最短的时间内完成。当发现车辆有损耗需要更换时,他们会及时联系车主,让客户拥有主动权。当奔驰的客户在行驶中出现事故和故障时,车主只需拨一个电话号码,服务人员就会在最短的时间内出现在客户面前。即使是客户主观过错产生的责任,奔驰的服务人员仍然保持很高的热情认真为客户服务。

我们一起来看奔驰优质服务的一个小案例。有一个客户驾驶奔驰车出国办事,突然轿车出现了故障,停在邻国的一个偏僻的地方。这时,客户在无奈之下给奔驰服务站拨了电话。几个小时之后,奔驰公司的维修人员乘坐一架小型的直升飞机赶到了邻国的事故地点。之后,奔驰公司并没有对这个客户收取任何费用,相反向他道歉,"是我们的错,我们没有把工作做好,以致出现了故障,我们应该提供无偿的服务。"

后来,这个客户就成了奔驰的铁杆支持者,不但自己后来又购置了几辆奔驰车,还劝说其亲戚朋友选购奔驰的品牌产品。

点 评

正是在这样一件件真诚为顾客服务的过程中,奔驰赢得了一个个客户的心。根据口碑效应,再由一个个客户为奔驰做着免费的宣传,从而不断扩大了奔驰公司的知名度和美誉度,树立了良好的企业形象。可以说,令顾客满意的优质服务,良好形象的树立,最终造就了如今世界豪华品牌的奔驰。

拍案二 格兰仕——让顾客感动

广东格兰仕集团有限公司(以下简称格兰仕)创立于1978年,是一家全球化家电专业生产企业,是中国家电业最优秀的企业集团之一。从成立之初公司就定位于"全球名牌家电制造中心"。成立至今,格兰仕由一个7人创业的手工作坊发展为一个拥有4万名员工的国际化经营企业,在广东顺德、中山拥有国际领先的微波炉、空调、生活电器及日用电器研究和制造中心,在香港、首尔、北美等地设有分支机构。

格兰仕电器已畅销近200个国家和地区,其"全球制造、专业品质"的形象享誉世界。格兰仕电器在全球家电市场上取得的辉煌业绩为企业赢来了无数殊荣和相关上级部门的认可及表彰,业界认为,格兰仕作为"公众企业"所产生的影响已经超出了行业自身。坚持"伟大,在于创造"的企业理念和"努力,让顾客感动"的经营宗旨,格兰仕正在加速向国际一流企业、世界名牌进军。那么格兰仕是如何让顾客感动的呢?

别具一格的售前服务。在20世纪90年代,微波炉还是一种新型家电产品,不少消费者对它缺少认识和了解。要使消费者普遍认识和接受微波炉,必须首先向消费者进行深入的微波炉知识普及。从1995年起,格兰仕公司在全国各地开展了大规模的微波炉知识推广活动。他们在全国各地150多家报刊上,特约开设了"微波炉使用专栏"、"专家谈微波炉"等栏目,对有关微波炉的知识和使用进行全方位的介绍。同时,开辟了"微波炉系列菜谱介绍"、"微波炉美食文化指南"等栏目,详细介绍了数百种菜肴的烹饪方法与技巧。

为顾客提供附加价值。格兰仕公司聚集了国内一大批专家,花费了一年多的时间,编出了目前世界上微波炉食谱最多、最全的《微波炉使用大全及美食 900 例》等系列书,并在全国三十多个城市的大型商场开展免费赠书活动,这一项工程就耗资近百万元。

为细小的事情负责。广东汕头有一位顾客买了台微波炉,在搬家时不小心碰坏了外壳,公司维修部职工专程将新的外壳送到他家,这位顾客深受感动,拿出几百元酬谢金,被格兰仕维修工婉言谢绝。江西赣州一位顾客去外地出差买回一台微波炉,使用三个星期后,质量出现了问题,于是打电话向公司求援,公司派人赶到赣州,发现他买的是某厂出的冒牌货,但公司为维护消费者利益,仍帮他修好了次品。

格兰仕公司总经理梁庆德曾说:"我们格兰仕人就是要努力做使顾客感动的服务,我们的宗旨是为广大消费者服务。只有真诚的服务,顾客才会感动,顾客能感动就不怕没有市场;只有付出,才可能得到市场,没有付出就永远得不到市场。"

点 评

格兰仕全体员工正是在这种真诚的、细致的、体贴的优质服务中,深深地感动着顾客,赢得了顾客的心,树立了良好的企业形象,换来了今天的飞速发展。现在,世界上每两台微波炉中,就有一台出自格兰仕;格兰仕自主开发的空调、冰箱、洗衣机及电烤箱、电饭煲、电磁炉、电水壶等小家电也源源不断地为全球一百七十多个国家和地区的消费者提供便利。

拍案三 云南白药集团的创新之路

现代社会,科技飞速发展,各种产品不断地更新换代。消费者对产品、服务的需求层次也在不断地提升。要想满足客户不断提升的需求,赢得顾客的心,就要对生产的产品和提供的服务进行不断地创新。在创新中不断发展,在创新中不断进步。满足客户不断提升的潜在需求才能创造企业的美誉度,树立良好的企业形象,在竞争中保持优势地位。云南白药集团就是靠不断的创新、创新、再创新,赢得了客户,树立起了良好的企业形象。

云南白药集团是百年老号,创立于 1902 年。从初创时期的单一产品发展到现今,它俨然已经成为一个拥有着丰富产品类型的企业集团。云南白药集团一直秉承着中国传统医学文化,运用现代科技,在产品开发、研制过程中努力开发新产品,不断推陈出新。

云南白药集团在创业初期,公司一直以白药散剂来创造利润,虽然销路很好,但产品形式单一。在以后的发展过程中,云南白药集团针对市场和消费者的需求特点,开发研制了不同种类的药品。为了方便患者服用,云南白药集团便研制了胶囊产品;对于患者外用的需求,云南白药集团研制了云南白药膏、创可贴;另外还有云南白药喷剂等产品。这样既方便了患者用药满足了患者的需求,又使产品具有很强的灵活性。

云南白药集团生产的药品最显著的功能是在止血消炎方面。根据自身这一功能特点,云南白药集团的科研人员通过深入研究,成功研制出了妇科良药——宫血宁胶囊,该药投放市场以来深得患者的喜爱。该产品已经成为云南白药集团的一个显著增长点。

云南白药集团继宫血宁胶囊推出成功后,又紧扣市场需求,在中药三七上大做文章。三七是非常名贵的中药材,科研人员把它制成不同的品种,有营养品、保健品、补品等。这样,这些新的产品不但迎合了消费者的不同需求,赢得了消费者的心,更使得集团的产业结构得以丰富和完善。

从1902年开张到今天,在其百年发展历程中,云南白药集团始终保持着旺盛的生命力。在激烈的市场竞争中,云南白药家喻户晓,不仅占据了国内市场而且还开辟了广大的国际市场。云南白药系列产品行销海内外,得到了消费者的一致好评,被誉为"中华瑰宝"。

点 评

面对产品、服务不断同质化的现实状况,要想使产品在同类产品中脱颖而出最终赢得消费者,在激烈的市场竞争中处于不败之地,最好的方法就是不断地创新,不光是在技术方面提高产品的质量,在功能方面进一步优化和完善产品性能,还有思想理念上的创新,只有创新才能满足消费者不断发展的新需求,赢得消费者的心,才能为企业打造良好的声誉,树立起良好的企业形象。

第九篇 ——— 得人心　树形象

回味隽永

　　从以上以海尔为主的这些古今中外的案例中，我们可以看出，不管企业采取何种途径、何种方式，归根到底都是以赢得客户的心，树立企业良好形象，从而占有更大的市场份额，获得最大的利润为最终诉求。赢得客户的心，树立良好的企业形象已经成为任何企业都不能轻视，更不能忽视的重要公关手段。回看海尔、奔驰、格兰仕、云南白药等集团或公司的发展之路，结合几个古代小故事，我们可以获得不少启迪。要赢得客户的心，塑造良好的企业形象就要注意以下几个方面：

　　第一，打造优质产品。消费者关注的是产品的使用价值，即产品的质量。优质的产品是企业实现其产品价值的基础，优质的产品才能吸引消费者的注意力。流传已久的海尔总裁张瑞敏亲自砸冰箱的小故事，就体现出企业领导人对产品质量重要性的认识。只有优质的产品、根据时代的需要不断更新的产品才能满足消费者的需要，也才能让消费者买着放心，用着舒心。

　　第二，为客户提供别具一格的服务，建立全方位的服务体系。中国改革开放三十多年来，市场迅速成长起来，中国很快由卖方市场走向了买方市场。尤其是20世纪90年代以后，产品大量同质化，导致价格恶性竞争。如何在产品同质化的今天，跳开低层次的简单价格搏杀，以个性化的核心竞争力支撑适当的赢利和发展，成为各企业必须面临的选择。这当中，服务无疑是使竞争走向高端的重要法宝，也是赢得客户的关键手段。海尔就是凭着"真诚到永远"的至诚服务赢得了顾客，树立了良好的企业形象，不断创造着海尔的奇迹。服务不但要别具一格，更要建立一个全方位的服务系统。不但要创建和产品挂钩的售前、售中和售后全方位的服务系统，还为顾客提供独立于产品之外的服务。比如，格兰仕聚集国内专家编写微波炉食谱，将耗资几百万元编出的食谱免费赠送给消费者，虽然耗资巨大，但为企业树立良好的形象打下了基础，是一种长远的具有战略眼光的行动。

　　第三，注重细节。海尔由于一台冰箱出了问题，海尔人就亲手砸坏了

76台问题冰箱。一位退休顾客买的一台海尔空调被出租车司机拉走,如此细小的细节也能引起海尔的高度重视,从而创建了无搬动服务,为顾客提供了方便。格兰仕为细小的事情负责的精神,都是注重细节,赢得顾客信赖的例子。顾客面前无小事,把顾客的小事作为公司的大事来做,注重每一个细节,才能赢得顾客的心,在顾客心中树立好的形象。

第四,尽量满足顾客的需要。要了解顾客的需求首先就是聆听顾客的声音,通过电话、电子邮件等途径调查了解顾客的需求所在。了解顾客的需求之后,就要立刻着手将其具体化,创造出顾客想要的产品。"小小神童"洗衣机就是为了满足顾客的潜在需求而创造的产品,取得了巨大的成功。云南白药正是在满足顾客需要的基础上,不断创新自己的产品,在同行业中成为佼佼者。

赢得顾客的心,是企业进行形象公关的策略之一。如何赢得顾客的心?其方法和途径又是多种多样的,本案例组合只是介绍了其中的一小部分。如果能起到抛砖引玉的作用,启发各类公司企业将赢得顾客的心作为一种重要的企业形象公关手段,寻找更多地赢得顾客的心的方式途径,那么这组案例的启示也就取得了一定的成功。

第十篇

潮流之势——一体化营销公关

——长虹背投彩电的营销公关案例

　　公关与市场营销紧密联系，两者都以处理人际关系为基础，都要对社会公众进行分析，都以满足社会公众的需要为前提，都需要利用各种传播媒介达成与社会公众的沟通，也即两者在一定程度上互相融合、有所交叉。因此，如果营销人员重视在市场营销中运用公关，可以实现企业与消费者之间的情感交流和双向沟通，并达成企业与消费者的相互理解和支持，即如果在市场营销中以公关思想为指导来选择和使用各种营销手段，注重企业公关目标的实现，那么，企业的市场营销将如虎添翼。"长虹"背投彩电的营销公关通过一体化的技能技巧，正是说明了这一点。

开篇导例

开篇之述——长虹背投彩电的公关探秘

2003年年初,中国营销界精心评选出2002年度十大公关营销金奖案例,长虹"精显王"背投彩电营销案例霍然在内,且位居前列,这是近年来处于低谷期的长虹罕有的成功营销公关案例,这次营销公关不但使得长虹由低端市场进入高端市场,成为中国背投彩电的代表者,更重塑、提升了长虹品牌形象,"挽救"了危机四伏中的长虹。长虹"精显王"背投彩电营销案例荣获中国营销公关金奖案例,是实至名归、名副其实的。

长虹鼓励各地分公司多创新,多尝试,在"精显王"背投在公关过程中,许多分公司创立了独特的、具有明显地方特色的公关模式,在公关方面,展开了激烈的战斗。贵州分公司组织员工到四周社区散发传单,在周末到大商场举行大规模的现场热卖公关活动,结果一天一个商场可以销售三十来台背投彩电;山西分公司与经销商合作,每天用一个小货车拉着超大屏幕背投到各个学校、政府机关现场演示,结果在3个月内,仅61英寸以上的超大屏幕背投就销售出去二十多台;浙江分公司举行一系列不间断的室外促销活动,一个县城3天时间就销售出去17台背投;广州、北京分公司开展网上直销业务;川渝一带的员工甚至直接下到乡镇去促销。这些形式多样、内容丰富的营销手段,极大地提升了长虹背投的知名度和美誉度,提高了长虹背投的销量和市场份额。

开篇之论——长虹背投"精显王"的一体化营销公关

长虹"精显王"背投彩电营销秘诀有两点。

秘诀之一就是"一体化营销"。为了进一步拓宽精显背投彩电的市场营销渠道,最大限度地推动产品的销售,长虹营销部门果断地采取全员营销的策略,让所有员工都成为其核心产品——背投彩电的兼职促销员,为其提供必要的背投技术、营销及服务知识的培训,将各地销售分公司中最优秀的促销人员配备到背投专柜,并向背投营销人员提供更为优厚的待遇和奖励,制定更为详细灵活的考核激励机制,及时兑现承诺,从而极大地调动了商场促销、直销及服务人员的积极性,从根本上保证了精显背投的终端销售和服务力度。

秘诀之二就是"一体化公关"。长虹集团的精显背投产品之所以能够在当今这个竞争日益激烈的新经济市场中胜人一筹,就是因为长虹创造性地学习并掌握了价值最大化及完全价格等现代营销学理论,并且能够在这一理论的指导下,从新的角度审视公司的产业及产品定位和经营战略,明确并充分发挥自己的优势,针对最佳顾客的最高需求,组织自己的一切经营活动。正是由于长虹在使其拳头产品精显背投走向市场化的过程中,非常巧妙地做到了产品价值的最大化,因此它才能在全国各地和国际市场上受到广大消费者的广泛关注,并使我国彩电行业爆发了一场新革命。这就充分地说明了长虹已经具备了可以像国际著名跨国公司那样在市场上取得完全价格的基本素质,并且长虹的精显背投产品已经成为我国彩电行业的市场领导者。

鲁人徙越

鲁国有个人善于编织草鞋,他的妻子善于纺纱,他们想一起迁徙到越国。于是就有人告诫他:"你一定会受穷的。"鲁国人就问:"为什么?"那人说:"草鞋是用来穿的,但越国人却赤脚走路;纱是用来做帽子的,但越国人却披头散发不戴帽子。你们虽然有专长,但迁徙到没有用途的国度,想不受穷,这可能吗?"鲁国人就反问他说:"到了不用我们专长的地方,我们可以引导他们穿鞋戴帽,随着用途的不断推广,我们怎么会受穷呢?"

"鲁人"的市场发展远见和开拓精神值得现代企业吸取。如果按年代比较,下面一则"现代版"市场开拓故事应该是这则历史典故的"翻版":

有一个制鞋公司老板派两个推销员去一个小岛上推销鞋子。过了一段时间,两个人都回来了。一个说:"那里的人都光着脚,我们的鞋子没有市场,所以我就回来了,准备去开拓其他市场。"另一个人说:"那里的人都光着脚,所以我们的鞋子很有市场。于是我就回来准备弄一批货过去。"

让我们一起来回味一下当时的意境:在鲁国,善于编鞋纺纱的人不在少数,当然也就存在一定的市场竞争,于是"鲁人"就想到市场相对空白的越国去发展,同时,他应该也能预想到市场开拓初期的艰难,也明白每开发一个新市场都要经历一个"认知—尝试—推广"的消费过程。但最为难能可贵的是:他知道对顾客"引而用之",通过引导消费来培养自己的顾客群体。一旦推广开来,市场前景岂不是自然就"柳暗花明"了吗?

联系到当今营销,我们不难发现,但凡成功的企业,对潜在市场的准确把握和在市场开拓初期对顾客群体的培养往往是他们的制胜法宝。现代市场营销是多种营销方式、营销观念相结合的整合营销。整合营销要以消费者为中心,以自己的产品迎合大众消费的需求。但消费者的需求并不都是从消费者内在或自身产生的,消费需求是可以引导的。以创新的观念去迎合或引导消费者需求是现代整合营销的第一步。

1872年4月30日,英国商人美查等四人集资1 600两白银在上海创立《申报》。《申报》创立初期,美查在《论本馆作本意》中以"新之开馆卖也,大抵以行业营生为计","但亦愿自伸其不全忘义之怀也"之说确立了"义利兼顾"的办报方针。秉承这个原则,《申报》从纸的内容,发行,价格等方面与当时独占上海鳌头的第一份中文报《上海新报》展开了激烈的竞争,不到一年时间就把唯一的强敌挤垮。从1872年创刊到1949年停刊的77年时间里,《申报》虽几易其主,经营状况有所起落反复,但总体上坚持了正确的经营策略。据徐铸成的《海旧闻》记载,在他幼年的家乡,《申报》几乎就是纸的代名词。人们在包东西时常说"拿张申纸来包包",虽然递过来的纸上赫然印着《新闻》,由此可见《申报》在当时多么深入人心。

该报成功的经验在于:把赢利作为办报的首要目的,"义利兼顾";在经营治理上,降低纸成本,做好发行工作,重视广告的经营,拓宽经营范围,陆续出版文艺期刊,时事画,开办书局;在内容上,继续中国古代优秀文化,内容尽量适合中国读者的口味,重视言论,注重新闻和文艺作品的刊载；在价格上坚持走低价平民化的原则。正是因为这些经营策略的指引，《申报》销量大增，从最初创刊时的 600 份，到 1888 年，已经发展成为在新中国成立前影响最大，历史最悠久，销量最多的新闻报纸，成为中国官民重要的日常读物。《申报》并不是中国近代最早的中文报纸，但它却在十几年的时间里就发展成为当时上海首屈一指的影响和销量最大的报纸，其经营策略和活动很值得我们探究。综观《申报》的创立和发展过程中的经营活动，可以发现：虽然创立于 19 世纪 70 年代，《申报》经营者在经营报纸的过程中已经初步具备了现代营销思想的萌芽，这些现代营销思想的萌芽极大地促进了《申报》的发展，促使其影响和销售量不断扩大。

三刻拍案

通过全员营销、全员公关的模式进行企业营销公关的当然有很多成功的案例，除了上述几个案例之外，以下三个典型的企业也是采取相似的营销公关方式。

拍案一　德化陶瓷的海外营销之路

德化经济发展的速度之快，似乎只能用"惊变"来形容。1990 年，这个地处福建中部的贫困县，陶瓷产值仅仅是 9 400 多万，出口额不足 5 000 万元。2008 年，全县拥有陶瓷工厂 1 125 家，从业人员 8 万多人，陶瓷产值 68.9582 亿元，占工业总产值的 62.3%。

德化是中国三大古瓷都之一。宋元时期，德化瓷曾是"海上丝绸之路"的一项最重要的贸易品，成千上万的瓷器从泉州港出发，远销欧亚各国。但到了 20 世纪，德化陶瓷并没有像人们想象的那样，支撑起瓷都的经济。历史的光荣没有带来新的辉煌，到了 20 世纪 80 年代初期，全县也才只有数十家企业，而这些企业仍是在观音、弥勒、罗汉和杯盘碗碟等传统陶瓷中徘徊。

一次机遇的出现,使德化陶瓷产业得以进行"市场突围"。1985年,身为第五瓷厂厂长的温克仁,一趟欧洲之旅、两趟美国之旅回来,带回了一大堆工艺瓷样品、一大堆胶卷,还带回了盘桓在脑中的新概念:西洋瓷。1987年,第五瓷厂生产出了"西洋工艺瓷",并销到美国。温克仁将"西洋瓷"的生产销售经验示范并无偿传授给其他陶瓷企业。于是,全县生产"西洋瓷"的企业越来越多,许多厂长经理都怀揣护照,了解国际陶瓷市场走向,及时推出适销对路的新产品。目前德化有自营出口经营权的企业达90多家,陶瓷产品远销五大洲190多个国家和地区,是全省十大重点出口县(市)之一,西洋工艺瓷出口量居全国首位。

点 评

我们透过历史长河上缓缓蒸腾的雾霭,逐渐清晰展现眼前的是德化建白瓷的辉煌,宋代晋江紫帽官窑的忙碌,以及满载闽清陶瓷想要飘洋过海的大船在平潭海域经历狂风暴雨而折帆沉海的惨烈。福建陶瓷可以说在中国陶瓷正史上写下了浓墨重彩的一笔。

拉回到现在,德化在传承建白瓷的历史传统之余,与现代工艺相结合,开发出了广受陶瓷爱好者赞誉的"中国红"陶瓷。德化在白与红的世界,讲述着文化的延续,历史的传承与发扬。以磁灶为中心,辐射晋江、南安部分区域的泉州建筑陶瓷已经形成了颇具规模的陶瓷商圈。这一陶瓷群体充分发挥着闽南人享誉全球的"爱拼才会赢"的精神文化,从家庭作坊一步步发展到现在的规模化、现代化企业,从繁星点点到现在的月亮似的产业集群。特别值得一提的是,闽南陶瓷人不畏艰难的开拓精神与创造精神,使一批如华泰、腾达、恒达、协进、豪山等为代表的现代化大型建筑陶瓷企业脱颖而出,在当今的陶瓷江湖中翻云覆雨。除了德化,福建的另一县城——闽清更是举全县之力来推动陶瓷产业的发展。闽清内墙砖及闽清人在全国各地开办的内墙砖产业雄霸全国市场,掌握着市场话语权,一直是当地政府及相关人士津津乐道的话题;闽清高低压电瓷特别是高压电瓷成为了全国生产基地;以福晶公司为代表的特种陶瓷已经进入国际高端市场,成为当地的一大特色。

拍案二　统一润滑油的公关营销

润滑油并非大众产品,它的目标消费群主要是司机和汽车维修人员。按照经典营销理论,营销这类分众产品,并不需要在大众媒体上投放广告,只要能够让目标消费群体知道产品品牌和性能就足够了。然而,2003年异军突起的统一润滑油却反弹琵琶、异军突起。在过去几年里,统一润滑油按照整合营销传播理论,组织营销传播,专业媒体、大型广告牌、广播广告、报纸广告和报纸的软文等组合应用。这种营销传播方式,统一石化前几年一直在应用,尽管每年都要投放3～4千万广告费,但效果并不明显。2003年统一石化转变思路,摈弃了多媒体整合传播的传统做法,转而联手中央电视台,做起了一体化的公关手段,全员结合各个具体部门,转变了营销公关的策略。行内人士认为统一石化是命在这一转。

然而,统一石化的大众媒体投放策略获得极好的效果。据统一石化透露,在电视广告播出两个月之后,其销量增长了100%。其产品销售结构也开始从中低端向中高端转化。中央电视台广告投放后,统一石化原来的空白地区,也有大量的新经销商加盟,从而完善了渠道覆盖范围。统一石化在采用新的传播策略之后,联手强势媒体投入巨额广告,只用短短几个月时间,就迅速提升了品牌知名度,进入润滑油第一阵营。如果说央视广告提升了统一润滑油的知名度,而统一石化在伊拉克战争期间的快速应对,则大大提升了统一石化的美誉度。在战争爆发后第一时间推出的广告"多一点润滑、少一点摩擦",巧妙结合产品、时机,在短期内让统一润滑油吸引了大量受众的眼球。

 点　评

　　在2003年12月21日举行的中国企业营销攻略武夷论坛上,北京统一石化有限公司荣获"2003年度中国企业营销创新奖"。获奖理由是由于在2003年该公司以强势的央视广告,特别是"多一些润滑、少一些摩擦"的事件行销广告,把润滑油这一"小众"产品推入大众

视野,引发了润滑油行业的"品牌宣传战",在迅速提升"统一"品牌影响力和美誉度的同时,对促进产业向民用化方向发展上做出了杰出的贡献。

"统一"能够实现品牌突围,是因为颠覆了传统的策略,把一个原来属于工业品营销的产品,用民用消费品营销的方式去做,把原来只投放专业媒体的广告策略,放到中央电视台的大众媒体上去做,把原来是一个细分的小市场的概念,按照大众的市场概念去做。在消费者心智当中,润滑油是一个空白,"统一"第一个进入的时候,没有竞争对手跟进,如入无人之境!"统一"对消费者的研究非常到位,支撑了由工业品到大众传媒的方式。

拍案三 "固特异公司"的公关营销策略

为了进一步扩大市场覆盖能力,国外的轮胎公司经常采用双渠道或多渠道来销售产品,即除了通过代理、批发商和零售商的传统渠道外,还通过非传统渠道如全员了解市场、全员公关产品、大型商业全员零售、折扣店、会员俱乐部等销售产品,具体选择哪些渠道必须经过认真调查和慎重考虑才能决定。采用双渠道的优点是可以大大提高产品在市场上的覆盖率和销量,争取潜在的消费者。固特异公司在这一方面做得比较突出,该公司 20 世纪 90 年代以前在北美地区的销售一直是通过传统渠道,并且业绩很好。到 20 世纪 90 年代初共拥有 1 000 多家自营经销公司和 2 500 家独立经销商,大家合作紧密,其中独立经销商贡献约 50%的销售额,是主要的销售力量。但受竞争对手冲击(当时米其林、石桥通过兼并大举进入北美市场)和消费者购买行为变化的共同影响,其主力品牌在替换胎市场的占有率 1992 年比 1987 年下降 3%。当时公司的董事长兼总经理斯坦利·高特(Stanley Gault)采用营销公关战略以迎合消费者,打击对手,重新夺回市场。

在高特的领导下,固特异公司加速了新产品的开发,并大幅度增加广告费用。例如,在 1991 年年底,公司同时推出了四种新轮胎。1992 年,固特异公司共推出了 12 种新轮胎,这是以往新产品推出速度的 3 倍。高特在改革固特异笨重陈旧的销售系统方面几乎没有浪费一点时间。除了在西尔斯销售它的轮胎外,还在沃尔玛连锁店销售自己的产品。市场调查表明,4个沃尔玛顾客中就有一个是潜在固特异轮胎购买者,并且这些购买者来自独立经销商不可能进入的细分市场。该公司还开始大张旗鼓地经营新的私营品牌业务。它的凯利—斯普林菲尔德部门很快便签署了一笔通过沃尔玛连锁店销售私营品牌轮胎的协议,并且和凯马特连锁店、MW公司(Montgomery Ward)达成了协议,它甚至和仓库俱乐部也签署了协议。除此之外,固特异公司还积极探索其他新的销售方式,例如,它曾经用一种直接、快速服务的折扣店概念"公平轮胎"来抵挡低价竞争者的进攻。再者,固特异公司还向选中的几个美国城市中的零售商出售轮胎。

点评

为了实现尽可能大的效益,固特异公司应该与其经销商进行协调、合作。但是,固特异与西尔斯及其他零售商们的达成的协议引起了经销商们的强烈不满。一些气愤的经销商开始采取报复性手段——经营并大规模促销更便宜的私有品牌的轮胎,这些私有品牌的产品能带给经销商更多的利润,同时对一些注重价值的消费者更具有吸引力。经销商的这些做法无疑会削弱固特异公司的名声,并减少固特异公司所要求的溢价。

固特异公司采取了一些行动来支持这些处于焦急状态中的经销商。例如,它开始向经销商提供急需的低价固特异轮胎系列。固特异衷心地希望扩大后的销售渠道能更多地帮助它的经销商而不是伤害他们。最后,高特认为通过西尔斯的销售能使固特异的名声更大,销售渠道的拓宽为经销商可以带来更多的赢利,但许多经销商表示怀疑。从长远来看,经销商的不合作将减弱固特异公司的市场力量,并抵消从新渠道中获得的销售收益。

回味隽永

从这些案例中,我们可以看出这种一体化营销的特点。一体化营销,即针对企业具体市场,将其进行分析,找到营销突破的口子后,综合应用两个以上的营销要素,至少结合市场部、一线销售部门或更多相关部门进行沟通,取得对抗竞争或迎应消费者的组合营销策略,从而不但营销要素具体组合能设置竞争壁垒,也使资源应用最大化。该营销方式的最大特点就是将企业从各种营销要素拼凑却仍分散的问题,以及企业习惯性的一招鲜——促销或价格战的困境中拔出来,并且找到自己的独特有效的营销手段。它不是一套模式,而主要是营销要素的具体精细组合;它不是以前我们提的整合营销的空泛概念,最后落地的时候什么因素都考虑到了,但应用却仍是一盘散沙。一体化营销是与团队运作、执行、整合营销、4P营销结合到一起的,这种打破单部门、单个营销要素、个人英雄等企业营销运作痼疾的方式,正是解决企业所有问题症结所在。

这种一体化营销的命运将随着环境的变化而不断升级。在全球一体化、经济一体化的大环境下,经营绝非"一招鲜"吃遍天下,企业更需要的不是暴发而是在可持续性增长的情况下,一体化营销通过不断验证与升级而发挥作用。一体化营销是营销系统,而不像整合营销、4P营销等一样,只是一些概念与思想,在现实中那些能让我们了解什么是营销、进行营销认知的启蒙,但是,并不能指导营销实际。我们可以从上面的案例式应用实例中看到已经过现实应用与检验的一体化营销系统应用。

一体化营销要落到实处,需要将公司的目标、产品、目标客户、市场需求、开发背景等向全体员工进行多次、深刻的讲解,让全员明白公司的产品是什么,为什么要做这个产品,做这个产品解决市场与客户面临的哪些问题,产品面对的市场定位与客户群体是哪些,营销部门在做什么,非营销部门需要做什么,流程是什么等。不论是从长虹背投还是到德化陶瓷,又或到统一润滑油产品的市场推广、营销网络搭建与直销活动中,皆采用了这种全员营销的方式，不仅市场、渠道、直销与客服等四大部门直接性参与营销工作，同时包括公关传播、产品、网站、行政、人力资源、技术等支持或职能部门在不同程度上都参与了渠道开发、产品直销等工作，一方面了解客户的需求，以避免在提供前台支持与产品研发过程中闭门造车、不明所以，另一方面又能培养员工对公司产品的了解，培养对公司产品的热爱。如果一个公司内的员工对自己的产品都不了解，或者说不以为然，没有丝毫感情，那么这个公司在运营上必然存在很严重的问题。

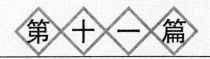

第十一篇

谋定而后动——新产品上市消费者诉求公关
——雀巢的中国战略

　　企业的生存和发展，离不开以消费者为导向，进行不断的创新和进取。其中新产品是企业的生命线，它给企业带来的不仅是巨大的利润，还有坚固的市场地位，是企业生存与发展的关键。另一方面，当今市场千变万化，消费者对新产品需求的欲望也日益高涨，企业只有不断地开发出新产品，才可以牢牢捕获消费者的心。因此，目标消费者的利益和需求是企业产品从创意之初就关注的焦点，处理好与消费者的关系也就成为企业外部公共关系的一项重要内容。合理而有效的消费者诉求公关，可以使消费者在最短的时间内，接触到新产品，并在第一时间，影响消费者的心理及购买行为，留下深刻的印象，以获得消费者的信任和好感，从而实现产品和消费者之间的良好沟通，给企业带来可观的利润。因此，能不能做好新产品消费者诉求公关，是关系到一次新产品的开发、推广，或者企业的生存与发展一个不容忽视的重要环节。

开篇导例

开篇之述——雀巢的中国战略

提起雀巢,无论男女老少,都会立刻联想到品质优秀的雀巢系列产品,以及那句"味道好极了!"的广告词。无疑,雀巢在中国消费者心目中已经建立了良好的品牌形象。在进入中国 20 年时间中,雀巢对中国的投资累计 70 亿元,2004 年在中国的销售额高达 107 亿元。雀巢不仅在中国拥有二十多家工厂,十几家独资及合资企业,还在上海设立了研究中心。而产品更是涵盖了奶制品、婴儿食品、咖啡与速溶饮料、巧克力和糖果、汤料和烹调产品、矿泉水、冷冻食品,以及眼科药品等众多产品。对于三十多年来在中国的发展,公司用自己的话说,"在中国取得了持续的赢利性的增长。"

雀巢在中国市场上的成功,很大程度上应该归功于它在中国所进行的公关战略,以下从两方面来分析这个战略。

首先是产品公关策略,即用国际品牌造中国味产品。为了更好地了解中国消费者的需求,雀巢公司 2001 年年底在上海建立了一个研发中心,专门针对中国消费者进行脱水烹调食品和营养食品的研究和开发,以生产出更符合中国消费者需要的产品。在产品的设计和生产上,雀巢公司主要以中国消费者口味为导向。在中国销售的咖啡,其味道就不同于美国市场或法国市场上的雀巢咖啡。雀巢公司在中国推出的"香蕉先生"、"蓝熊嘟嘟"、"布丁雪糕"和"荔枝冰冰"4 种冰淇淋,就是在其冰淇淋产品在中国上市两年的经验基础上,通过对中国青少年消费者口味的深入研究而开发出来的针对青少年顾客设计的产品。雀巢为了迎合中国消费者的口味,勇敢地迈进了它自己过去并不熟悉的领域——例如,看准保健茶在中国有很大的市场潜力,于是投入巨资与可口可乐联手进军健康型饮料市场,包括各种茶饮料和草药类饮料。此外,为了彻底执行产品口味本土化的策略,雀巢在产品生产上只是提供重要技术,而原料的采集、各种添加剂的配置都是在当地完成。不仅如此,像瓶、包装袋及机械设备、运输工具、工作服务等全部都在当地制造、购买。同时为了更好地发挥雀巢的品牌优势,增加对中国消费者的吸引力,雀巢在中国市场上的品牌是以国际品牌为主,以本地品牌为辅。在中国市场上使用"雀巢"品牌的就有奶粉、婴儿谷类食品、咖啡、速溶饮料、冰琪淋和矿泉水等。除了鸡精产品中的太太乐和豪极等少数几个品牌外,雀巢公司产品在中国市场上使用的其他品牌也绝大多数是国际性的。事实证明,这种利用国际品牌制造本土产品的方法是非常成功的,雀巢高度的品牌知名度、影响力为其拓展市场扫平了道路,而本土化口味的产品又更容易被消费者所接受。

其次是品牌公关策略,即通过成功的市场公关运作打造强势品牌。为了教育中国消费者接受咖啡饮料,雀巢早在20世纪80年代就推出了"味道好极了!"的广告片,宣扬一种悠闲西方式的文化及品味,这对当时的年轻人来说,是极具吸引力的。雀巢"味道好极了!"的广告运动持续了很多年,许多中国消费者对此广告语几乎是耳熟能详,雀巢咖啡的品牌一下子深入人心。到了20世纪90年代,雀巢意识到当时的年轻人在价值观与生活观念上已经有了微妙的变化:许多人渴望突破生活现状,但又保留传统的价值观;他们有着强烈的事业心,但经常在工作压力之下深感无助;他们渴望独立,但在情感上又不想疏远父母。雀巢针对中国年轻一代在生活形态上的变化,以"雀巢咖啡:好的开始"为主题开始新一轮的市场推广。雀巢主要诉求于以长辈对晚辈的关怀与支持为情感纽带,以刚刚走上工作岗位的年轻人为主角等,表达雀巢咖啡帮助他们减轻工作压力,增强接受挑战的信心。雀巢这种情感诉求在当时的中国年轻人中引起了强烈的共鸣,雀巢咖啡也因此迅速被年轻人所接受。为了让自己的品牌形象更容易被接受,雀巢在宣传促销中很注重宣传自己和中国民众亲和的形象,在食品包装设计上既保留了雀巢的特点,又能体现中国的文化。公司非常重视在中国传统节日的宣传促销活动,并且在食品礼盒上都印上体现中国传统的喜庆、祥和的图案来吸引消费者,整个雀巢的市场推广过程既是个良好的形象公关过程,也是国际品牌和中国文化的融合。

开篇之论

新产品上市对消费者诉求公关,首先是充分了解和把握消费者的心理和需求。当新产品进入消费者的视线之后,消费者会在很短的时间内判定自己是否有需求。有了需求,才会有试探性的购买行为,然后倾向于在商品中寻找自己熟悉或接触过的品牌。随着经济日益全球化,商品极大丰富,产品同质化日趋严重,而消费者都是自由的,对产品拥有自主选择权。因此,在这样的环境下,如何才能让消费者选择产品,特别是接受新产品,成为新产品上市消费者公关的首要问题。雀巢公司为了更好地了解中国消费者的需求,在上海成立了研发中心,在产品的设计和生产上,以中国消费者的口味为导向,生产出更符合中国消费者需要的产品,为了迎合中国消费者的口味向不熟悉的领域进军。雀巢公司正是在充分了解中国消费者心理和需求之后制定出相应的策略,使得自己的产品得到了中国消费者的青睐,达到消费者公关的目的。

其次,打造知名品牌,提供优质的产品。在企业新产品推向市场的过程中不仅要重视消费者的产品诉求,也要注重消费者情感诉求。雀巢公司根据中国消费者的产品诉求、情感诉求推出了"味道好极了!"的广告语,这句诉求,看似是一句广告语,但清晰地传递了这个价值,消费者真正想要的感觉,使得雀巢咖啡的品牌深入人心,为消费者创造的价值得到了消费者的认可。在了解中国消费者的情感需求上,雀巢更胜一筹,雀巢已经成为中国最知名的外资品牌之一,成功的市场推广为雀巢在中国树立知名度,打造影响力立下了汗马功劳。

最后,在新产品上市过程中开展消费者诉求公关,要重视消费者的感受,加强与消费者之间的沟通,为消费者提供完善的服务,对消费者进行科学管理,细分消费目标群体,维护消费者的权利,积极处理与消费者之间的纠纷。雀巢公司之所以能在中国消费者心目中建立起良好的品牌形象,为中国消费者所喜爱,与雀巢公司在这些方面的努力是分不开的。新产品能为消费者所接受和认可,不仅产品质量要好,而且服务要好,企业能与消费者积极地进行心灵的沟通,让消费者对新产品的性能、口感、操作性、舒适性、包装、服务等感到满意,对其品牌具有归属感。

史镜今鉴

欲得到消费者的青睐,就要从消费者的角度来思考消费者的需求,即以心换心,想消费者之所想,顾客至上,以诚相待。首先是关注消费者的诉求,要保证所生产商品货真价实,然后用热情打动消费者的心;其次就是迎合消费者需要的周到服务;最后是完善的售货服务,让消费者满意而归。尤其是企业新产品上市的过程中,对消费者诉求的公关特别重要。在近代,商家就把消费者的诉求当做一个关注的焦点,并采取相应的策略、方法予以满足。

谦祥益自康熙末年创业迄今已有三百余年的历史。该店初期以运销寨子布为主。为适应城市顾客的需要,逐步扩大经营品种,增添苏杭绸缎以及进口呢绒、珍贵皮货等高档商品,日益兴旺,成为我国绸缎行业中的著名大户。清末民初是谦祥益鼎盛时期,是我国历史悠久、信誉卓著的老字号。

特色经营使谦祥益老字号的声誉经久不衰。其主要是由于它想顾客之想,将顾客所想放在首位。谦祥益所经营的商品主要是棉布、绸缎、呢绒、皮货,其中棉布数量最多,为了满足顾客,他们想方设法从外地采购商品。他们派人在上海常年驻庄,专门采购上海商品。从上海厂家直接进货,这样可以进价低、到货早、花样新,这是一般商店做不到的。绸缎中的杭纺,杭罗,则在杭州直接由厂方定织。

门槛精的老板要让"顾客"享有"主顾"的优越感,哪怕几分钟,甚至是一刹那也好。譬如营业的环境比较整洁,光线比较明亮,把最宽敞的地方让给顾客,首先给顾客一个宾至如归的好印象。还有,像进入理发店,先送上一把热毛巾;像走进饮食店,先送上一杯热开水,使顾客一进门就感受到"上宾"的感觉,感到舒服,安下心来,商店就做成了这笔交易。谦祥益说话和气,这是该店经营作风的核心。要赚钱,就要求售货员把顾客当"财神爷"看待,对顾客都能做到远接高迎,态度和蔼,说话和气,绝对没有与顾客争吵的现象。

货真价实是"谦祥益"重视信誉的主要特征。所谓"货真"是指它不以次顶好,不更换商品牌欺骗顾客。谦祥益所进的商品都是到有名的厂家直接采购的或者由厂方定制,承诺凡是发现商品有质量问题的一律可以退货。所谓"价实"是指它按照自己的利润按"值"定价,不轻易变价。商业竞争是一件正常的事情,谦祥益对"大路货"的定价比同行偏低,以达薄利多销的目的。同时根据顾客的购买心理定价位,如本来应定价每尺0.4元的,定位0.39元,实际上仍是0.4元。千方百计地满足顾客是谦祥益服务的宗旨。他们在量布时采用多加一尺的办法,即买10尺布多加一尺。售货员在卖货时多放点尺,顾客高兴,买卖好做,实际上比加一尺只多不少。

卖方必须是买方的掌柜,若能秉着顾客之上的心态,经常为顾客主动挑选好物品,任何行业都会生意兴隆。谦祥益的店员不仅懂得商品的质量、性能、特点和产地,而且还懂得做什么衣服用多少料,还善于掌握顾客心理,了解顾客的需要,对不同类型的顾客使用不同的语言,融洽交谈,务必使每一个顾客都能买到满意的商品。

谦祥益把顾客当做自己的"衣食父母",对买主特别地尊重,在满足顾客产品诉求的同时,力求满足顾客的情感诉求。一方面为顾客着想,了解顾客的需求,并善于把握顾客的心理,注重商品的质量,坚持公道的买卖原则,相信顾客的眼光。另一方面,重视顾客的感受,注重与顾客之间的沟通,对于进店的每一位顾客,商店用自己真情实意的服务,让客人得到满意,有宾至如归之感。

吸引顾客,占领市场,是由多方面因素形成的,而对消费者诉求的公关起到了绝对性的作用。以清末民初的晋商为例,当时的晋商一贯积极创造条件,急顾客之所急,想顾客之所想,都不以侥幸谋取暴利,而是把视线一直放在货币和物资的流通上。只要货物与资金不断地加快交换位置,获利就在其中。比如陵川附城镇的面粉门市,不但不缺量短钱,而且明码超量,让利销售。每买一斤,外加一两,即每斤16两加一两,付给17两,顾客交口称赞。其实面粉店这样做并不亏本,他们算了一笔账,比如每斤面挣一文钱,现在多付给顾客1两,只赚0.8文,但销量很大,薄利多销,总利润还是差不多的。

服务态度可以说是晋商的拿手绝活,誉满八方。笑脸相迎,有问必有答;百问不厌,百挑不厌。如果是主顾,或者较大的客商,则一方面由前柜或后柜掌柜接待小坐,敬以烟酒;一方面由伙计学徒按照人家的需要,取货包装,伺候得周周到到,客客气气,送出店门,这才算做完了这笔生意。晋商一定要做到常人所说的,来者高兴,去者满意,自然下次生意将是不请自到的。

旅蒙晋商为了多做买卖,他们精心研究蒙古人生活要求,尽力迎合消费者的心理。鉴于牧民不善于算账,他们就把衣料和绸缎拉成不同尺寸的蒙古袍料。大人有大小的尺寸,小孩有小孩的尺寸,任蒙古人选购。蒙医治病用的药,习惯用药包,分 72 味、48 味、36 味、24 味四种,旅蒙晋商就将中药按此分包,药包上用蒙古语、汉语、藏语三种文字注明药名和效用。甚至每年冬至以后,用白面和羊肉加工大量的饺子,自然冷冻,运往蒙古包销售,作为春节的应时商品。不论什么商品,只要蒙古人需要,他们就经营,应有尽有。有时遇到了不了解旅蒙晋商经营作风的新顾客,售货人若发现对方怀疑商品质量,例如怀疑布鞋鞋底内用的是布还是草纸,他就当着众人的面,用刀将鞋底砍为两段,以这种现场的验货之举进行宣传,扩大影响,从而增加营业额。蒙古人对旅蒙晋商的服务态度很是赞赏。其如此优质的服务,自然赢得了蒙古消费者的赞誉。

在商品经济竞争十分激烈的今天,如何让消费者购买自己的产品,甚至成为企业有力支持者,这是让企业经营者煞费苦心的问题。几个世纪前,晋商就颇有见识地认为,企业和消费者之间的关系并不是简单的物质交换关系,而是更深层地表现在精神的沟通,也就是企业在满足消费者产品诉求的同时,也能满足消费者的情感上的需求。

三刻拍案

拍案一　奇瑞 QQ 诠释"年轻人的第一辆车"

奇瑞汽车公司作为中国地方汽车企业,曾经成功推出奇瑞"旗云"、"东方之子"等性价比较高的轿车,并且凭借自主品牌的优势与合理的价格优势向国外出口轿车产品,已经在全国形成相当高的知名度。微型客车曾在 20 世纪 90 年代初持续高速增长,但是自 90 年代中期以来,各大城市纷纷取消"面的",限制微型客车。同时,由于各大城市在安全环保方面要求不断提高,成本的抬升使微型客车的价格优势越来越小,因此主要微客厂家已经把主要精力转向轿车生产,微客产量的增幅迅速下降。在这种情况下,奇瑞汽车公司经过认真的市场调查,精心选择微型轿车打入市场;它的新产品不同于一般的微型客车,是微型客车的尺寸,轿车的配置。QQ微型轿车在2003年5月推出,6月就获得良好的市场反映,到2003年12月,已经售出二万八千多台,同时获得多个奖项。

2003年4月初,奇瑞公司开始对QQ的上市做预热。在这个阶段,通过软性宣传,传播奇瑞公司的新产品信息,由于这款车的强烈个性特征和最优的性价比,引起了广大消费者的强烈好奇,并十分关注奇瑞QQ年轻时尚的车型设计。2003年4月中下旬,蜚声海内外的上海国际车展开幕,也是通过媒体,告知奇瑞QQ将亮相于上海国际车展,与消费者见面,引起消费者更进一步的关注。就在消费者争相去上海车展关注奇瑞QQ的时候,奇瑞QQ以未做好生产准备的原因没有在车展上亮相,只是以宣传资料的形式与媒体和消费者见面,极大地激发了消费者的好奇心。在这个阶段,厂家提供大量精美的图片资料给媒体进行宣传,引导消费者对奇瑞QQ的关注度走向高潮;2003年5月,上市预热阶段,就在消费者和媒体对奇瑞QQ充满好奇时,公司适时推出奇瑞QQ的网络价格竞猜,在更进一步引发消费者对产品关注的同时,让消费者给出自己心目中理想的奇瑞QQ的价格预期。网上的竞猜活动,有20多万人参与。当时普遍认为QQ的价格应该在6~9万元之间。2003年5月底,上市预热阶段,媒体、奇瑞QQ的价格揭晓了——4.98万元,比消费者期望的价格更吸引人。这个价格与同等规格的微型客车差不多,但是从外观到内饰都是与国际同步的轿车配置。此时媒体和消费者沸腾了,媒体开始了第三轮自发的奇瑞QQ现象讨论,消费者中也产生了奇瑞QQ热,此时人们的心情就是尽快购买。

这时奇瑞公司宣布:QQ是该公司独立开发的一款微型轿车,因此,消费者在购车时不必多支付技术转让费用。这为QQ树立了很好的技术形象,为消费者吃了一颗定心丸。2003年6月初,上市阶段,消费者对奇瑞QQ的购买欲望已经具备,媒体对奇瑞QQ的关注已经形成,奇瑞QQ自身的产能也已具备,开始在全国同时供货,消费者势如潮涌。此阶段,一边是大批量供货,一边借助平面媒体,大面积刊出定位诉求广告,将奇瑞QQ年轻时尚的产品诉求植根于消费者的脑海。除了平面广告,同时邀请了专业的汽车杂志进行实车试驾,对奇瑞QQ的品质进行更深入的真实报道,在具备了强知名度后进一步加深消费者的认知度,促进消费者理性购买;2003年10月,这时奇瑞QQ已经热卖了3个多月,在全国各地都有相对的市场保有量,这时,厂家针对已经购车的消费者开展了"奇瑞QQ冬季暖心服务大行动",为已经购车的用户全方位服务,以不断提高消费者对奇瑞QQ产品的认知度,以及奇瑞品牌的忠诚度;2003年11月下旬,厂家更进一步针对奇瑞QQ消费者时尚个性的心理特征,组织开展了"QQ秀个性装饰大赛"。由于奇瑞QQ始终倡导"具有亲和力的个性"的生活理念,因此在当今社会的年青一代中深获共鸣。从这次车帖设计大赛中不难看出,奇瑞QQ已逐渐成为年青一代时尚生活理念新的代言者。

点 评

在我国,轿车已越来越多地进入大众家庭,但由于地区经济发展的不平衡及人们收入水平的差距,消费者对汽车有不同的需求层次,此外微型车的品牌形象在汽车市场一向是低端的代名词。奇瑞汽车公司根据这样的一种国情和市场行情,对消费者的需求走向进一步细分,了解消费者的心理需求,在众多的消费者群体中进行细分,有效地锁住消费目标群体,突出微型轿车年轻时尚的特征与轿车的高档配置;充分把握消费者的心态,以较低廉的价格吸引消费者;加强与消费者之间的互动,提高消费者对品牌的认知度,从而为奇瑞汽车公司夺得微型轿车市场霸主地位奠定了基础。

拍案二 云南白药创可贴:"含药"概念

20世纪初,美国强生公司的一名员工埃尔·迪克森将粗硬纱布和绷带黏合在一起,发明了一种外科轻微创伤用快速止血产品,公司将它命名为Band-Aid(邦迪)。邦迪创可贴实际上是由具有弹性的纺织物与橡皮膏胶粘剂组成的长条形胶布。

中国人在肢体受到轻微创伤时有一个习惯,就是喜欢用嘴将伤口一吸或者干脆扯一根布条将伤口简单包扎一下。强生公司从中嗅到商机,随即将邦迪创可贴投放中国市场,这个方便实用的小发明,由于符合中国

人对小伤口的护理习惯,一举占据了中国小创伤护理市场的半壁江山,到2001年,邦迪创可贴累计销售超过1 000亿片。

事实上,在邦迪来到中国之前,中国的小创伤护理市场一直由云南白药散剂占据着,它虽然不能为云南白药带来巨额利润,但这个有着近百年历史的名牌产品足以让云南白药日子过得滋润而富足,但这种惬意的好日子在遭遇强生公司后便不复往日。经过邦迪连续多年的精心布局,此时的云南白药散剂,一度在各大城市的药店中鲜见其踪影。

邦迪的成功意味着"小胶布"止血市场有着巨大的空间,这也是市场上不断有新的创可贴产品纷至沓来的原因所在。遗憾的是,在传统观念里,创可贴始终被看做一种同质化消费品,是被认定为"不可能做出花样来"的商品。认知高度,决定了竞争的高度,在邦迪"垄断"中国市场的同时,绝大多数中国创可贴品牌都在追逐模仿邦迪的产品形式,只是为了在邦迪做大的市场蛋糕上获得一点分食的机会,无厘头式的价格战毫无悬念地成为各个品牌争夺市场的唯一选择。于是在中国市场上,创可贴品牌芜杂,产品雷同而缺失个性,仅有的一点差异,无非是多了几个消费者根本记不住的生产企业名称而已。

低层次、无差异,缺乏个性的竞争导致的后果是,众多本土创可贴品牌成为邦迪这个行业大佬阴影遮掩下的市场侏儒,勉强求生,没有一个品牌能够成长起来与邦迪分庭抗礼。正是在这种大的市场背景下,云南白药于2001年强行进入创可贴市场。

实际上,在以邦迪为主导的创可贴市场竞争中,邦迪和创可贴几乎成为一个捆绑,在消费者的心目中,创可贴就是邦迪,邦迪和创可贴紧密联系在一起。既然在这个行业里有这么强的认知,在这样的形势下,显然,简单地模仿,云南白药创可贴不可能摆脱失利的命运。

既然消费者将邦迪和创可贴捆绑在一起,形成了一个概念认知链,那么要想在同质化的背景下破局,云南白药创可贴就必须打破邦迪设定的产品概念认知链,避开邦迪传统的竞争优势元素,构建自己的竞争优势。

云南白药很快发现在消费者的认知领域中邦迪创可贴实际上等于一条胶布,那就好办了,云南白药就可以由此进行认知的切割,进行概念再造。云南白药创可贴是"含药"的创可贴,这样就在整个行业里,建立了一个新的认知规范。当这种认知范式建立之后,云南白药创可贴的产品定位马上就可以提炼出来了。

邦迪创可贴的确有其致命"死穴",严格说来,它不是药,仅仅是一块应急的小胶布。而白药是药,胶布和药的界限相当清晰,泾渭分明,这恰恰为云南白药抗衡邦迪提供了一个机会：为"胶布加点白药"，"从无药到有药"，将"含药"作为市场突破点，对产品进行差异化定位，云南白药创可贴与邦迪的核心差异立刻显现出来。产品差异化定位，这个历久弥新的钻石法则为云南白药创可贴带来的是巨大的竞争优势。

云南白药创可贴以"含药"作为与邦迪相区别的产品差异点，这就使得白药创可贴以极短的时间在消费者心目中获得了一个据点，在毫无竞争优势的情况下，凭借"含药"概念迅速占据既能止血又能消炎、止痛这块凭空分割出来的战略高地。

点评

云南白药创可贴之所以能成为与邦迪并驾齐驱的创可贴，成为市场第二大品牌，与云南白药在推出新产品时对在消费者诉求公关方面所做的努力是分不开的。首先，云南白药找到了邦迪的最薄弱环节，"给邦迪加点白药"，这无疑是告诉消费者，白药创可贴是"含药"的创可贴，不是普通胶布，在云南白药提出"含药"概念之前，消费者并未意识到邦迪只是一块临时救急的小胶布。云南白药推出"含药"的创可贴，让消费者明白：原来能止血不等于能治疗伤口，于是使消费者打破了对邦迪固有的产品认知观念，在极短的时间在消费者心中获得了一个基点。其次，云南白药将白药创可贴推到小创伤护理品市场时，在消费者的心智上下工夫，无论是在产品咨询上还是在产品宣传、终端推广上，都鲜明地诉说自己的卖点，让消费者认知产品的价值，从而使得消费者接受自己的产品。此外，云南白药创可贴的竞争优势有很大的部分缘于云南白药的品牌效应，其悠久的历史可以让消费者获得充分的心理安全度，同时云南白药创可贴的推出又增尽了消费者对云南白药的品牌归属感。

拍案三　护舒宝透气丝薄卫生巾——宝洁的消费者观念

美国宝洁公司是全球最大的日用消费品公司之一，始创于1837年，迄今已经有了162年的历史。1998—1999财政年度，宝洁公司在全球的销售额为381亿美元,在《财富》杂志评选的全美五百家最大的工业/服务企业中,排名第19位。宝洁公司奉行"生产世界一流产品,美化您的生活"的宗旨,关注妇女健康,尽心尽力,不断创新,为妇女提供高质量保健品。作为宝洁旗下众多知名品牌一分子的"护舒宝",是全球最大的卫生巾品牌。它于1983年正式进入世界市场,短短的两年后,即成为妇女产品的世界领导品牌。现在,护舒宝卫生巾在六十多个国家生产,行销世界一百四十多个国家。护舒宝卫生巾于1993年首次进入中国,先后推出了"护翼卫生巾"、"丝薄卫生巾"和"透气卫生巾"。目前,护舒宝卫生巾的销售网已遍及中国二百五十多个大中城市,销售额也位于中国同类产品之首。根据中国行销顾问群发行的1998年度《中国消费者行为调查》表明,在女性消费者心目中最好的卫生巾品牌护舒宝是第一位。

在1990年年末推出创新的"丝薄"卫生巾系列时,宝洁并未夺得市场的领导地位。在当时,市场卫生巾普及率已高达98%,每位消费者月平均使用量高达25片。人口的增长有限,市场产品日益增多,没有差异和创新的新产品,很难维持消费者忠诚度。宝洁公司深入市场研究,发现随着消费者对卫生巾的了解和需求会越来越高。消费者对卫生巾的要求除了干爽、舒适以外,更主要的问题便是认为卫生巾太厚。于是宝洁公司为了给广大女性朋友提供品质更优、性能更好的卫生巾,十几年来不断对"护舒宝"产品进行研究、改良和创新,先后推出"倍爽"、"护翼"、"丝薄"卫生巾系列,在同行业中遥遥领先。虽然产品售价比碟翼系列高20%~30%,但经过精心的市场操作之后,丝薄系列成功改变了消费者"厚才安全"的既有认知,相信丝薄除了可以带来安全、干爽之外,还可以更舒适。宝洁公司因此成功地细分了市场,将厚的卫生巾与丝薄系列区分开来。

但是,由于卫生巾不能透气而给经期妇女带来皮肤不适或过敏的问题一直困扰着她们。为了解决这一难题,1999年宝洁公司研制成功专利透气材料,并推出最新一代产品——护舒宝透气丝薄卫生巾,新产品能有效地排出闷热、潮湿,提供干爽、舒适的保护;新产品是中国市场上第一片采用透气材料制成的卫生巾;新产品得到中国女医师协会的认证。正如妇科专家胡永芳教授指出,这一新产品的问世,对广大妇女无疑是一个福音,也是对妇女经期保健工作做出的重大贡献,宝洁是实施多品牌战略的典范。其著名的"宝洁之道"的核心内容是对消费者价值的独特理解与把握,具体包括:(1)消费者是真正的老板。消费者满意度是企业关注的焦点,更是企业最为重要的资产,其决定了企业的兴衰成败;(2)以行销观念为指导哲学,所以决策均与对消费者权益和满意的影响为中心;(3)从消费者的角度与观点出发,积极发掘并满足消费者的需求,为消费者提供更好的消费价值;(4)持续地关注消费者的需求而非限于购买之前。

点 评

消费者公共关系要求企业将消费者的利益和需求摆在首位,以消费者为中心,发现他们的需求,并根据消费者的需求不断改进产品,从而推出满足消费者需求和利益的新产品。消费者的需求和利益是贯穿新产品从构思、创意、研发到上市推广整个过程的一个核心思想,也是企业新产品上市消费者诉求公关的一个重要的着力点。案例中,宝洁公司将消费者当做自己真正的老板,从消费者的角度和观点出发,积极发掘并满足消费者的需求,持续关注消费者的需求,十几年来不断对"护舒宝"产品进行研究、改良和创新,先后推出"倍爽"、"护翼"、"丝薄"卫生巾系列,深受广大女性消费者的喜爱。正是因为在新产品开发过程始终将消费者的需求和利益摆在首位,所以宝洁公司新产品的上市推广才能获得成功,从而在同行业中遥遥领先。

以上案例都是说明了企业新产品在推向市场过程中对消费者诉求公关是何等的重要,且都是在这方面做得比较成功的案例,与一些企业在新产品上市过程中出现的不被消费者接受,甚至引起消费者愤怒的相比较,并对其失败原因进行分析,我们可以获得不少的思考和启发,从而可为企业防止新产品推向市场的过程中出现类似风波提供警告,并引以为戒。

第一,未能了解消费者对产品的需求倾向和关心点,没有与消费者进行积极地沟通,从而使得推出的新产品不合乎消费者的习惯。有些企业从产品设计到推广的过程中不仅没有把消费者利益放在首位,而且不了解和把握消费者的心理和需求,无法满足消费者的产品诉求。生产出来的新产品与消费者的习惯不符合,令消费者感到麻烦。而市场上原有的产品给消费者带来了许多方便,大多数消费者已经习惯这种方式。

第二,对目标消费者群体划分、定位的不准确。对消费者的诉求无法进行有效公关的一个很重大的原因是对目标消费群划分的不科学。消费者有不同的消费层次,没有对市场进行细分,错误地将目标消费群体定位在某一个收入阶层,而这个群体现在对该新产品并不是很感兴趣;针对该消费人群定的价格,不能被目标消费群体所接受,从而也使得新产品在上市时失去了市场份额。

第三,在满足消费者的产品诉求和情感诉求上失衡。没有准确地把握消费者的社会心态,掌握消费者的产品诉求和情感诉求,并采取相应的、有效的策略予以满足,在处理消费者的产品诉求和情感诉求上没有做到很好的均衡。有些企业把关注点放在消费者的产品诉求,认为只要生产出来的产品能得到消费者青睐,被消费者认可,货真价实就可以了,在服务态度和售后服务上并不是很重视,殊不知这样消费者不能对产品留下深刻的印象,还会影响整个企业的形象。只有在产品诉求和情感诉求上做到很好兼顾的企业,才能在新产品上市过程中得到消费者的接受,并得到支持。

第四,在对新产品进行公关宣传、推广时不知道产品的卖点,仅凭主观想象盲目行事,使消费者对产品产生的认识不清晰,影响对产品的认知。有些新产品与市场上已有的产品差别不是很大,有的甚至是在原产品的基础上改造而成的,而一些企业并没有很好地把这些差异性凸显出来,而这些差异正好是迎合了消费者的诉求,也是这些新产品的卖点所在。另一方面,企业采取的促销、组织推广活动等营销手段不当,影响消费者与产品之间的联系,使消费者无法与新产品零距离接触,对产品的认识不清晰,从而影响了消费者的购买行为,使新产品在竞争中处于不利的地位。

第十二篇

品牌化之路"他山之石，可以攻玉"——广告的魅力

——星巴克品牌公关案例

企业在完成最初的品牌创设的公关行为之后，下一步最重要的就是要将品牌推广出去。"酒香不怕巷子深"已是20世纪的宣传理念，快速发展的社会要求我们必须主动出击，将品牌宣传出去。

有人曾请教"可口可乐"全球总裁："可口可乐"的品牌成功秘诀是什么？这位商界巨头说："唯一的秘诀就是广告，除了广告，没有其他！"，由此可见，广告确实是品牌宣传可以利用的一大利器。

现代企业在品牌公关中所要做的，就是要思考：如何巧妙地、艺术地，同时又应该高效地将自己的品牌广告做好。本篇所选的案例就是这些灵活运用现代传媒手段而将自己的品牌宣传成功的典范。

开篇导例

开篇之述——星巴克——"我不在星巴克,就在去星巴克的路上"

作为一家专业经营咖啡的商店,谁都无法想象星巴克(Starbucks)会在全球有这样的影响力。它已然已经超出了一家简单的商店概念,而成为了一种大家都渴求的生活方式的代表:在那些散发着浓浓"小资情调"的文章里,星巴克是必不可少的主题元素。"我不在办公室,就在星巴克;我不在星巴克,就在去星巴克的路上。"一度成为都市白领们自豪的宣言。这种效果,毫无疑问,是星巴克精心打造出的。

衡量广告成功与否的标志不是成本如何、噱头如何,而是最实际的消费影响力如何。在这一点上,星巴克是绝对的赢家。据统计,2006年星巴克的两大竞争对手——麦当劳、Dunkin' Donuts在美国的广告开支分别为7.82亿美元和1.16亿美元。相比之下,星巴克仅为区区3 800万美元,只是麦当劳的一个零头。但是其效果,却一点不比前两位差。

星巴克的成功,向我们展示了企业可以在广告中做的另一面:不是充满商业气息地迫使消费者购买产品,而是营造一种温馨的环境,让你舒适地沉浸在这种环境中,心甘情愿地进行消费。而这,才是广告的最高境界;而这,就已经上升到了公关的层面。

开篇之论

有一种进攻,叫做防守。有一种广告,也许可以叫做"不广而告"。并不是只有印刷成精美的图片、制作成动感的画面才叫做广告,真正最高境界的公关广告是却是凭借着产品与品牌质量,让大众口耳相传,从而达到最稳固的宣传效果。

自星巴克咖啡公司1971年成立以来,短短三十多年时间,已成为了世界领先的特种咖啡的零售商、烘焙者和"星巴克"品牌的拥有者。旗下零售产品包括三十多款咖啡豆、手工制作的浓缩咖啡和多款咖啡冷热饮料、各式糕点食品以及咖啡机、咖啡杯等商品。在北美、拉丁美洲、欧洲、中东和太平洋沿岸37个国家拥有超过12 000多家咖啡店,员工数量超过数十万人。

星巴克的独特之处就在于:不是仅仅"卖"出自己的咖啡,而是向顾客提供最优质的咖啡和服务,营造独特的"星巴克体验"。在星巴克里,你感觉到的不是商店的商业气息,不是似麦当劳一样热闹而又有些嘈杂的环境,而是一个除了工作场所和生活居所之外温馨舒适的"第三生活空间"。这种温馨和舒适,通过消费者自己的体验而口耳相传而至最大范围,这就是星巴克最成功的广告!

20世纪80年代末,在星巴克开始从西雅图家乡朝外扩张的时候,董事长霍华德·舒尔茨(Howard·Schultz)就刻意强调社区化营销,将自己品牌下的每个咖啡馆面向邻近居民,以店堂为营销中心进行推广。在理念方面,星巴克强调了所谓的"第三空间",即成为消费者在家和办公室之外以休闲聚会和遐想为主的第三个空间。正是这种独特的理念,使星巴克的广告公关达成了另一种层面的成功。

反思星巴克的成功,我们很容易感受到一种独特而柔和的宣传之道,并有所启发。虽然同是以赢利为最终目的的商业,星巴克却始终很好地体现着自己对顾客的人文关怀和人情体察。它是在卖自己的咖啡,但是在产品推广的层面之外,又加上了更能赢得消费者信任的情感推介。相对于那些狂轰滥炸般而毫无可信度的广告,星巴克带着浓浓的温情达成了这种口耳相传的实际体验广告。而这又显然要更具说服力和影响力。这些都是星巴克公司公共关系调节的成功表现。

值得一提的是,星巴克公司还不断地通过各种活动,体现企业社会责任、回馈社会、改善环境、回报合作伙伴和咖啡产区农民。鉴于星巴克这种积极融入社会和公众的企业文化和企业形象,公司连续多年被美国《财富》杂志评为"最受尊敬的企业"。

史镜今鉴

对自己的产品进行宣传、造势,并不是到现代社会后才有的。早在我国封建社会发展的初期,在有商品交易的开始,广告就已经产生了。

《史记·司马相如列传》载,"文君夜亡奔相如,相如乃与驰归成都。家居徒四壁立。"卓文君爱慕司马相如的雍容娴雅,于是和他私奔到成都。但家中非常贫穷,一无所有。这时,卓文君建议返回临邛。于是他们回到临邛,借来资金,开了一家小酒店谋生。相如"令文君当垆","身自著犊鼻裈,与保庸杂作,涤器于市中"。司马相如让卓文君当垆卖酒,而自己就当着酒舍里的小伙计。司马相如虽不知广告的概念,但是让卓文君坐在炉边,就已经是一种最有效的广告手段了。这里的广告媒介就是卓文君的美色,正是这份美色吸引着过往的客人,进而最大限度地拉近酒与顾客的距离,从而提升了实物的宣传广告作用与诉求的直接性。在文学作品中常常出现的"豆腐西施"的形象,其实也是这样一种无意识的广告形式下的意外结果。

卖者,宣传产品,招徕客户;买者品评物品,挑选购买。这种最原始的买卖方式,不能不说也有广告公关的成分在其中。

司马相如是聪明的,他成功地在自己的小酒馆和消费者之间设置了一条沟通途径,这就是卓文君。无法将自己的产品推出使大众得知,那么再好的产品也不可能有好的回报。在当时的封建社会中,一个容貌美好的女子,居然公开坐在卖酒的小酒馆中,这种行为在当时绝对是轰动性的新闻。而司马相如就是借着这种轰动,达到了自己的最终目的。

现代社会中的广告公关,最关键的一环就是要能吸引大众的目光。无论是再哗众取宠的广告,还是充满艺术气息的优秀广告,它的要义是一样的,就是最大限度地吸引潜在消费者的注意,最终达成产品的销售。

总部设在美国亚特兰大、成立于1892年的可口可乐公司(Coca-Cola Company),是全球最大的饮料公司,拥有全球48%的市场占有率以及全球前三大饮料的两项(可口可乐排名第一,百事可乐第二,低热量可口可乐第三);在200个国家拥有160种饮料品牌,包括汽水、运动饮料、乳类饮品、果汁、茶和咖啡等。

"百年世纪,百年可乐。"可口可乐百年的发展壮大之路,是和它成功的广告公关策略分不开的。根植于美国文化的可乐,却能够在全球各个文化群体中风靡,为各个民族所普遍接受,甚至追捧,可以说,这完全要归功于它的"广告本土化"公关策略。可口可乐在不同地区做的广告都不相同,他们在宣传自己产品的同时,充分尊重当地的文化特点,注意迎合当地消费者的特殊心理。

在可口可乐进驻中国市场的时候,它充分抓住了中国人喜欢热闹的心理,特别是在一些传统的节日里,如春节、元宵节等。在面向中国市场的广告中,可口可乐就充分了尊重中国人希望在过年团圆、热闹的心理,制作了热热闹闹团团圆圆过大年的氛围。

比如可口可乐的春节电视贺岁广告。广告片选择了典型的中国情境,运用对联、木偶、剪纸等中国传统艺术,通过贴春联、放烟花等民俗活动,来表现具有中国特色的浓厚的乡土味和热闹的年味儿。在强调我国文化软实力输出时,有人曾提出了"民族的,才是世界的"的口号,而可口可乐在中国和其他文化市场中的广告造势,其实则是在遵循"世界的,应该是民族的"这一重要信条。

2008年的春节,对于每一个中国人来说,都注定会是一个与众不同的奥运新年。可口可乐也充分抓住了这个机会。由刘翔、郭晶晶、赵蕊蕊和冯坤等奥运明星们主演的2008新春主题广告片"奥运新年篇"就是可口可乐一次成功的广告。广告片以"畅爽'开'始"为主题,采用了富有创意的剧情结构,用一种出乎所有人意料的方式,使备战奥运的体育健儿们得以与自己的家人畅爽相聚,过一个欢天喜地的奥运新年。这种运动员们与家人的团圆和浓浓的过年氛围,感动了无数的观众。直接的效果就是在大大小小的聚会中,人们能想到的饮料就是——可口可乐。

除此之外,可口可乐还就北京申奥成功、中国入世大打广告宣传。可口可乐俨然成了中国本地产品,在为着中国的一举一动而兴奋。而这种乡土形象,也确实达到了与中国消费者沟通的效果。不断上涨的销售额就是最好的证明。

在品牌形象代言人的选择上,可口可乐公司也在充分了解目标地的最新风尚的前提下,积极选择新生代偶像做形象代言人。在中国,可口可乐的广告公关策略就将受众集中到年轻人身上,广告以活力充沛的健康青年形象为主体。比如,1999年,起用泼辣、野性张惠妹,借她的"妹"力四射,而发散自己的品牌影响力。然后,又请新生代偶像谢霆锋出任"可口可乐数码精英总动员"。紧接着就是跳水明星、三届奥运冠军得主、中国跳水皇后伏明霞与可口可乐签约,成为可口可乐公司下设"雪碧"品牌在中国的第一位广告代言人。电视广告中伏明霞从千米高空的飞机上腾空跃起,落在晶莹剔透的冰雪中,暗示了"雪碧"的清新凉爽。据调查显示,起用华人新生代偶像做宣传之后,可口可乐在中国的销售增长了24%。而在临近2008年北京奥运会时,可口可乐的代言人也越来越多地出现体育明星的身影,刘翔、姚明、郭晶晶都开心地喝起了可口可乐。

就是这样,可口可乐总是以广告力争创造一个和谐、美好世界的公益形象,深入消费者的印象,而达到销售的目的。就是这样,"Think local, Act local",在这种成功的广告公关思路下,可口可乐实现了全球化与本土化的完美结合。

正如"可口可乐"全球总裁对于"'可口可乐'的品牌成功秘诀是什么"这一问题的回答:"唯一的秘诀就是广告,除了广告,没有其他!"

也正如一种声音所说:"广告已经渗透到了市场的每一个角落,单纯靠硬性推销产品和树立企业形象的广告已经不能满足消费者对高质量广告的需求。于是,商业宣传开始越来越多地采用公关的思维策略,转向文化、社会问题等诉求点。"

当今广告已不是一般的只追求大众的注意力,或只是一种对于产品功能的简单诉求,它更要关注的是人类生活方式的变化和需求,从而在更高的层面上吸引更多的消费者。而对于一个具体的企业来说,在品牌公关中的广告部分更具操作性和实用性的启发就是:宣传品牌,宣传企业精神,而不仅仅是宣传产品。

可口可乐给了我们一个很好的范例。

在品牌初创之时,可口可乐也是大肆宣传产品,并宣传可口可乐的药物作用,声称它能振奋脑力劳动者的精神,能减轻过度饮酒人的头痛和痛苦,能给人带来快感。但为饮料命名和题词的福兰克·罗宾逊很快意识到,把可口可乐当成提神饮料而非专利药物来宣传能吸引更多的顾客,而且还可避免不必要的法律纠纷和麻烦。

要宣传产品的形象而不是产品。一位可口可乐广告商曾经告诫雇员:我们卖的是一种根本不存在的东西,他们喝的也只是一种形象而不是产品。

纵观可口可乐数十年的广告语,可以清楚地发现,这种情感上的诉求大大超越了其产品功能上的陈述,这也就是可口可乐本土化宣传策略得以成功的关键。

第十二篇　品牌化之路 "他山之石，可以攻玉"——广告的魅力

- "请喝可口可乐"

这是可口可乐发展初级阶段的广告语。这时，可口可乐最需要的就是更多的人去品尝，于是"请喝可口可乐"成为其活动的主题。

- "挡不住的感觉"

这是二战结束后是可口可乐快速成长期的宣传口号。彼时，通过在世界各地建立工厂、参与重大体育赛事、进行多种形式的广告宣传和促销活动的努力，可口可乐在知名度和各地市场的占有率得以巨大提升，品牌价值节节攀升。

1978年第一批可口可乐产品进入中国市场，当时许多中国人还不习惯这种有"中药味道"的饮料，并且价格偏高。于是，可口可乐把市场的重点放在了几个主要城市，利用中国本土饮料渠道的优势，在夯实各项基础工作的同时，带来全新的营销理念。在外来文化大举入侵的同时，可口可乐也以"贵族"的身份受到部分人的青睐。

"挡不住的感觉"表达了可口可乐要带给人们的一种精神层面的东西，实际上也代表着人们对西方文化的好奇和向往。

- "尽情尽畅，永远是可口可乐"

这是20世纪90年代的广告语。1996年亚特兰大（可口可乐总部所在地）奥运会是可口可乐在中国市场最为辉煌的时刻。全国已有23家装瓶厂，可口可乐品牌成为最有价值品牌。产品经常供不应求，在中国市场每年保持20%以上的高速增长。

"尽情尽畅，永远是可口可乐"既表达了酣畅淋漓的感觉，又体现了可口可乐的自信和大气。

- "每刻尽可乐，可口可乐"

进入21世纪，可口可乐开始感觉到前所未有的竞争压力。

随着产品的多样性，消费者的消费多样性，使得可口可乐不得不改变市场策略。"每刻尽可乐"就是基于当时的市场环境提出的。

"刻"体现在时间上，表达可口可乐紧跟时代步伐，"尽"体现在空间上，一方面公司从碳酸饮料向全饮料公司转移，全方位地开发茶、果汁、水等产品。另一方面开发二三级城市，并开始拓展农村市场，价位越发趋于大众化、平民化。

就是这样，可口可乐公司通过持续的广告将消费者的认识引至预先设想的意识层面，不断地在广告中引导品牌的个性印象，同时又充分尊重产品投放地的时代、人文等各种独特需求，从而达成了自己的发展和壮大。

在对可口可乐广告语变化的回顾中,我们可以更清晰地看见可口可乐公司在广告公关中的点点滴滴的努力,只有用心策划、用心思考,广告才能发挥它应有的作用。公关思路,远比广告本身重要。这一点,值得所有的企业学习。

三刻拍案

拍案一 "JUST DO IT!"——耐克在广告中对品牌精神的塑造

作为品牌公关中的广告的最根本作用实际上就是在建设、打造企业产品的品牌。品牌是需要不断地磨砺和雕琢的。虽然广告可以用很多种做法,但对企业来说,最关键的就是让自己在竞争中与别人区别开来,让消费者能清晰地认出自己,从而在进行消费时达成成功购买的效果。在诸多的体育品牌中,耐克无疑是一颗足以将自己闪耀得比别人更炫目的明星。

1963年,俄勒冈大学毕业生比尔·鲍尔曼和校友菲尔·奈特共同创立了一家名为"蓝带体育用品公司"(Blue Ribbon Sports)的公司,主营体育用品。1972年,蓝带公司更名为"耐克公司",从此开始了缔造传奇之路。

20世纪60年代公司创建之初,规模很小,公司甚至没有自己的办公楼和完整的经营机构;1985年全球利润为1 300万美元;1994年全球营业额达48亿美元之多,其市场占有率独占鳌头,为24%,是位居第三的阿迪达斯公司的两倍多。1995年与1994年相比,全球销售额上升38%。

今天,耐克已然成为了体育用品行业的龙头老大,其品牌价值不可估量。在Hill&Knowlton公司针对1 200位大学生的调查中显示,耐克是消费者心目中最"酷"的品牌。

而这种"酷"的感觉,绝不仅仅只是因为它的产品多么炫目、多么富于科技含量、多么"酷"。耐克在自己的品牌中不断强调的那种独特的积极向上的品牌精神——"JUST DO IT!"（只管去做！）才是它打动不同性别、不同年龄阶层消费者的秘诀。

"JUST DO IT!"与其说是一个品牌口号，不如说是一种生活方式，这是一种对于人心的激励，对于生活恒久状态的肯定。不管你是谁，不管你的肤色，不管你的身份，当你遭遇了身体上或生活中的挫折，耐克用它的品牌精神告诉消费者，你一定可以办到，只要你"JUST DO IT!"。在"只管去做"的广告词背后，是一种意识形态，它是美国早期拓荒精神的体现。然而，随着全球化的进展，这种原来是美国意识形态的东西，变成了一种全世界共同的渴望：大家都渴望能有一个公平的竞技场，使人们不只在运动方面，而且在人生的每一层面都能一争短长、一较高低。借由这样的方法，即利用人们对于成功的热切渴望，耐克创造出了属于自己的品牌人格与态度——只管去做吧！

此时，耐克卖的已不仅仅是运动鞋，而已经是一种被物化了的体育精神和人类征服自然和超越自我的象征。

从广告的内容，我们可以清晰地看到这一点。耐克的广告永远都更像是一个老朋友在和你交心、聊天。

如耐克公司在青少年市场和男性市场上牢牢站稳脚跟后针对女性而策划的广告。广告以女人与女人的"对话"作为主要沟通手段，就像你的朋友在倾听你的苦闷，帮你排忧解难。很简单，但是很打动人心："在你的一生中，有人总认为你不能干这不能干那。在你的一生中，有人总说你不够优秀不够强健不够天赋，他们还说你身高不行体重不行体质不行，不会有所作为。他们总说你不行，在你的一生中，他们会成千上万次迅速地、坚定地说你不行。除非你自己证明你行。"

这已经不像是广告了，全文中从未出现过耐克的产品怎么样，但是，消费者会记得，打动自己的是耐克。想到耐克，就会想到"除非你自己证明你行"。这种巨大的情感交流，是任何产品广告都无法做到的。这就是耐克广告所理解的广告的真谛：情感沟通，而非购买刺激。广告当然获得了巨大成功，很多女性顾客甚至打电话到耐克总部，说自己受这则广告的感动，和以后只购买耐克的决心。而在销售业绩上的突破，也证明了这种情感诉求广告的成功：20世纪80年代后期女性市场上耐克远逊锐步的状况，发生了根本改变。调查表明，市场上耐克品牌的提及率及美誉度已超过锐步。

再如，耐克的风雨篇广告，采用在风雨中骑自行车运动员一往无前的形象,阐述一种不屈不挠的精神,强调人与自然抗争,顽强战胜自我的精神状态:"寒冷喊叫到:放弃吧;风嚎叫着:回家去吧;而你的衣服则说:太阳每一天都是新的!"这同样也是让品牌精神在产品与消费者之间建立起一道心灵沟通的桥梁。生活中,每天我们都会遇到许多困难和挫折,耐克告诉我们:要以乐观和从容的态度去对待生活。在风雨和动感视觉中,耐克传递着自己的价值观,并影响着无数的人。这样的广告,能不打动消费者的内心吗?

再如棒球明星宝·乔丹的广告,在以他为主角的系列幽默广告"宝知道"中,滑稽可笑、逗人发笑的宝·乔丹,吸引了一大批青少年的注意。后来宝·乔丹臀部受伤,不能上场竞技而不得不告别体坛,而失去了广告商预期达到的商业价值。一般情况下,解除合约是美国商业社会天经地义的做法。但是,耐克公司没有这样,而是选择继续与他合作拍广告,这一举措在青少年消费者中产生了强烈的共鸣:耐克与我们一样不会抛弃一个不幸的昔日英雄。在这场公关活动中,耐克体现了自己作为一个体育用品经营大户的气度和风范,使自己的商业活动带上了温情脉脉的人文关怀,从而更打动了消费者的心。

点 评

　　成功的广告,是耐克闪耀的依托。而耐克一直在做的,是品牌广告公关,是对自己的品牌精神的宣传,而非仅仅是功能性传播的产品广告。

　　从产品广告到品牌广告的转变是大势所趋。产品广告只针对具体产品的功能性表述,只能让消费者记住一时,而不会永远影响消费者的购买趋向。而品牌广告则不同,它所要努力树立的,是一个企业的文化、底蕴和精神。它的要义就是要影响目标受众的生活态度和价值取向,从而在潜移默化中影响消费者的消费习惯。

　　具体到每一则广告,针对推出的不同产品,要坚持以品牌概念为核心,不管广告形式如何变化,关注生活方式变化的精神、关注大众心理切实需要的追求以及品牌的核心概念是不能变的,这才是品牌的精神和气质所在,是塑造品牌个性印象的根本。

综观耐克品牌广告创意策略的过程,会发现,它的制定始终围绕着现代社会的精神追求以及其品牌的核心价值导向——人类从事体育运动、挑战自我的追求和进取精神。耐克品牌创意的成功之道,就是在确立了品牌的核心价值和使命之后,无论在世界任何一个地方进行推广,都始终如一地去表现其品牌的核心。

在耐克的广告中,产品的功能已经被品牌所寓意的象征和情感所融化。优秀的创意赋予了产品一种能够满足目标顾客心理的、视觉美感和情感的附加值,结合产品卓越恒久的品质,二者兼容并蓄,共同构筑起了耐克的国际品牌形象。

在消费者的心目中,耐克更像是一种生活态度和存在精神。它给我们的启发有很多,比如:品牌就像一个人,其核心价值和信仰不变,才可成就自我。比如:要有自己长久的形象特征,无论用什么形式表现,坚持是最重要的。比如:要用自己的品牌精神去打动人,而不是用产品去强迫人。

拍案二 "酸酸甜甜就是我"——蒙牛"借力"营造声势

在中国的乳制品行业,不能不提的当然是蒙牛。

蒙牛乳业集团(以下简称"蒙牛")成立于1999年1月份,属中外合资企业。总部设在内蒙古呼和浩特市和林格尔县盛乐经济园区。目前,蒙牛在全国15个省市区建立生产基地二十多个,拥有液态奶、冰淇淋、奶品三大系列三百多个品相,产品以其优良的品质荣获"中国名牌"、"民族品牌"、"中国驰名商标"、"国家免检"和消费者综合满意度第一等荣誉称号,是中国最具价值的品牌之一。

创业仅仅7年时间,他们就创造了举世瞩目的"蒙牛速度"和"蒙牛奇迹"。截至2005年年底,蒙牛的主营业务收入由0.37亿元增加到108亿元,年均递增158%;主要产品的市场占有率达到30%以上;UHT牛奶销量全球第一,液体奶和冰淇淋销量居全国首位;乳制品出口量全国第一。

在这些数字的背后,蒙牛成功的广告公关功不可没。其中最成功的当属蒙牛酸酸乳与湖南卫视的合作。2005年,蒙牛敏锐地抓住"超级女声"这档当年最为流行的节目,和湖南卫视联合打造了"蒙牛酸酸乳超级女声大赛"。当"超女"风靡天下,全国人民一起沉浸于其中时,蒙牛酸酸乳也一跃成为了乳酸饮料第一品牌,塑造了极高的品牌知名度和鲜明的品牌个性特征。

毫无疑问,这是场成功的品牌广告公关。蒙牛的成功处在于,它正确地评估了"超级女声大赛"的可能电视媒体受众,并得出其与主攻产品"蒙牛酸酸乳"的预期消费者的年龄阶段极为吻合,这一重要结论。不仅如此,12～24岁的女生,这还是"超级女声大赛"参赛者的主要年龄覆盖范围。利用这种精确的市场调研的结果,通过"超女"的宣传舞台,蒙牛无形中做成了一个巨大的灯箱广告。看到那些青春活力四射的参赛选手在舞台上尽情展现自己,很自然地就能让人联想到蒙牛酸酸乳的品牌宣言:"酸酸甜甜就是我!"是的,这样青春四射、充满才情与朝气的,就是我!这样个性的宣言,是很容易打动那些正渴求着不一般感觉的年轻女孩的。而这场特殊的广告,又凭借了一个非常现代化的传播方式,每周五晚的比赛牵动着无数少男少女的心,借着这样一场巨大活动的力量,蒙牛酸酸乳和蒙牛品牌轻松地成为了家喻户晓的产品和品牌。

点 评

有人评价,这是蒙牛在宣传上的故意造势。是的,蒙牛是看中了"超级女声"的巨大影响力和号召力,借赞助这样一场活动而提升自己的知名度。这种造势,当然是积极的。在广告中所谓"造势",就是要创造有利于销售的态势,当形成某种销售态势之后,就在社会上推动了人们从众的心理。

但是,"造势"也并非如此简单,成功的"造势"对于策划的要求还是很高的。在预期效果达成之前,也是有一条漫长的路需要慢慢去走的。它的策划是要寻找着力点,利用人们关心的事件作载体,进一步做大文章。蒙牛的着力点找得很好,就是湖南卫视"超级女声大赛"。

成功地发现事件可能有的公关效果,这也是一个企业成功公关的关键。

再者,对于公关事件如何保证其传播的效果也是不容忽视的。蒙牛选择"超级女声大赛"的另一个原因,也是这场比赛持续的时间长,从最初的海选到最终的决赛,有将近一年的时间。这样的时间跨度,就给蒙牛留足了造势的时间和空间。随着海选在各地的开展,蒙牛的酸酸乳也随即上市到各个地区,让人们在周围的环境包裹下,在耳听目视酸酸乳的广告之后,又自然地看到自己的产品。如此,产品的接受率必将大幅提高。

"知己知彼,百战不殆。"蒙牛赞助"超级女声大赛"这场公关活动,正是对这种商战理念的诠释。

拍案三　九牧王的"文化代言"

位于福建泉州晋江的九牧王集团(以下简称"九牧王"),是一家从事中高档男士系列服饰开发生产的企业。九牧王西裤素有"中国西裤第一品牌"的美誉,企业也因此被称为是"男裤专家"。2000年至2008年,九牧王西裤连续九年的全国市场综合占有率、市场覆盖率和年销售份额均蝉联全国同行业第一。

近年来,企业屡获"最受消费者欢迎的休闲装品牌"、"中国十大公众认知商标"、"福建省著名商标"、"福建省名牌产品"、"中国驰名商标"、"中国名牌产品"等称号。而在这些荣誉的背后,企业成功的品牌广告公关也立下了汗马功劳。

当大部分的商家都选择明星作为自己的产品或品牌代言人的时候,九牧王没有步别人的后尘,去找一个炙手可热但是大家都可以用做代言的明星来做自己代言人。九牧王的选择是——"不走寻常路"。

2006年10月,九牧王借助世界客属第二十一届恳亲大会在台北举行之际,在两岸关系的关键时刻,与厦门爱乐乐团联袂携手,赴台演出,为世界客属同胞与两岸同胞献上了名为《土楼回响》的艺术盛宴。

是的,文化代言正是九牧王的"非常"选择。

正如一句业界流传的话:"商品广告是要公众买我,公关广告是要公众爱我。"九牧王选择的就是要得到公众的"爱",去做公关,而非简单层面上的广告。换句话说,企业想得到的更是在公众心中的美誉度,而不仅仅只是知名度。

在这场活动中,九牧王为自己的公关宣传找到了一位很好的代言人——那就是文化。

在以"两岸共交响,心到自然成"为主题的音乐巡演中,九牧王的商业形象很自然地被弱化着,取而代之的却是一个文化传播大使的形象。当两岸同胞在欣赏着美妙的音乐时,相信他们也不会忘记这场演出的大力赞助者:九牧王。

九牧王男装可以说是闽南男装企业中为数不多的、有雄厚实力却从未聘请明星代言的企业之一,因为他们深知明星代言的浮于表象。九牧王更看重的是一个品牌的内涵和灵魂,而这才是一个品牌的生命力所在。全程赞助厦门爱乐乐团台湾巡演,就是一次在这样的理念影响下的成功选择。厦门爱乐乐团努力八年终于得以赴台、世界客属恳亲大会在台北举行,这两件事本身就会带来非常高的关注度。在这种前提下举行的音乐盛典,必将会有着不同寻常的意义。选择对这样一个事件进行赞助,不能不说是九牧王成功打出的一张文化牌。在与大家分享事件、分享新闻、分享活动、分享音乐的同时,九牧王也实现了自己的品牌信息与广大消费者的交流对接,从而为自己的企业赢得了广泛的品牌美誉度。

回味隽永

正如那句经典的谚语"钱不是万能的,但没有钱是万万不能的"。没有广告是万万不能的,但是广告,也并不是万能的。企业要达成品牌公关的成功目标,也并不是几个广告就可以做到的,它需要企业有一整套系统的广告公关思路,去不停地维护、发展自己的品牌,从而实践广告与公关的完美整合。

须知,品牌的知名度和美誉度并不是一回事。知名度高,仅代表大众了解或知道这一品牌;而美誉度才是可以将大众转为消费者的直接动因。纵观本篇所列举的各种品牌,他们在一点上是相同的,就是充分重视品牌美誉度的打造,在消费者心中树立一个良好的品牌形象,从而为消费者日后的消费购买打下基础。这种美誉度的打造也许又有以下几点需要我们注意。

第一,品牌建设是一个长期性的行为,广告公关也是如此。系统化、长期性地延续自己的品牌内涵、品牌精神才是成功的要义。可口可乐和耐克都是这方面成功的代表。可口可乐之所以能够延续百年的神话,就是不管时代如何改变,环境如何变化,它的核心价值体系是不变的,就是让大家尽情地畅饮可口可乐。而随着自己产品的不断推广,它的广告语,或是说广告策略也是不停在变的。从"请喝可口可乐"、"挡不住的感觉"、"尽情尽畅,永远是可口可乐"、"每刻尽可乐,可口可乐"这一系列的广告语中,我们可以发现可口可乐重心的转移:从一开始的重在推广而慢慢演变为强调自己无可替代的地位和作用,从打江山而变为巩固自己的江山。但是在变之中,又有不变的因素:那就是可口可乐可以助你分享快乐的精神。耐克同样也是如此,无论怎样的广告内容,怎样的形式,怎样的代言人,它所传达的精神内涵必都是相同的:JUST DO IT!

第二,抓住重要事件主动出击,借助他力宣传造势。这方面的成功代表就是蒙牛。"他山之石,可以攻玉。"蒙牛的成功之处就在于,它正确地评估了湖南卫视"超级女声大赛"这块"他山之石"。"超级女声大赛"的可能电视媒体受众和蒙牛所推出的产品"蒙牛酸酸乳"的预期消费者应该是在同一个年龄阶段,即同为12~24岁的女生。看准了这一点,蒙牛才开始布下宣传的密密大网,将这一阶段的预期消费者尽收网中。同时,这场特殊的广告,又凭借了一个非常现代化的传播方式——电视直播。每周晚的比赛牵动着无数少男少女的心,借着这样一场巨大活动的力量,蒙牛酸酸乳和蒙牛品牌轻松地成为了家喻户晓的产品和品牌。

第三,有创新,才有生命力。在品牌广告的策划和公关中,"不走寻常路"才恰恰是正路。一个新颖的策划,就足以顶上数万平淡的广告的效果。星巴克和司马相如在这一点上都处理得很好。不直接宣传产品,而是宣传产品消费的环境,星巴克的"第三空间"无疑就是它吸引无数消费者的重要筹码。而司马相如的酒馆之所以成名,以至于最后卓王孙不得已而去资助他们,卓文君的当垆卖酒这一不同于当时的行为也功不可没,或许,我们也可以将它看成是一次成功的广告公关策划。

第十三篇

随时应变——创意营销公关

——"采乐，不一样的去屑"创意公关案例

　　大量企业的营销公关实践证明，通过公关在市场营销中的运用，确实可以在很多方面丰富市场营销的手段、提高有效市场营销率。在市场营销公关过程中，企业应根据市场需求动态的变化，采取相应的营销公关策略。通过随时随地出现的社会热点、焦点进行有创意的营销公关，发挥企业公关所特有的社会热点功能，使企业抓住各种营销公关热点焦点，从而为企业营销公关工作的开展创造良好的社会环境。

◆ 企业公关

开篇导例

开篇之述——药物去屑,采乐洗发水的异军突起

去屑洗发水市场竞争激烈,采乐洗发水在此时硬闯市场可谓不易。长期以来,去屑洗发水市场是一个高强度竞争的市场,所有的洗发护发品牌里几乎都包含了去屑的品种,海飞丝、飘柔、风影、百年润发、好迪、蒂花之秀、亮庄、柏丽丝……大家都看到了去头屑市场的巨大空间。毫无疑问,经历十多年的市场培育,海飞丝的"头屑去无踪,秀发更出众"早已深入人心。人们只要一想到去屑,第一个想到的就是海飞丝,还有成功的去屑洗发水吗?有!随着风影的"去屑不伤发"的承诺,它也在这个领域拥有了一席之地。据市场调查资料显示,去屑的大部分市场份额被少数品牌所占据,其他众多品牌瓜分剩余的小块市场份额,两极分化十分严重。众所周知,去屑洗发水市场是一个高强度竞争的市场,并且经过多年的市场洗礼,现存的品牌无疑在各自的市场占有一席之地。采乐如何在众多强势品牌中脱颖而出,成为业界普遍关注的一个问题。在这种情形下,西安杨森独辟蹊径,瞄准"药物去屑",推出采乐去屑特效药,为自己开辟了一方市场空间,同时,它的营销模式和整合传播公关手段也引起了业界人士的关注。

那么,采乐的营销和推广到底有何特色可言呢?首先,采乐去屑的有效成分是酮康唑(含有2%的酮康唑),从效果来看,酮康唑不仅具有去屑止痒的效果,而且具有较好的治疗效果。其次,强调采乐的专业性和权威性,采乐利用医生的权威作推广。采乐推广中经常会运用如下的一段文字,给人一种非常理性的、专业的专家意见感觉:医学研究表明,头皮屑是由一种叫做糠秕马拉色菌的真菌引起的,它存在于每个人的头皮上。这种真菌的过度繁殖导致瘙痒和头皮屑的出现。因此,医生现在使用含有药物成分的洗发香波——采乐,它针对头屑成因,治疗头屑。采乐含有一种活性成分可以作用于真菌，迅速去除头屑和头皮瘙痒。同时为了强调采乐的专业性和效果，其价格是昂贵的，31元/50 ml，比一般的洗发水贵4倍。采乐的广告是理性的，重在表现采乐针对引起头屑真菌的杀灭和治疗作用，重在直观表现采乐的治疗过程，用画面表现"专业去屑，针对根本"的概念。推广的后期则启用天王巨星黎明作为形象代言人，重在吸引普通消费者使用采乐。为了体现专业和权威，采乐的销售渠道主要是药店和医院，主要依靠专业人士的推介和营业员的推荐。从采乐的有效去屑成分到其出品地再到销售渠道，无一不在提示消费者"采乐是去屑药，可以治疗由真菌引起的头皮屑"，这种策略使采乐得以在去屑洗发水市场另辟出一方新天地。

开篇之论——与众不同的市场定位＋科学有效的创意营销公关

首先，所有的创意营销公关都离不开市场定位这一环节。药品行业里，从没有一个厂家生产过去头屑特效药；洗发水行业里，也没有一种洗发水可以达到药物去屑的效果。采乐找到了一个极好的市场空白地带：药物去屑，市场推广中宣称专业去屑，8次彻底去除头屑，它站在医学研究的角度谈治疗头皮屑，注重利用医学权威，这就是采乐鲜明的市场定位，它一露面便赢得了一部分重度头屑患者的欢迎。同时，采乐的销售渠道主要是医院和药店，所以在国内许多消费者的心里，采乐是专门针对头屑的去屑特效药，有效的定位避免了激烈的市场竞争。

采乐能在洗发水领域异军突起，主要归功于它的创意营销公关。采乐能在洗发水领域突围，实际上是非常典型的一个创意案例，集中体现在产品的功效定位、渠道、终端和广告，都非常值得探讨，有一点是可以肯定的，这一切的基础都是建立在对消费者深刻的理解和对市场精准的分析之上的产品创意。创意的营销公关是一系列完整的营销策划策略，它通过鲜明的形象及个性让产品在销售中能够脱颖而出，成功抢占市场。采乐的成功模式主要来自于产品创意——"去头屑特效药"，使它在药品行业里几乎找不到强大的竞争对手，而在洗发水的领域里如入无人之境！这是一个极好的市场空白地带。"头屑是由头皮上的真菌过度繁殖引起，清除头屑应杀灭真菌；普通洗发只能洗掉头发上的头屑，采乐的方法是治标先治本，从杀灭真菌入手，针对根本。"这种独特的产品功能性诉求，有力抓住了目标消费者的心理需求，使消费者想要根本解决去屑时，首先想起了采乐。当然，寻找目标消费群也是极为重要的，市场的第一步一般都是洞察消费者的心态。如果产品能首先打动消费者的心,那么一切都好办。采乐"出山"之际,国内去屑洗发水市场已相当成熟,从产品的诉求点看,似乎已无缝隙可钻,但只要研究一下消费者的心态,就会发现问题,消费者心目中还有未被满足的需求,这是一件非常有趣但做起来很艰难的事情。很多时候价格是个不错的突破口,但是谁会相信一个低价位功能型产品究竟能有多少内涵?熟悉海飞丝的消费者似乎并不在乎相对有些贵的海飞丝,所以采乐不能有这个动机。

西安杨森生产的"采乐"去头屑特效药,一枝独秀。它的成功主要来自于产品创意,把洗发水当药来卖,同时,基于此的别出心裁的营销渠道"各大药店有售"也是功不可没。去头屑特效药,在药品行业里找不到强大的竞争对手,在洗发水的领域里更如入无人之域。采乐找到了一个极好的市场空白地带,并以独特产品品质,成功地占领了市场。以上独特的产品功能性诉求,有力地抓住了目标消费者的心理需求,使消费者要解决头屑根本时,忘记了去屑洗发水,想起了"采乐"。

史镜今鉴

如果说采乐是抓住了消费者需求做的特色文章,以下的两个案例也有类似的功效。比如案例一早期中国的"鑫龙企业"则是"避开"社会热点,但是也同样达到异曲同工的效果。而国外的两个营销公关案例更是令人叫绝。

20世纪90年代,正当全国各个企业都在流行"有奖销售"的营销公关之时,昆明销售家电企业的鑫龙公司则推出一种令人拍案叫绝的"退款销售"的购物方式。公司的退款细则经过法律公证明确规定,在鑫龙购物,价值百元以内,3年后持有关单据,可换回全部货款,百元以上至千元的5年后退款;千元上的日用消费品,满10年原银奉还。人们对这种方式很感兴趣,认为公司跳出了"有奖销售"的怪圈,因此对鑫龙情有独钟。消费者的极大热情出乎鑫龙公司的预料,仅仅用了1个月的时间就将

1 580 台彩电、500 台冰箱和 538 台洗衣机库存为公司换回了现款。第二个月鑫龙公司又接着举办第二期"退款销售",结果 4 000 多台彩电和 1 000 多台冰箱、洗衣机搬进了千家万户。鑫龙公司取得的辉煌成就,有人会说他们出的招谁都会。是的,谁用此招谁行,而这里的关键问题是你能否想出此招和凭什么想出此招。没有明确的认识和计划,没有目的地去想,仅凭自己的热情想出此招的概率是极小的。

鑫龙的营销成功,就是基于自己有一个充分的认识——创意公关是市场营销公关的关键手段,才会想出"退款销售"的绝招。这一招就绝在他们的营销方法免除顾客的后顾之忧,让顾客踏踏实实地选购适合自己情况的商品,真正体现出了"情在鑫龙,利在大众"。当然,公关活动的巧就在于利在大众,诚实守信,这一点是不可忽视的。

20 世纪初,日本"西铁城"手表的公关造势堪称经典。为了打开澳大利亚的销路,日本"西铁城"钟表商散发了大量海报,某年某月某日在某地,有飞机从高空向地面投下"西铁城"手表,拾者自得。当那天来临时,上万的人汇集一地。时间一到,只见两架飞机投下大量的"西铁城"手表,一只只手表从天而降,完好无损。于是,人们争相抢捡。这下"西铁城"手表在澳大利亚名声大振,市场从此大开。

这真是天才的创意!不过这种生意,却是需要非凡的商业眼光和智慧才能做得了的。这次手表的营销公关事件可以说是把创意营销推向了顶峰,完美展示了创意的绝妙之处。关注营销、研究营销的人士都知道,在《市场营销学》里,公关造势主要取决于公关活动对公众的吸引力,至于是"先声夺人"好,还是"先形夺人"妙,则要根据自己的具体情况划分。日本"西铁城"手表商深谙其中的道理,他们就采取了"先形夺人"的公关技巧,结果,一招就击中了人们的"软肋",使质地优良、造型美观、走时准确的"西铁城"敲开了澳大利亚人的心扉。

IBM 曾安排一场人机大战的公关活动,他们把打遍天下无敌手的俄罗斯国际象棋大师卡氏请到了纽约,与该公司开发的超级计算机对弈。经过一天激烈拼杀,计算机以两胜一负三和的战绩把无敌手的卡氏拉下马。卡氏虽然在人机大战中失败了,但他仍是"人与人对弈"中当之无愧的棋王。

现在看来,最大的赢家绝非象棋理论,也绝非象棋科学,而是国际商用机器公司——电子计算机的主人 IBM。该公司发言人说,决赛虽然是作为现代化计算机技术的辉煌胜利,然而,整个过程更像这家大公司精心创意的广告的胜利。据初步统计,整个比赛,公司花了近 500 万美元,包括广告费以及编制电脑超级程序的费用。可由于传媒在有关"人机大战"的众多报道中,必须常常提到公司的名字——IBM,因此 IBM 公司可节约近 1 亿美元的广告费。这样算来,IBM 公司几乎等于没花钱就使自己的形象和实力增添了新的光彩。可以说 IBM 公司顺应了现代人的意识,针对自己领先世界计算机技术的产品特点,策划了震动全世界的"人机大战"。然而,仅仅以广告的形式就会有如此的好效果吗?显然不会。该公司发言人的坦诚陈述就是不可辩驳的说明。其实,策划这样世人注目的公关活动,绝非国际策划大师的专利与杰作,我们一般人也可以将成功策划的公关活动变成丰硕的营销成果,生活中有非常多的素材,都可以供你做好自己的营销公关策划。

三刻拍案

如果说这些案例正是企业及其相关人员能够科学有效地运用创意的营销公关,而现代社会许多企业的公关行为或者营销手段则把这一理论运用得更加炉火纯青。

拍案一　3G 手机,创意滚动全球

"3G 时代"的创意营销公关把产品推向全球。3G 移动网络的正式应用已是指日可待,移动通信网、互联网、电视网三网合一的趋势不可逆转。新技术的发展不断推动着媒体传播环境、信息传播方式的变化,这为新的营销策略提供了更多体验。在这样一个三网合一的营销 3.0 时代,企业营销传播核心就在于用"创意"吸引消费者的兴趣,强化与他们之间的关系,牢牢占据他们的心智。对于创意的追求正在达到一个前所未有的高度:企业要求营销代理机构拿出更好的创意与竞争对手拉开距离,消费者对缺乏创意的商业信息视而不见,而政府机构同样发现用创意的思维去推广行政命令时更具效率——创意似乎成为这个时代运转的核心动力。

第十三篇 ——随时应变——创意营销公关

随着3G牌照的发放,三家运营商都成为全业务运营商,提供的产品和服务的同质化问题进一步加剧;未来3G提供的产品也越来越个性化,互动性也更强,这都将有助于客户体验的产生,同时固定与移动的融合趋势,也使得互联网应用上的体验服务将更为深刻。因此,可以说,电信行业的体验经济已经来临。谁能抓住这个机会,顺应客户体验的需要,谁就能率先取得竞争优势,赢得客户青睐。可喜的是,我们也看到有些国内运营商已经开始运用体验营销的方式,并且尝到了甜头。

这个案例之所以会成功,主要有两个原因。一是通过品牌凝聚体验。如"全球通"从产品品牌发展到客户品牌,更加注重客户的个性化需求,不断体现着"积极、掌握、品位"的独特品牌内涵与体验。"我的e家"客户品牌通过统一套餐设计、媒体宣传、网上营业厅客户品牌专区等途径,体现了快乐、轻松、时尚、亲情的品牌理念。二是通过销售促进达成体验。如利用赠券、折扣、赠送样品、有奖竞赛等方式提升消费者体验的兴趣。从国内运营商实践来看,最通常的做法就是免费期的体验,如彩铃、GPRS、手机报、宽带等。还有些创新的做法融合了社会营销的方法,让广大的消费者体验的趣味性与成就感更强,效果与效益都大大增强了。比如中国电信佛山分公司的"宽带城市地图标注大赛"、中国移动广东公司的"红段子"活动都取得了很好的效果。因此,创意成为营销制胜的关键。在营销3G时代,营销制胜的关键就在于以有效的创新,去征服消费者,让消费者主动投入时间与品牌进行互动联系,让其在获得良好品牌体验的同时,最终潜移默化地将品牌或产品的价值点植入其心中。

点评

从这些成功的案例我们可以看出,营销的本质就是让品牌、产品与消费者发生关系,让消费者在创意中体验到品牌或产品的价值,愿意为品牌、产品的价值付费。任何一种营销策略无非是在消费者的心理接受与品牌价值之间找到情感的按钮,使消费者心甘情愿地接受品牌。无论时代如何变,消费者永远是在产品的理性卖点表达与品牌的感性心理诉求之间做出购买的抉择,而在产品同质化的当下,创意营销所带来的情感体验能够为品牌增添感性价值,启动与消费者之间的情感按钮,从而使消费者成为品牌的俘虏。

拍案二　安踏，永不止步

安踏只是晋江3 000家鞋厂中的一个，1997年时安踏的销售额只有5 000万元左右，利润只有5％到8％，而且，虽然安踏煞费苦心地在全国一、二、三线城市都设立了比以前多好几倍的销售网点，但由于这些代理商同时代理多家产品，晋江的小品牌又十分杂乱，因此这些销售网络根本起不到什么作用。直到1997年请来了营销高手叶双全，他给丁志忠讲了耐克借助体育明星崛起的故事，两人一拍即合。1999年，安踏以每年80万元的费用签约了乒乓球世界冠军孔令辉，并拿出了几乎相当于当年上半年利润的500万元在央视体育频道投放广告，这在当时绝对是个惊人之举。2000年，孔令辉在悉尼奥运会上夺得乒乓球男单冠军，同时在电视上喊出了"我选择，我喜欢"的口号，安踏几乎是一炮打响。2000年，安踏的销售额突破了3亿元，是1997年的6倍！可以说是一步登天！

其实仔细分析，"体育明星＋央视广告"只能算是安踏在中国市场成功的一个诱因，其真正的制胜法宝还是其强大的创意营销效果。从2004"成功营销·新生代最具竞争力品牌调查报告"中我们可以发现，无论是在大众市场还是大学生市场，安踏的品牌渗透率指标表现都非常突出，排在了第一位。安踏正是利用品牌迅速提升的机会，对整个销售体系进行了全面完善，从分销、做专柜迅速转为专卖店经营和代理商以分级经营的加盟模式进行合作。品牌内容也在不断增加，除了运动鞋，还生产运动装、鞋帽、箱包、运动器材，向大型综合体育用品品牌发展。中国的体育器材、服装等产品的生产量已经占到全球总产量的60％以上，打入世界的品牌却太少，向国际品牌看齐，就要学习其品牌运作方式。安踏目前正建10万平方米的安踏工业园作为研发、配送管理中心。"使运动鞋穿上就像袜子一样服帖"是他们的一个技术研发目标。同时，品牌的文化内涵也需要不断地加固。安踏的品牌灵魂定位为现代体育精神。多年来，安踏先后出资3 000多万元赞助一系列国内外重大体育赛事，世界举重锦标赛、全国城市运动会、世界中学生运动会、北京国际马拉松赛、第十三届亚运会。目前，安踏在全国的专卖店就已经超过了3 000家，特别是在二三级城市的覆盖率非常高。这是安踏领先于同城兄弟，并能够与耐克、阿迪达斯等国外知名品牌在性价比上进行抗衡的主要因素。对于年销售额近4个亿的安踏来讲，前进的步伐并不比2000年前轻松，一鸣惊人的时机不再,国际国内的同行也在左冲右突地寻找新出口。营销渠道的畅通、品牌文化价值、技术价值的积累将成为其持续胜出的关键。

 **点 评**

安踏的品牌构建或许可以被视作一种以量取胜,积跬步以至千里的扩张型公关,通过范围层次的逐步扩大,安踏完成了对全国乃至全世界的形象塑造,从而用一种永不自满的品牌求索,践行了自己永不止步的口号。

拍案三 奇瑞 A3 的"十万公里震撼测试"

另外一个充满创意的是汽车业的亮点——奇瑞 A3 创造的。2008 年 4 月 20 日在北京车展上发车,6 月 25 日抵达北京亚运村汽车交易新市场终点,由 18 位专业试车手和 3 辆奇瑞 A3 组成的测试车队,历经 66 天马不停蹄、每天 24 小时连续不间断地往返于北京—芜湖两地,以 100 070 公里的累计里程完成"奇瑞 A3 十万公里连续不间断公开测试"。试车活动并不稀奇,但是敢于用新车连续不断地跑如此之长的距离,并且全程公开,至少在国内是空前的。不间断、全公开、里程长的三大特点让奇瑞 A3 的极端测试从同类活动中脱颖而出。

《汽车商业评论》认为,此次奇瑞 A3 测试活动的成功在于以令人震撼的形式,诉求点紧扣住消费者最为关心的产品可靠性问题,淋漓尽致地反应了奇瑞 A3 的产品特性,为 A3 树立了卓越的性能形象。汽车业的营销手法越来越难有创新,导致不少营销活动看似眼花缭乱,却陷入了为表演而表演的误区,脱离了要向消费者诉求的根本问题。奇瑞公司能在活动结束后与清华大学建立厂校合作新模式,两家单位联合对连续不间断突破十万公里的奇瑞 A3 车进行全面拆解,设立课题、研究工艺,更为活动本身锦上添花。它使消费者相信,此次测试不只是一次营销活动,也是奇瑞提升品质的一部分。

点 评

奇瑞A3其实是在努力摆脱自己作为本土轿车品牌的形象桎梏，正因为如此，它需要跟紧它的对手，通过借鉴对性能的一次次挑战，向世界顶尖汽车品牌发出宣战书。

回味隽永

从以上的各种案例中我们看到一些共同的东西——创意营销公关的背后有着需要注意的关键点。

第一，创意营销公关基础在于企业家。现代的市场，是最需要创意的市场。这种创意往往来自于"换个方式"思考问题的结果。响当当的企业家都是创意的天才，如果你有了创意，可不要轻易放弃尝试的机会，说不定你的成功就在此举。创意是实践的创新，企业家应该在哪里以及如何寻找创新机遇，如何将创意发展成为可行的事业或服务所需注意的原则和禁忌。具有企业家精神的企业组织和配备人员，成功地将一项创新引入市场，从而赢得市场关键一点要能够化企业家"个人的创意"到整个企业"集体的创新"，而不是个人的创意。

第二，创意营销公关的实现途径在于培育发掘创意能力。培养发挥创意能力是各行业企业营销变革的核心内容和关键能力。从制度建设到员工培训，再到企业互动这是一个有效的实现途径。营建创造创新的文化氛围，建立激励员工积极学习和实践创意能力，在市场营销的各环节、各岗位上建立起利于员工个人创意能力发挥的机制；开展有助于创意能力提高的学习训练活动，主要有创意思维、水平思考等能力训练、实践内容，创意不是少数人的事情，要树立每位员工都需要创意，都能产生创意的观念；要运用灵活多样的方式方法，开展大规模广泛协作来产生、完成创意,以此着力实现创意价值。

  第三,创意营销公关的架设目的在于品牌战略。人们普遍认为品牌是战略,营销公关是手段。的确如此,但特殊的另类的手段有时候是战略所无法涵盖的,这样的手段会成为品牌之母,成为养活品牌壮大品牌的原动力。首先,品牌要树立自信心,敢于进入竞争的"决赛圈"。中国企业应该利用现有优势,在中国这个市场宝地上不断进行品牌建设。应该有越来越多的中国品牌走向世界市场、参与世界竞争、构建世界级的中国民族品牌。其次,中国企业应该建立"营销和品牌协调发展"的意识。营销解决的是市场竞争的问题,品牌公关则解决的是企业和产品综合竞争力的问题。营销是手段,品牌是战略。营销必须以品牌战略为基础。品牌战略是企业发展最为核心的战略,能够提升企业的无形资产,只有重视品牌战略,才可能摆脱中国众多企业目前在产业链最低端劳心费力地为国际巨头品牌做代加工的局面,而真正使民族企业走向商业食物链的最顶端。最后,也是最重要的,中国品牌应该运用"插位"策略实现品牌飞跃。插位是一种针对强势竞争对手的品牌营销新战略,旨在通过颠覆性的品牌营销,打破市场上原有的竞争秩序,突破后来者面临的营销困境,使品牌拓展大市场、快速超越竞争对手,进而成为市场的领导者。

第十四篇

媒介之音传播企业新产品

——松下高清等离子电视上市

企业在完成对消费者诉求公关后,要把自身的新产品信息传递给消费者,仅仅依靠自身传播力是远远不够的,必须借力于传媒这个起桥梁作用的第三者,进行媒介公关。恰当的媒介公关,能够帮助消费者在第一时间知晓新产品,刺激消费者的购买欲望,为企业创收。因此,做好新产品媒介公关,是企业实现其产品价值的关键环节。

开篇导例

开篇之述——松下高清等离子电视

2006年3月20日,在上海国际会议中心,松下电器举行了隆重的"2006年松下电器AV新产品发布会",全国媒体记者在第一时间共同见证了松下VIERA系列产品的发布、展示。松下暨"奥运纪念版"全高清Z系列此先锋产品发布之后,VIERA系列高清等离子电视已形成Z、V、X、E四大系列数十款产品。作为20年来奥运会TOP赞助商,松下始终通过卓越的运动画面表现力、"爱眼"、"无铅"等技术优势和人性化设计积极拉动等离子消费需求,此次更以全线FullHD以迎接奥运高清大战的来临。松下VIERA平板电视作为"北京2008奥运会正式电视机"符合了"绿色奥运"的理念,引领平板电视节能、环保新趋势。国内著名青年女影星范冰冰作为松下产品代言人也出席了此次新品发布会。在此次VIERA系列产品的宣传活动中,日本家喻户晓的服装设计师花井幸子精心设计的色彩绚丽的花瓣隆重登场,加之范冰冰的纯洁、健康形象共同打造产品新形象。

通过与北京奥运会相结合做宣传,自9月起,该产品已开始在中国各大城市卖场巡回展出,虽售价超过80万元人民币,但在中国市场上已售出一百多台。松下电器曾经做过一个调查,消费者在了解到松下电器的产品赞助奥运会使用之后,购买意向度会进步20%,这是其他任何项目比不了的。

松下高清等离子电视之所以获得如此效应,主要是它运用了奥运策略与人体媒介策略这两种公关技巧。

第一,奥运策略。奥林匹克运动是人类力与美的展现,它传达的是"更快、更高、更强"的积极进取,追求公平公正的人类梦想。奥运会是全球关注人数最多的盛会,因此,通过奥运会宣传企业新产品,在很大程度上提升了企业的知名度。北京奥运会开幕在即,央视将对奥运会赛事进行全程高清转播。等离子在对比度和运动画面表现上相对液晶电视具有先天的优势,技术上的优势使得等离子电视在体育比赛观赏方面具备了强大的竞争力。奥运会的临近为在大屏、运动画面独占优势的等离子电视创造了重要的机遇。作为2008年北京奥运会的全球正式合作伙伴,松下VIERA高清彩电技术将最让人感动的画面呈现给世界。借助北京奥运这一历史契机,松下VIERA系列把"数字家庭"从概念层面拉入了实际生活,松下电器把布满震撼、极具现场感的高画质、高清图像传送到全世界每一位观众眼前,让观众通过松下等离子电视在家中观赏比赛时的动感和逼真效果,将不会错过每一个精彩时刻,共同分享难忘的激情时分。

与此同时,北京奥运会倡导"绿色奥运",号召"节能减排",松下积极响应,全部采用了节能技术,在待机状态下的功率消耗降到最少,同时,在生产制造过程中实现"无铅"焊接,等离子屏幕也做到了无铅化,从而减低有害物质对人体与环境的破坏。基于荧光体处理技术及背板处理技术而开发的黑盒技术,将松下VIERA全系列的显示器的使用寿命延长至10万小时,大大减少了资源的浪费;从根本上排除了磁场辐射性,堪称真正意义上的"绿色环保显示屏幕"。健康绿色平板电视受关注,人们容易将其和北京奥运会的环保理念联系起来,二者互相宣传,达到双赢。

第二,人体媒介策略。媒介渗透到社会生活的各个角落,在一般人看来,与媒介打交道不是一件轻松的事情。而松下电器却很好地运用了这一点。那些知名人士正是因为有众多粉丝的追捧,才打出名气的。名人的宣传,比较容易影响公众的心理倾向,国内当红青年女影星范冰冰加上日本引领潮流的服装设计师花井幸子的协助,在某种程度上可以影响粉丝的心理倾向,刺激公众购买欲望,为松下电器VIERA系列的宣传增添不少时尚色彩。

在不同的时期,人们关注的名人有所不同,就正如在奥运会前后的一段时间内,公众最关心的当然是与奥运会相关的话题。在这段时间内,生产与奥运会有关的产品的企业懂得把握时机充分制造新闻事件,制造出宣传企业、宣传产品的机会。松下电器在恰逢奥运举办之际,精心策划生产VIERA系列新产品,与人们关注的热点相吻合,引起了公众以及媒体的兴趣,适时举办新产品发布会,成功地"制造新闻"。通过人体媒介而精心策划的事件所具有的新闻价值,容易引起新闻媒体"抢新"报道的欲望以及公众观看以至购买的兴趣,起到了提高组织知名度和宣传新产品的目的。在奥运会即将开赛的契机、在中国这样一个人口大国里,更容易取得销售佳绩。

开篇之论

新产品上市对媒介进行公关,首先要把握时机。公共关系传播的主要途径是大众传媒,大众媒介具有公开、快速、娱乐性强、社会权威性大以及轰动效应等特点,所以一般都是进行公共关系传播的首选手段。具有"时新性"的新闻才具有高度的新闻价值。在新闻界盛行一句行话,叫做"抢新闻",新闻是抢出来的。因此,在利用大众传媒制造新闻事件时,要把握好时机。北京申请举办奥运会几经波折,终于在 2001 年 7 月 13 日这一历史性时刻通过,在中国历史上无疑具有划时代的意义,这本身就是一则重大新闻。而松下电器把握住了这一关键时机,不仅把奥运环保理念与公司新产品的特性相融合,而且深刻洞悉舆论走向,把握住宣传的黄金时间,及时吸引媒体关注的焦点,成功制造宣传新产品的机会,达到媒介公关的目的。

其次要把握媒介。新产品上市的媒介公关,这里的媒介主要有新闻、人体、网络、电视、广告、文字乃至文化、新产品发布会甚至一项重大活动。现代公共关系的历史沿革已经告诉我们,公共关系自从萌芽开始,就和公关媒介结下了不解之缘。一方面,公关媒介为公共关系的诞生和发展提供了温床和土壤,另一方面,公共关系为公关媒介的发展注入了强大的活力。就因为这层关系,媒介在公关中的运用就极为明显,也极为重要,组织机构的公共关系工作与媒介是紧密相连的。由于媒介具有广泛的受众群体,媒介的观点对舆论也有很大的导向作用,把握住媒介,就有可能引导舆论、引领市场。基本上可以说,任何组织机构或者个人,在处理任何问题上,赢得了媒介的理解与支持就几乎等于赢得了舆论。松下电器通过受众群体对某些知名人士的热衷追捧,不仅仅依赖名人、更依靠公众来宣传其新产品,趁机造势,不仅彰显了松下电器强大的公关意识,更突显了该公司对潜在商机与市场敏锐的洞察力。在充分利用媒介对奥运会进行大肆报道的同时,宣传松下电器与奥运会相结合的新产品,印证了企业界内广泛的看法,即"新闻是免费的广告"。媒介在松下电器宣传、推销其新产品中起了重大作用。

史镜今鉴

要学习松下电器的新产品上市公关需要一定的技巧。它的成功源于丰富的公关意识,通过各种媒介形式对新产品上市进行宣传。遍览古今中外,我们同样能发现有这样一些商家,运用各种形式的宣传手段推销新产品。

北京"都一处"烧卖馆,开业于乾隆三年(公元 1738 年),至今已有两百七十多年的历史。它不仅以独特风味著称于世,而且代代与名人结缘,留下不少佳话。

首先是神秘来客为店铺取名。按照中国传统观念,大年三十人们都会回家吃团圆饭,平日里忙于赚钱的商家也大部分歇业。但在乾隆十七年(1752)除夕,乾隆乔装打扮到大街上,可情景令他失望。在兴味索然的时候,他却听到小酒楼里传出的声音。这家店便是"都一处"的前身"李记"。掌柜用店里的特色菜马连肉和晾肉来招待乾隆,博得皇帝连口称赞。乾隆询问得知店铺还没有响亮的名字,就取名"都一处"。一个月后掌柜喜得皇帝的御笔牌匾,才晓得除夕夜里的客人正是乾隆皇帝。连皇帝都觉得"都一处"的菜是佳肴,想必味道非同一般。加上皇帝御赐的牌匾,这等于是皇帝对店家服务的肯定,恰如现代消费者对产品使用后的反馈。通过乾隆皇帝这位最出名的人的宣传,"都一处"的声名从此远播。

其次是一则与"金霸王"结缘的故事。生活不断地变迁使得"都一处"也在发生变化。晚清年间还多了烧卖、炸三角等应时小卖。"炸三角"的做法讲究,独特风味赢得许多顾客的喜欢。一代名净金少山便是一位非常捧场的顾客。在晚清,金少山在戏曲界无人不晓,因其在台上表演时声似虎吼,气如雷霆,极具霸气,由被人们成为"金霸王"。就因为他喜欢吃"都一处"的炸三角,经常光顾,无形中为"都一处"的炸三角做了广告宣传。当时的"金霸王",难得有一样东西能符合他的口味,想必炸三角有其独到之处,这勾起了消费者的好奇心理,引导他们进行探索。"都一处"也因此被赋予更多的人文色彩。

古时候,苏州城的刻书刊印是很有名的。出版商的利润也很可观。

有些外地人眼红,纷纷拿了苏州人出的书籍,私自刻版发行。苏州人印刷的书出版不久,盗版书就跟着充斥市场。当时,有个出版商叫俞羡长,他编辑刻印了一本《唐类函》,在该书即将印成发行之前,他先向苏州官府递上诉讼状子,无中生有地说自己新印了《唐类函》,其中有多少发往某地,半道上遇见强盗,书全被抢走,请求官府为他出通缉令捕盗,并声称愿意拿出多少银两作为赏钱,用来奖励捉到抢书强盗的人。

官府的悬赏缉拿文告一出,立即传遍各处,新书《唐类函》的名声随之传了开去。官府有如现代的政府,它发出的告示具有强制性。官府都如此重视这本《唐类函》,有意无意地突出了该书的"价值",这好比现代企业新产品的质量、实用性等性能得到肯定。俞羡长的新书一发行,便成了畅销书,而且,没有人敢私刻翻印这本书,生怕到时候说不清楚。俞羡长的广告可谓一箭双雕。

盗窃案在任何时代都是人们关心的话题,不管与己有关无关,总能引起人们的兴趣,更不用说官府布告和赏钱所起的推波助澜的作用了。做新产品公关无非为了让消费者知道:一是有这么样一件东西,二是这是一件好东西。这两个要求,俞羡长的"广告"可以说都做到了。而且,众所周知,强盗历来专抢值钱的东西,现在竟然连书也抢了且不嫌累赘,那《唐类函》一定是本好书,值钱得很。当然,这种"强盗摆书摊"于情理上不一定说得过去,但至少给这本书蒙上一层神秘色彩,使人们在对盗窃案的悬念未曾消除的情况下,更将注意力转向了《唐类函》本身,欲一睹为快。

俞羡长的这则"不是广告的广告"突出了他的灵活的思维能力,这是现代商家在宣传产品时需要借鉴的。不仅中国的商家能够巧妙运用各种媒介进行新产品的宣传,在国外,精明的厂商一样有奇招。

米其林集团是全球轮胎科技领导者,逾百年前于法国的克莱蒙费朗建立。米其林集团业务活动领域包括各种轮胎,旅游指南和地图等。其中地图与指南出版机构是该领域的领导者。著名的米其林指南在2000年已有100年历史。

赛程超过1 200公里的格林披治大赛是对轮胎制造商的真正挑战,米其林以其崭新的技术为赛手们提供了一次尝试的机会,让他们使用一种新型的可拆卸轮辋,它可令轮胎在破裂后容易更换。在当时,对于如此长距离的泥泞赛道,爆胎是经常发生的。1906年的赛事共有34辆汽车参加,米其林和它的可拆卸轮辋正在接受实地的考验:车手弗朗索瓦只用3分钟便更换了损坏的轮胎,以超过101公里/时的平均速度最终获胜。比赛结束后,人们惊奇地发现,在跑完全程的11辆赛车中有5辆装备了米其林轮胎。1906年,米其林发明了可拆换的汽车轮辋;1908年,米其林开发的对于后轮开始在载重货车和公共汽车上使用,1900—1912年,米其林的轮胎在所有大型国际汽车赛事中都取得了成功,米其林兄弟也找到了一条为公司和其产品扬名的有效途径——汽车比赛。米其林轮胎与汽车比赛的结合,不仅提高了比赛的级别,更为米其林做了宣传。

百余年的历程,米其林始终风驰电掣地疾驶于赛道上。

三刻拍案

在激烈的市场经济竞争中,企业宣传新产品的渠道多种多样。要激起消费者的购买需求,商家确实需要费一番心思。不仅产品自身的质量是关键,推广手段更要灵活。

拍案一 奥迪 A8 新产品上市——时、空、安、静

奥迪中国是大众集团奥迪公司在中国的子公司,建立于1988年,负责奥迪品牌进口车在中国的整车及零部件的市场营销及售后服务。自建立以来,奥迪中国成功地在中国销售了10万辆进口奥迪轿车。目前为止,中国市场已经成为奥迪公司在亚洲最大的市场。奥迪 A8 轿车是奥迪公司计划2001年向中国市场推出的三款产品之一。在国内的销售对象是政府高级官员、外交官、商界领袖及社会名流等一批上层人物。奥迪 A8 轿车是奥迪豪华轿车系列中价格最昂贵,技术最先进的最高档旗舰产品,也是奥迪与奔驰 S 级轿车和宝马 7 系列轿车相抗衡的法宝。在中国,豪华轿车市场还在成长中,与经济型轿车和中档轿车相比,市场规模还较小。尽管如此,竞争却非常激烈。奥迪、奔驰、宝马、沃尔沃等国际知名品牌分割豪华车市场。为实现其公关目标,即利用 A8 轿车在豪华轿车领域的特殊地位来增强奥迪品牌在中国的总体形象,奥迪公司特地聘请罗德公关公司策划并实施一项强有力的媒体报道计划。

  首先,罗德公司对国内20家主要的汽车和生活时尚杂志进行了电话采访,了解媒体记者的需求,同时对中国豪华轿车市场进行了充分调研,决定实施奥迪A8具体车型投放公关活动,这将是中国高端豪华轿车市场第一次车型投放和媒体公关活动。其主要的公关目的是利用奥迪A8轿车的优秀品质增强奥迪轿车在中国的总体品牌形象,使之成为豪华配置和领先技术的代表;充分宣传奥迪A8的领先科技所带来的突出卖点,如全铝车身结构、全时四驱系统等领先技术以及这些技术优势为消费者带来的全新感受。为达到这一目标,罗德公司组织新闻媒体代表参加奥迪A8轿车的试驾驶和试乘坐活动;聘请奥迪的技术人员和专业试车员讲授A8轿车的各项技术和行驶特征。

  其次,阐释奥迪A8的特性。奥迪品牌理念的内涵是人性、激情、领先、远见。而奥迪A8的特性则被概括为"时、空、安、静":时间魅力——奥迪A8的强劲发动机为旅途节省了大量时间;该车配备了豪华的车载一体化办公系统,使车主可以充分利用旅途时间;空间魅力——奥迪A8轿车为乘员提供充裕的内部空间。内部除宽敞外,还具有极高的舒适性和最豪华的装备。因此许多国家元首和国宾车队都选用奥迪A8;安全魅力——全铝空间框架结构、全时四驱系统等先进技术使奥迪A8可提供超豪华轿车所能提供的最大限度的安全性能;宁静魅力——奥迪A8的优秀隔音特性营造了车内非常宁静的氛围。

  最后,选择适当的媒体对公关活动进行报道。罗德公司选择了在汽车业界对公众舆论起主导作用的各家报刊和电子媒体、实力派刊物和电视节目和文字媒体等来做宣传。来自德国的奥迪技术专家以专业的知识背景向记者详细介绍了奥迪A8的各种高科技装备。特意邀请到的中央音乐学院著名古琴演奏大师李祥霆教授,为媒体记者们上了一堂别开生面的"宁静课"。请来奥迪德国总部的专业试车专家,也曾是欧洲赛车手的克兰特先生,在试车场地,为记者们表演了惊险试车。奥迪A8在场地上720度急转弯,稳稳地停在记者面前,试车员的精彩表演为记者留下了深刻的印象,但更重要的是奥迪A8的超凡操控性令记者们折服。媒体记者们通过试驾,对奥迪A8的卓越安全性能留下了深刻的印象。奥迪中国也开通了一个小型奥迪A8网站(www.audi.com.cn/audia8),喜爱A8的消费者可通过这个专门网站,了解到更多A8的资讯并可直接与奥迪中国进行交流。

  这项活动所获得的投资回报率按照广告价值计算超过400万元,对销售活动产生巨大影响。奥迪中国区总监麦凯文对该次公关活动评价说:"我们对 A8 轿车媒体公关活动对我们的销售业务所产生的效果感到惊喜,这种积极作用不仅表现在 A8 轿车,而且也表现在奥迪的所有产品线上"。在 5、6、7 这三个月期间,由于对 A8 轿车的大量报道,奥迪在国内媒体报道中所占的份额比奔驰或宝马高出 134%。自从奥迪中国于当年 6 月开展营销活动以来,各地经销商已经售出 50 辆 A8 轿车,相当于奥迪一年指标的 10%。奥迪经销商们反映,前去询问销售信息的顾客人数出现稳定增加。

点 评

  对于一个企业来说,它的生产经营管理服务活动总是与周围的其他企业、组织或个人存在着广泛的联系,也就是说,它始终处于一种有序或无序的公共关系状态之中。面对复杂多变的市场营销环境,企业要在抢手如林的市场中取胜,不仅要有高超的技巧与谋略,更要有公关意识。奥迪中国正是利用其公关意识和罗德公司合作完成新产品的媒介公关。罗德公司为完成公关目标,不仅对媒介、汽车市场进行了充分的调研,还邀请专业人士讲述奥迪 A8 这一新型汽车的品牌理念及其特性,更是邀请名人为产品做试车演练,用事实说话,令人心服口服。借助媒体的宣传,奥迪 A8 赢得了消费者的青睐。结果表明,罗德公关公司为奥迪 A8 所作的公共关系活动是成功的。

拍案二 三星 U608 的网络营销

  互联网口碑犹如一个雪球,在互联网这片信息联通的大陆上,愈滚愈大,使每个企业都无法忽视它的存在。懂得利用网络口碑的企业,将以低廉的成本实现精准营销,而忽视其存在,企业也为此付出巨大的代价。韩国三星是最早介入网络营销的企业之一,尤其是借助世界杯期间,利用网络平台展开的各种营销活动,都获得了巨大的成功,并且荣获了新浪 2006 网络盛典"年度营销团队奖"。三星 U608 开机在设置向导中一番设置,然后最先看到的长城的主题,这个主题白天显示的是太阳照耀下的长城,白云随着信号的强弱进行变化,偶尔飞过几只大雁。傍晚和晚上显示的长城是带霓虹灯的长城,傍晚和晚上唯一的区别是天上的云彩有所变

化,傍晚的云彩是太阳刚刚下山时天空还有点余光,晚上就是漆黑的夜色,偶尔有一颗流行划过,这一设计极富创意。2007年6月,三星公司针对新上市的U608手机做了一次网络社区口碑营销,并且获得了非常瞩目的效果。

三星公司首先对新款手机U608针对国内用户的喜好进行了特点分析,"超薄"炫酷的外观及功能强大,将对用户有着强烈的吸引力,这些特点容易通过图片的方式直观体现在网络社区,将会给用户良好的体验,强有冲击力的视觉感受将大大激发用户的购买欲望。三星通过这些特点策划了以新品曝光为卖点的社区营销文案——"超炫三星U608全图详解"、"新机谍报绝对真实三星新机U608抢先曝光"两篇图文并茂的新品曝光的文章,吸引了大量的网友的眼球。

三星公司根据U608手机的人群定位,进行了网络社区传播载体的选择,并根据人群定位及社区人气度进行相应级别划分,有针对性地对社区话题进行投放。生活中我们选择购买哪款手机,可能更多会咨询那种对产品精通的"达人",他们的意见将会大大促成我们的购买决策。因此三星U608手机的社区推广活动瞄准了这样的群体——日常生活中的意见领袖,而他们往往也是热门手机社区的泡坛高手。三星在意见领袖密集的热门手机类论坛,投放了精心策划的营销文案,当网友参与到U608手机的话题讨论中来,其实针对他们的营销活动就开始了。随着话题活动的升温,策划的话题文章也被大量转载,在互联网无限延伸的空间中,三星新品U608影响更大规模的受众。

在操作实施的过程中,该策划文案被传播至30多个论坛,其中部分论坛以置顶的方式在网络社区进行传播。执行人员根据社区网友的互动和反馈,进行有针对性的话题引导,并保持者和意见领袖的沟通,能够让话题更进一步地深入影响下去。同时对负面话题进行监控,及时进行危机公关。在活动结束后的活动的流量分析及反馈也都做了相应的分析和总结。活动过程中的数据包括用户所留下的行为和反馈,都将很有效地帮助三星掌握消费心理需求及市场发展趋势。

根据监测效果显示,三星U608在为期两个月的社区论坛口碑营销中,两个帖子的总点击次数达到了近60 000次,回复近800次。置顶期内与"新机谍报绝对真实三星新机U608抢先曝光"相同标题的搜索结果1 610篇,转帖量是发帖量的53倍;与"超炫三星U608全图详解"相同标题的搜索结果2 290篇,转帖量是发帖量的七十几倍。

U608网络社区营销活动的简要流程,从社区数据反馈来看,活动的营销效果是比较成功的,而从成本来看,可能仅是传统媒体传播投入的非常小的一部分。本次营销活动也并非独立存在的,电视、户外广告、平面媒体的传统媒体都在同一时间进行密集传播,网络社区营销是三星营销组合拳重要的一部分,此案例也可以说是三星整合营销的成功案例。

点 评

  三星 U608 在网络上的宣传之所以如此成功,因归得于它的"网络互动型"公关技巧。网络互动型公关是一种新型的公共关系专题活动运作它的存在与我们现在所处的信息时代密切相关。网络互动,是指网络社会中网络个体之间、网络个体与网络群体之间进行信息的交流。网络媒体既是信息发布的工具,又是及时反馈的渠道,这刺激网络上的受众主体的主动性与选择性大大增强。通过网络来实现公关目标,这是企业现代经营管理的战略之一,三星公司也把握住这个商机,充分利用互联网信息双向传递模式的优势,通过网络把社区营销文案告知受众群体,吸引网迷的注意力。网络的互动不仅使三星 U608 手机的得到广泛宣传,也帮助三星公司了解消费者的心理需求及市场发展趋势,有利于三星公司对其新产品 U608 的销售做出相应的战略部署与计划安排。通过网络互动,三星公司不仅其新款手机 U608 进行成功的公关,也使其品牌形象深入人心,对整个公司的形象进行了一次传播。

拍案三 "润妍",宝洁之痛

  全球日化第一品牌"宝洁"自 1988 年登陆中国市场以来,在中国日用消费品市场可谓是所向披靡、一往无前,仅用了十余年时间,就成为中国日化市场的第一品牌。虽然后来者如联合利华公司、高露洁公司等全球日化巨头在抢滩中国后,一度在某些产品线有超过宝洁公司的势头,但却丝毫不能动摇宝洁公司的霸主地位。时至今日,宝洁公司的系列产品依然是一枝独秀,号称"洗发水三剑客"的"飘柔"、"潘婷"和"海飞丝"更是一骑绝尘。

  世界著名消费品公司宝洁的营销能力早被营销界所传颂,但 2002 年宝洁在中国市场却打了败仗。其推出的第一个针对中国市场的本土品牌——润妍洗发水一败涂地,短期内就黯然退市。

润妍洗发水的推出,是为了应对竞争对手对其持续不断发动的"植物"、"黑头发"概念进攻。在"植物"、"黑发"等概念的进攻下,宝洁旗下产品被竞争对手贴上了"化学制品"、"非黑头发专用产品"的标签。因为这些概念根植于部分消费者的头脑中,无法改变,因此面对这种攻击,宝洁无法还击。为了改变这种被动的局面,宝洁从1997年调整了其产品战略,宝洁决定为旗下产品中引入黑发和植物概念品牌。

在新策略的指引下,宝洁按照其一贯流程开始研发新产品。从消费者到竞争对手,从名称到包装,宝洁处处把关。经过了长达3年的市场调查和概念测试,2000年润妍终于登上了起跑线。"润研"终于等到面世的一天,针对18～35岁的女性、定位为"东方女性的黑发美","润研"的上市给整个洗发水行业以极大的震撼,其包装和广告形象无一不代表着当时中国洗发水市场的一流水准。"润研"问世后,宝洁公司还启动了两次令人印象深刻的公关活动:赞助《花样年华》在京、穗举行电影首映礼和"周庄媒体记者东方美秀发"。而同是在2000年,联合利华推出了具有黑发植物概念的夏士莲品牌延伸产品——黑芝麻洗发水。对于黑发概念,夏士莲通过强调自己的黑芝麻成分,让消费者由产品原料对产品功能产生天然联想,从而事半功倍,大大降低了概念传播难度;而润妍在传播时,似乎并没有强调首乌成分。

两年后,夏士莲的黑芝麻取代了奥妮百年润发留下的市场空白;而宝洁却对表现不佳的润妍丧失了信心,2001年5月收购同样以植物配方为概念的"伊卡璐",于是宝洁推出的第一个本土品牌只能接受夭折命运。

点 评

宝洁公司在日用品市场上的霸主地位已毋庸置疑,广告更使其品牌形象锦上添花。为了宣传"润研",宝洁公司在广告方面投入甚多。但是宝洁公司在对其新产品"润研"进行宣传的过程中,把受众群体乃至消费群体定位为社会潮流的引导者——18～35的女性,她们对"润研"洗发水中含有的植物配方知晓很少,而只是明白"黑发"的概念。"润研"在诸多的广告中,没有把产品自身的成分、特色、品质、功能突出介绍,而只是泛泛地讲,不能成功宣传"黑发"的主张,更不能勾起消费者购买的欲望。"润研"在大量的推广中没有把消费群体最关心的利益突显出来,导致产品脱离了根基,轰轰烈烈的广告变成掩盖产品的特性,留给消费者以美丽而苍白的画面。虽然"润研"以提倡"黑发美"的品牌形象出现,在品牌推广上把其高端形象与紧扣品牌特色的特征尽可能表现全面,但是品牌概念诉求与目标消费群体定位上的失误,致使产品失败。

在我们的生活中,广告无处不在,无孔不入。很多时候广告是主动接近人们,它已经完全弥漫在人们生活的空间。甚至可以说,现代人类是生活在广告的世界里。广告宣传无非是两个目的:促进产品的销售和提升企业的形象。因此,对新产品通过媒介,尤其是广告的形式进行公关的时候,在有限的时间内,应该突出介绍产品所具有的优于其他同类产品的性能。企业首要任务是为顾客提供质量过硬的产品,其次是提供优质的服务,让其放心才能取信于顾客。同时,在进行公关的时候,组织应该注意其公关的受众范围。一则好的广告,应该是面向大众化的群体或者是具有实务消费的人群,能拥有一个两点来获得受众的认可与情感联想,成为受众消费的真正诱因。

回味隽永

在中国,平均每小时都有两个新产品推上市场,平均每小时也有至少两个产品退出市场。无论是规模过百亿的企业还是白手起家的小作坊,新产品上市永远都是企业发展的必经之路。上面的案例都是为了说明新产品上市如何通过媒介进行公关的,正反两方面的经验教训使我们得到如下启示。

第一,广告制作要注意细节。成功的广告就是要在适当的地点和适当的时间说适当的话。每个地域的消费者都有自己的价值观念和风俗禁忌,广告策划者在进行创意的策划前一定要考虑到广告的内容会让受众产生什么样的心理联想,以及如何激发受众正确有利的联想。在发布广告前应该进行效果预测,一支好的广告往往具有塑造一个产品最初印象的功能,其产生的品牌认同度可以把产品变成英雄,也可以把产品沦为众矢之的。在广告的发布地点,策划者应该充分考虑到文化差异,忽视文化积淀的广告只会让受众反感,产品的宣传必然有阻碍,定会给企业形象的塑造带来负面影响。

第二,注意分析各种媒介的受众范围,根据需要进行最佳选择。比如报纸,能够及时提供新闻的详细情节和有关材料,信息容量大,读者选择余地也大;但是在文化教育不够发达的地方,读者的发展就受到限制。广播尽管传播和收听都不受时空限制,但播出时间一般比较固定,听众选择的范围也受到一定的限制。再如电视,虽然图文并茂,给人以身临其境的感觉,有庞大的观众群体,但是节目大众化,很难掌握特定的收视群体。因此商家对于媒介的选择应该因地、因时、因人制宜。

第三,充分利用新媒体。新媒体主要是与计算机相关的各种新的媒体形态,如数字电视、博客等。新媒体具有传播主体多元化、信息内容包容性、传播方式交互性以及整体上超越性等特征,实现了传播形态的初步整合。新媒体在与企业乃至各种社会组织的互动中,为它们提供了与公众亲近、向民意渗透最新的也是更健康、更自如的通道。企业在对产品进行公关的时候,应该充分发挥新媒体的优势,为企业服务。

第四,善于利用人体媒介,制造"名人效应"。人体媒介在我们的日常生活中十分普遍,而且往往很受公众的关注。"名人出新闻"这话具有普适性意义,古今中外都适用。"名人出新闻"看上去似乎与名人、新闻界有紧密关系,但事实上是社会心理中的尚名心理使然。正是这种心理的驱使,进一步提高了人的能动性。对名人的崇拜刺激了受众对新产品的热衷,这种"名人效应"必然给商家带来丰厚利益。作为厂商,应该认识到社会需要名人,媒介需要名人,厂商更需要名人。

第十五篇

以信念凝聚人心——文化公关的魅力所在

——日产汽车：重塑企业文化案例

　　企业文化是企业在一定社会历史环境的发展演变过程中，逐步生成和发展起来的，由企业内部全体成员共同认可和遵守的日趋稳定而独特的企业价值观、企业精神，以及以此为核心而产生和形成的企业经营哲学、行为规范、道德准则、生活信念、企业风俗、习惯、传统等。现代企业的"个性"或"差别性"的根源正是来自独具特色的企业文化，企业文化集中体现了"以人为中心"的公关思想，它不仅是企业内部公关的载体，而且通过培育企业成员共享的价值观和良好的文化氛围，可以充分发挥企业文化的导向、约束、激励和辐射的功能，从而大大提高企业内部的凝聚力和对外界的影响力。无数企业成功的实践证明，企业文化是现代企业持续发展的的重要战略性要素。因此，建立良好的内部公共关系与培育企业文化的工作密不可分。

开篇导例

开篇之述——日产汽车：重塑企业文化

日产汽车公司是日本第二大汽车公司，世界十大汽车公司之一。从1961年到1980年，日产已累计向各国出口1 000万辆汽车，是名副其实的"汽车巨擘"。然而，从1991年到2000年，日产的经营每况愈下，连续9年亏损，债务高达21 000亿日元，市场份额不足5％，濒临破产。

公司新任最高执行官卡洛斯·戈恩通过诊断认为："日产汽车缺乏明确的利润导向，对客户关注不够而过于注重与竞争对手的攀比，没有一种跨越职能、国界和等级界限而进行合作的企业文化，缺乏紧迫感，观点不一致。"于是他从改造企业文化入手，制订"日产复兴计划"，重塑日产企业文化。第一，改革薪酬制度，激发创新精神。日产一直是实行的是根据员工的工龄和年龄给予报酬和晋级的薪酬奖励制度。这种制度导致论资排辈和高层人员人浮于事的现象，抑制日产的创新精神。卡洛斯废除了这种制度，根据员工的绩效来提拔高级管理人员，同时给予他们股票期权和现金奖励，完善激励机制。第二，打破终身制，强化责任制。终身雇佣制和职责范围不明确是日产的一个根深蒂固的企业文化。经过改革，多数员工认识到改革是力求重铸日产昔日的辉煌，在顺利裁员二万多人后，剩下的员工都承担一定的业务职责。第三，削减对外投资，实施增值计划。卡洛斯废除对外投资，出售所持股权，减少供应商，使企业负债大幅下降，生产率反而得到上升。实施增值计划，解决实际面临的课题，建立跨职能团队，强化人员培训等，使卡洛斯的改革精神渗透到公司的每个角落。

在日产员工的支持下，企业文化的改革取得了成效。"复兴计划"的实施，使日产公司在营业收入、资本投入、增长速度、市场份额、品牌影响力、公司形象等方面，都到了大幅度提升。到2004年，日产汽车在全球销售量增加了 100 万台，综合利润率提高了 8%。

开篇之论

第一，通过建设企业文化来调整企业内部公共关系，是企业内部公关的一种重要手段，同时也是最有效、最能体现企业特色的公关方式。本案例就是塑造企业文化来达到公关目的的典型。日产汽车在面临连年亏损的形势下，不是简单的通过裁员或转产来寻求出路，而是从企业的灵魂——企业文化入手进行改革，寻求适应利润导向的企业文化，制订"日产复兴计划"。该计划从薪酬、员工雇佣制和投资增值计划等方面调整与员工，甚至与合作伙伴、供应商的关系，这种文化制度的重塑整合了日产原有文化的有利因素，同时又给企业注入了新的文化元素，使日产重唤新生。从公关传播的角度来说，这正是以企业文化建设作为企业公共关系的载体，从而有效地实现了公司和员工间的关系调整。

第二，日产从重塑企业文化入手开展公关是很有道理的。企业文化是构建企业核心竞争力的基础因素和平台，也是企业内部公共关系的软实力，它相对于制度等外在硬约束来说，更易于为员工和股东等内部公众所接受和认同，并且企业文化一旦成形，其影响力是长期的，相应的，企业文化的公关效应也具有持久的生命力。日产的症结在于企业迷失了前进航向，员工丧失了创新活力，企业核心价值观混乱，企业精神萎靡不振，而这一切均源于企业文化建设步伐的脱节。企业文化是企业生产和发展的"元气"，是企业内部公共关系的活力之根和动力之源，其在本质上所反映的是企业生产力成果的进步程度。重视企业文化的建设，把企业文化作为企业内部公关的核心。这是日产给予我们的一个重要启示。

第三，企业文化代表了企业的形象，体现在内部公关的过程中，是一种不易被模仿而又根深蒂固的精神动力。卡洛斯成功的关键就在于，不破坏士气的前提下转变日产的企业文化，并成功地用作企业公关的载体，同时很谨慎地遵从日本的传统社会习俗，保护公司的特性和员工的自尊心，赢得员工的信任和支持，实现企业文化公关的目的。与其说企业文化的重塑为危机中的日产提供了解决之道，不如说是为危机中的人们提供了希望。

史镜今鉴

企业文化公关不仅仅是现代企业组织的专利,在历史上的老字号和商帮里,就已经开始出现了"诚信经商"、"和气生财"等商业理念,并成为商人们调整内部人员、同行以及顾客公共关系的精神原则,这是文化公关的雏形。

任何一个有远见的商人都不会否定谦和对于经商的重要性。一般来说,人气旺,财源才会旺。稻穗越是成熟,头越低垂,同样道理,人越伟大,越谦恭恳切。只有那种半桶水的人,才会摆架子、自大。晋商很重视"和气生财"、"以和为贵"的经商之道,把谦和作为每个经营者必须信奉和遵从的信条。他们总结出这样一条准则:"平则人易亲,信则公道著,到处树根基,无往而不利。"

晋商对"和"文化的培育体现在几个方面。第一,对待内部职工。晋商深知"和衷为贵"的儒家原则在处理掌柜和伙计关系上的重要性,主张职工内部也要和谐友善相处。《贸易须知辑要》中提到:做掌柜、大伙计不可自抬身价、目中无人,下属即使有不妥之处,"亦以理而剖之,则上下欢心,无不服你,你若自己尊贵,自夸其能,狂然自大,目中无人……众不但不服你,还要留下唾骂。"东家对伙计,也要"替他揣摩","宾主相投,自然越处越厚道,可以成协力同心之家"。《贸易须知辑要》中还有教育内部职工如何谦和待客的要求,如"说话第一要谦恭逊让,和颜悦色,言正语真,方成正人君子,但凡言语之中,不可形于讥,需检点留心","做生意切不可前言不应后语,都要至诚确实。如何说起,如何说止,你若先三而后四,言语不一,则不相信你也"。大德通号规中有一条看待商号人员地位的规定,"各处人位,皆取和衷为贵。在上位者因宜宽容爱护,慎勿偏袒;在下位者,亦当体世自重,无得放肆。倘有不公不法之徒,不可朦胧含糊,即早着令下班回祈回号。珍之重之。"这是将儒家的任意亲和与法家的严格规约、严行赏罚巧妙地融会在一起。第二,对客户和顾客。晋商在《贸易须知辑要》中指出:"但做生意的人,是无有大小,上至王侯,下至乞丐,都要圆活、谦恭、和平、应酬为本。"第三,对同行或竞争对手。同样主张

"和为贵",平等竞争,不一定非置对方于死地,而一般是采取以帮扶来使对方渡过难关。

正是晋商里里外外事务渗透着"和"文化的公关思想,才使得其经商事业蓬勃发展,并在中国古代商业史上留下浓重的一笔。

中国儒家的"和衷为贵"的思想一直在封建社会占有重要地位,晋商们也不例外,深受其影响。但他们不仅把"和"作为一种处理家族宗亲的原则,而且将其巧妙地运用于商贸之中,并形成了自身独具特色的经商之道。以今天的眼光来看,实则是一种以"和"协调公共关系的基本准则,包括内部的职工、外部客户和同行竞争者的关系。纵观晋商的和文化的公关之道,有如下特点。

第一,公关对象的双向化。现代企业的内部公关很大程度上是单向的,即主要是企业所有者对员工关系的调整,或所有者内部的相互调整,而员工对所有者关系的主动调整没有形成一种常态。而晋商的"和"文化公关却体现出双向的特征。商号的所有者——东家要替伙计"揣摩",经营者——掌柜、大伙计对待下属要公平,不可偏袒,应"以理剖之"。同样作为一般小伙计来讲,"亦体世自重,无得放肆"。如此反复,所有者与员工才可互为一体,宾主相投,成"同心之家"。由此可见,晋商和文化在内部人员公共关系的调整上是双向的,既有上对下的宽容厚道,亦有下对上的尊重忠诚。

第二,公关传播方式的具体化。企业文化作为一种价值观、经营哲学、企业风俗,是以观念形态形式存在的,不能作为具体的可操作的公关手段,而需要将企业文化以制度、条文的方式具体化,对内部公众才具有指导意义。晋商《贸易须知辑要》里的规定就对"和衷为贵"的原则性的内容进行了细化,如商号内员工对待顾客要"和颜悦色"、"平心静气"、"至诚确实"、"慷慨大方"等,从言行举止方面对员工进行要求,把"和"的思想具体化为员工的行为,并由员工把这种企业文化效应辐射到顾客身上。

第三,公关文化内容的多元化。"和"的思想是儒家的代表性思想,晋商则将其贯穿到经商之中,形成了独具特色的和衷经商原则。但晋商的"和"文化不是单一性的,而是融会了其他学派思想的和文化,形成一种以和为主,多种文化因素并存的公关文化。如《大德通票号》号规的规定中就体现出"和衷为贵"的儒家原则,不是僵化的教条。上级应宽待下属,但下级不可违纪胡为。对某些不公、不法的行为,不可含糊迁就,凭借人情关系请托者,立即开销出号。可见,"和"文化中既有儒家的仁义亲和,又有法家的严行赏罚,是两者的巧妙融会。

一提起团队精神,很多人认为是现代企业组织中存在的企业文化现象。其实,早在明清时期的徽商商帮中就已经出现了互相帮扶的团队精神,只是在那时,这种精神带有浓厚的家族亲缘色彩。

徽商是以血缘和地缘为纽带结成的商帮团体。"美不美,家乡水;亲不亲;故乡人。"有着共同血缘或地缘关系的徽商,有着很强的亲缘和地缘认同意识。这种固有的"乡谊观念"和"宗族意识"形成了徽商以众帮众、互相提携的传统。从现代公共关系的角度来看,这也是一种建立在亲缘关系基础之上的调整徽商之间公共关系的团队文化。一吴姓徽商家族制定族规:凡是族中有些弟子不能读书,并且家里又无田可耕的,因为生活所迫不得不出外做生意,那么族里诸位有经营经验的长辈在外要么提携他,要么在其他亲友处推荐他,好让他能有个稳定的职业,可供其糊口,千万不能让他在外游手好闲,以致衍生祸患。在徽商的乡族观念中包含着约定俗成的道德观念和带有强制性的宗族族规,这在客观上推动形成了徽商的患难与共意识以及团队公关文化的形成。因此,徽商往往出现这种情况:一家创业成功,这家人不会独享,往往携带大家共同分享、共同致富。相互提携自然也就形成了一种协调徽商内部关系的团队公关文化,在商场竞争中造成了一个集体优势,使得买卖越做越大。如两淮的盐业、北京的茶业、松江的布业等,差不多都由徽商垄断。

明清时代的商人由于封建意识的狭隘性,商业经营者之间往往对经验和技术相互加以保密。但是在具有"以众帮众"的团队精神的徽商内部,这种情况却很少存在。虽然商业经验对于商人很重要,一般不轻易传人,但徽商通过血缘和地缘形成的团队公关文化,使得经验的传授也就顺理成章了,这就使得徽商信息交流优势更为明显。

以众帮众的团队精神是徽商在明清商帮中独具特色的商业文化现象。同时,它也是一种通过文化来调整晋商内部之间公共关系的团队文化。从公关的角度看,晋商商帮正是借助于行业宗族化和行业地缘化形成的团队精神,在商海中以联合作战、互惠互利、相互提携等方式进行公关,协调晋商之间的利益关系,使团队的理念通过商战的实践不断相互传播、相互影响。反过来,商业活动的成功又反过来巩固了晋商对团队文化的认同,使得团队文化更加成为他们处理相互间关系的准则。晋商的团队文化公关有以下的特点。

第一,团队文化形成方式的特殊性。现代企业的团队多半是因为某个项目或部门行为的实施而建立的,是一种以业务为纽带连接团队成员的组织形式。但在案例中晋商团队的形成、团队文化建立的根基却是千百年的祖墓、千百年的祠堂、千百户的乡村——即共同的地缘甚至族缘关系，在此基础上形成的团队精神带有浓厚的宗法家族色彩，而非简单的人员组合。因此，以这种精神作为公关传播的手段，调整晋商的内部关系，具有比现代意义的团队更深层次的文化力量。

第二，团队文化的开放性。徽商"以众帮众"的团队文化还表现出开放的特点，即在徽商商帮内部，商业经验的传授是畅通的，商业信息在晋商间是流动的、共享的，而不是互相阻隔。形成这种开放的公关文化，一方面当然是由于共同的地缘关系，另一方面，晋商作为一个整体，商业的成败、兴衰直接与本族、本地利益息息相关，所以客观上也促使团队文化需要有开放的特点。在封建社会中，商业信息和经验往往是商人的生存之本，是需要保密的，而在晋商商帮内部却形成了公开商业经验和信息的氛围，实属不易。

三刻拍案

现代企业的成长发展根本是伴随着企业文化的从无到有，以及从零散、个别的口号到一个不断完善的文化系统和价值观这一过程。从公共关系的角度看，企业文化的形成和完善过程也即是通过文化的建设来调整企业内外公共关系的过程。企业核心竞争力的构建有各种着力点，如技术创新、人才战略等，但企业文化是构建核心竞争力的根本，技术创新、人才战略等往往都是依托于企业深厚的文化底蕴。它体现在企业的管理制度、经营实践、员工的行为方式中，通过构建一个员工普遍认同的企业价值观和行为方式，激发员工的士气、斗志和创造力，以文化的力量推动企业进一步发展。因此，重视企业文化在企业内部公共关系中的作用，建设与企业环境或战略相符的企业文化，是现代企业公关工作不可或缺的一环。

拍案一　诺基亚：企业价值观凝聚核心竞争力

诺基亚是世界上最大的移动电话生产商,是引领世界移动通信潮流的高科技明星企业。20世纪80年代诺基亚产品的多元化经营模式使得它没有构建自己在某一领域的领导者地位,没有构建企业的核心竞争力,相应的,企业文化建设也是杂乱无章,企业价值观缺失,发展方向不明确以致遭受严重挫折。而摩托罗拉只花了很短的时间就赶上了诺基亚,使得诺基亚的产品在市场上处处碰壁,公司大量亏损,企业面临崩溃的边缘。

1990年2月,新任总裁约玛·奥利拉通过建设以价值观为核心的企业文化,对诺基亚内部公共关系现状进行了及时调整,借助文化的力量构造了一个良好的组织氛围和环境,增强了员工的工作积极性、主动性和凝聚力,在极短时间内"以比对手更低的成本和更快的速度构建核心竞争力",推出"以移动电话为中心的专业化发展"的新战略,"把整个公司的技术和生产技能整合成核心竞争力,使各项业务能够及时把握不断变化的机遇",实现了企业的腾飞。诺基亚用以调整内部公共关系的以价值观为核心的企业文化用三句话概括就是:尊重个人,进取成就感,不断学习。

第一,"尊重个人"的价值观。从20世纪80年代至今,诺基亚在全世界的公司几乎都没有发生辞退现象,也极少发生人才流失现象。这一切都源自"尊重个人"的核心价值观。诺基亚处处突出尊重个人,尊重员工。不仅尊重员工的人格,而且要尊重员工的责任感和成就感,尊重员工独立做出决定的意愿。从工人、职员、部门经理,直到总裁,都各司其职,各主其事,人人都在创造价值,人人都在实现价值,真正体现了只有岗位的不同,没有高低贵贱的等级差别。诺基亚领导企业的准则是,"以价值观为基础的领导,以事实为基础的管理"。前者表现在通过领导的影响力,使企业的价值观渗透到员工的价值观中去,影响员工自觉地做出选择,自觉地做出行动;后者即看重效果,使员工的聪明和才智、员工的潜能得以充分发挥,从而使整个公司、整个团队能不断创造新的价值。基于"尊重个人"的价值观,诺基亚在用人上极其宽松,员工完全不需要任何强制的压力去做事。公司还为员工的发展提供了几种基本方向:基于"尊重个人"的价值观,员工工作的调动是开放式的,有很大的自由度;基于"尊重个人"的价值观,公司的结构是"扁平"的,而非集权的,员工的职业发展空间越来越大。

第二,拥有"进取成就感"的价值观。诺基亚鼓励员工始终保持旺盛的工作热情,积极进取,发挥团队精神,清醒地意识到工作是为了实现团队共同的愿景和目标,为总目标做出贡献是最大的成就,从而拥有进取成就感。诺基亚奉行企业对员工不仅是雇佣关系,更重要的是伙伴关系的原则,追求的是互相促进,共同发展。公司对员工寄予期望,员工从公司得到的是实现期望的一切必备条件,员工与公司共同成长,相互满意,由此达到最佳平衡。高额报酬也是"拥有进取成就感"的价值观的体现,这对吸纳和留住优秀人才发挥的作用极为重要,诺基亚员工的收入是很有竞争力的,包括基本工资、个人工作业绩奖励、国家规定的保险项目及公司内部的特殊奖励等几部分。

第三,"不断学习"的价值观。诺基亚追求的是永做学习型企业,用于创新,不怕失败;头脑清醒,永不自满;思维开发,虚心学习。在各种情况都能抓住机会学习,愉快地享用知识的人,才是诺基亚人,这是对诺基亚公司与员工的鞭策。因此,公司很重视员工培训,新员工都有3~6个月的培训阶段,有课堂培训,也有老员工帮助新员工开展具体工作的培训,还有出国学习和网上学习等培训形式。诺基亚与世界上一百多所大学和高等培训机构建立了联系,保证员工每年有三个星期的专门学习时间,并充分尊重员工的个人选择,投入巨额的培训费,对员工进行精确而又符合员工需要的培训。

基于上述以三种价值观为核心的企业文化,为全体员工建立起了第一流的行为准则,对于诺基亚的员工来说,无疑是一个共同的契约,使大家有了共同的语言,形成了一种共享哲学。在企业文化基础上凝聚起的核心竞争力使诺基亚迅速崛起,到1998年,其手机销量超过摩托罗拉,成为移动电话业中的世界冠军。

点 评

第一,这是一起通过建设企业文化来调整企业内部公共关系,凝聚员工力量,使企业摆脱困境,并走向成功的典型案例。诺基亚在面临发展方向和目标分散、没有形成核心竞争力的困境下,率先求变,明确了自己的中心业务,构建核心竞争力。但如何凝聚起全体员工的积极性、主动性和创造力为公司目标而奋斗又成为一个摆在诺基亚人面前的问题。总裁约玛·奥利拉抓住了企业文化建设这个根本,从建立诺基亚的企业核心价值观入手,形成了"尊重个人"、"进取成就感"和"不断学习"的"诺基亚价值观",并以此作为企业内部公关手段和公关传播方式,向员工灌输诺基亚的这一整套价值观,最终赢得员工的认同,凝聚出强大的力量,使企业起死回生。

第二,"诺基亚价值观"作为诺基亚企业公关文化,是通过如下途径来实现其传播效果,达到调整内部关系的公关目的的。一是高层管理者的率先垂范。诺基亚从CEO到部门经理都很尊重"诺基亚价值观",以身作则地用"诺基亚价值观"规范自己的行动,为员工做出榜样。二是培训与灌输。一个员工从正式进入公司开始,企业公关部门以及其他各个部门就会不断地强化"诺基亚价值观"的培训和教育,帮助员工更好地融入诺基亚,帮助他们不仅作为一个成熟的研究开发人员、销售人员或市场人员,更要成为符合"诺基亚价值观"的诺基亚人。三是用行为准则体现"诺基亚价值观"。在诺基亚的行为准则里,诺基亚承诺遵循所有适用的国家及国际法规,以最高标准履行道德品行;尊重并提倡人权;尊重并鼓励体现"诺基亚价值观",倡导团队协作、个体责任等。

第三,企业文化的内涵是企业的核心理念、经营哲学、管理方式、用人制度、行为准则的总和。其中最为主要的是企业的核心价值观。它是企业对成功要素的归纳和提炼,是企业依据环境的变化不断自我批判、继承的结果。灵活而巧妙地运用企业文化作为企业公共关系的手段和内容,就会聚起一批具有相同价值观的员工,形成一支高素质、高境界和高度团结的职业化的员工队伍和职业经理人队伍,他们在相互欣赏和认同的工作方式氛围里,创新技术,创造价值,使企业具有极强的凝聚力和竞争力,以求得企业长久地生存和发展。诺基亚的成功在于找到了自己的核心价值观,并以此作为协调企业内部公共关系的法则,从而在运作中坚守着核心价值观,形成了诺基亚与众不同的管理思想和经营哲学,结晶出它的企业文化。这就是诺基亚的企业文化公关之道。

拍案二　摩托罗拉：以文化的力量推动"飞跃无限"

摩托罗拉公司是世界著名的电子电信公司，主业为工业电子设备和数据通信与处理系统。20世纪30年代，公司生产出第一台汽车收音机，开始了"飞跃"之路。1947年，进入电视机生产业务，在一年内售出十多万台电视机，跃居电视机制造业的第四位。60年代，在微处理器方面的研制遥遥领先。1970年，销售净额近8亿美元。1980年，摩托罗拉移动电话大规模挺进中国市场，同时确定了几个迅速成长的市场——印度和巴西。到1990年，摩托的销售净额为109亿美元，雇员总数10.5万人，并开发出能覆盖地球上任何一个地方的蜂窝通信系统。摩托罗拉取得如此成功，应归功于其独具特色的核心竞争力——企业文化。

第一，"肯定个人尊严"的企业价值观。摩托罗拉公司的企业价值观是：尊重每个员工的人格尊严，开诚布公，让每位员工直接参与对话，使他们有机会与公司共同成长，发挥出各自最大的潜能；让每位员工都有受培训和获得发展的机会，确保公司拥有最能干、最讲究工作效率的劳动力；以工资、福利、物质奖励对员工的劳动做出相应的回报，尊重资深员工的劳动；以能力为依据，向员工提供均等发展机会的政策。摩托罗拉的这种价值观为每个员工提供了一种积极健康的文化氛围。尊重个人，肯定个人尊严，构成了摩托罗拉企业文化的最主要内容，成为统摄企业行为的灵魂。

第二，完善的绩效管理。"肯定个人尊严"的价值观在人力资源管理上就是建立一套完善、公平公开的绩效管理，并将员工的薪酬、晋升与绩效评估挂钩。绩效管理的目的在于使个人、团队业务和公司的目标密切结合；提前明确要达到的结果和需要的具体领导行为；提高对话质量等。绩效管理关注的是员工绩效的提高，而员工绩效的提高又是为组织目标的实现服务的，这就将员工和企业的发展绑在了一起。

第三，追求完美的"6西格玛"管理。全面实施"6西格玛"管理，是摩托罗拉构建企业文化的重要组成部分。"6西格玛"管理旨在建立一套严谨的工具和方法来帮助组织推广实施流程优化工作，全面提高质量管理水平，使追求完美成为组织中每个成员的行为目标。"6西格玛"管理也是一种文化管理。在很多企业里，人们有时不知所措，不知道自己的目标。通过实施"6西格玛"管理，每个人知道自己应该做什么，应该怎么做，整个企业洋溢着激情和效率。

摩托罗拉在内部管理上，正是凭借企业文化的力量凝聚员工士气，实践着企业"飞跃无限"的品牌定位。"飞跃无限"本身也成为摩托罗拉独特的企业文化,帮助摩托罗拉在新世纪展翅高飞,超越无限。

点 评

第一,摩托罗拉借助建设企业文化调整内部公共关系,主要体现在企业价值观和管理模式上。摩托罗拉的案例告诉我们,企业管理不仅是一门科学,更是一种文化。企业中存在文化,文化中存在力量,良好的企业文化是企业生存和发展的原动力。企业文化对于一个企业来说,看起来不是最直接的因素,但却是最持久的因素。因为企业文化直接作用于生产力要素中最重要,最活跃的部分。从文化公关的角度来讲,在企业得到认同的核心价值观的指导下,员工的积极性、创造性将得到激发;在相互认同的工作方式和工作氛围里,行为将得到规范,人的潜力将得到充分发掘,为共同价值目标而努力;企业的凝聚力、向心力将得到进一步强化。企业文化的公关传播途径是通过改变员工的原有价值观念,培育他们的认同感和归属感,建立起成员与组织间的依存关系,使个人行为、思想、感情、习惯、信念与整个组织有机统一起来,形成相对稳固的文化氛围,凝聚成一种合力与整体趋向,以此激发出员工的主观能动性,为达到组织的共同目标而努力。

第二,摩托罗拉在"尊重个人,肯定个人尊严"的核心价值观的公关效应下,聚集起一批具有相同价值观的员工,在相互认同的工作方式和工作氛围里,为共同的价值目标而努力,使企业具有极强的凝聚力和竞争力,最终赢得竞争的胜利,求得企业的扩张与发展。摩托罗拉完善的绩效管理都是源于"肯定个人尊严"的核心价值观。企业文化具有自我内聚、自我改造、自我调控、自我完善、自我延续的独特功能,企业文化的公关效应也是从这几个方面来具体落实,以此激发企业成员的主观能动性,为达成企业目标而努力。摩托罗拉"6西格玛"管理,如果离开了深厚的企业文化,恐怕是寸步难行,因为企业任何一种决策的实施往往依托于深厚的文化底蕴。企业文化的不断完善深化,一旦形成良性循环,就会持续推动企业向"6西格玛"迈进,如果忽略企业文化建设,忽视企业文化在调整内部公共关系上的作用,孤立地实施"6西格玛"管理,是难以取得理想成效的。

拍案三　秦山核电公司：企业文化打造核电新形象

秦山核电二期工程(简称二核)作为"九五"期间我国建设的四座核电站之一,是唯一拥有我国自主知识产权的核电工程。二核的成功建造和安全运行,不仅在国产化道路上迈出重要一步,而且还积淀了独有的企业文化。二核是如何形成核电核心价值观,并使每一位员工都自觉认同和实践的呢?

第一,在磨合和理解中达成共识:企业文化是一种管理理论。组建二核时,员工是来自不同的企业,信奉着不同的理念。在形成企业文化的过程中,大家在磨合和理解中,逐渐形成共识,认为企业文化是一种以全体员工为中心,以培养具有高度凝聚力的经营理念为目标,使企业增强对外的竞争力和适应力,增强对内的向心力与活力的管理思想和方法,即企业文化是管理理论。

第二,重视文化管理的软要素:建立文化属性。首先推行制度导向硬性管理文化,制定了一系列的管理制度。经过一段时间实践后,再把各项工作制度、行为规范转为思想人性化的软性管理,使员工自觉遵照执行,形成良好的工作作风。

第三,营造文化氛围:陶冶职工情操。企业经常进行精神文明"练兵"活动,通过几次大型活动的开展,企业内部积存了大量的价值观念、道德规范和礼仪习俗,他们在企业内发生着潜移默化的作用。

第四,培育核安全文化。核安全文化是核电站文化建设的一个重要组成部分。秦山二核在构建企业文化的实践中,开展以核安全文化为中心的企业文化建设。加强员工安全生产知识和技能培训,建立了严格的事件报告制度和处理机制,建立健全核安全的各种规范、规章,落实安全责任和安全措施,将安全意识植根于每个人的心中。

第五,培育企业精神:增强企业凝聚力。二核制定的"开拓进取,求实创新"的企业精神,是全公司的一种信念,贯穿在企业的实际工作中,使员工得到鼓舞,产生精神动力。通过一系列企业文化活动的开展,企业逐步培育形成了自己的价值观、道德规范,在职工队伍中形成了习惯,养成了作风,提高了员工对企业文化的认同和凝聚力。

回味隽永

回味以上诸个基于企业文化的内部公关案例,大都充分展现了企业文化作为软实力对内部公众的持久性的"暖化"作用。现代企业公关工作除了从改善员工工作环境、提高员工工作满足感着手外,更应该注意从引导员工价值观建立的角度着手,而企业文化公关刚好就起到了这样的精神嫁接作用。通过对这些案例的总结分析,我们仍旧可以获得不少思考和启发。

第一,充分认识企业文化在内部公关中的重要作用。企业文化在公共关系中产生效应的时间相对较长,是一种隐性的公关传播方式。但是,一旦企业经过一段时间经验和知识的积累,通过漫长、艰苦的建设过程获得,并得到员工认同,就会产生稳定而持久的公关传播效应,有力地提升企业贯彻落实政策的效率,上下齐心协力,有效提高企业的整体竞争力。如日产汽车和诺基亚案例就是认识到企业文化的力量,从企业文化的角度开展公关,最终摆脱困境,走向成功。

第二,明确企业文化的公关传播途径。企业文化的作用主要是对企业员工的价值取向和行为方式有非常强的导向和支配作用。企业文化对企业长期经营业绩有重大作用。丰厚的奖金、尖端的技术、优质的产品、完善的服务、精明的决策等,往往依托于企业深厚的文化底蕴,因为企业文化直接作用于企业中最活跃的因素,即企业员工。一般来讲,企业文化在公关传播过程中,形成六种驱使员工改变价值观和行为的动力:凝聚力、激励力、约束力、导向力、纽带力、辐射力,具体来讲通过以下三种方式达到公关效果。第一,企业文化可以减少员工单独处理信息的要求,使员工经营活动集中于特点范围安排之中,减少决策成本,同时可大大降低经营活动中的不确定性;第二,企业文化补充了企业正式的行政控制体系,减少了内部实施监督的成本;第三,企业文化弱化了企业内个人偏好的倾向。晋商"和"文化的公关案例是利用文化的约束力和纽带力,徽商的团队文化公关案例则是企业文化的凝聚力和辐射力的体现。

第三,企业文化建设不能千篇一律。悠悠岁月,沧海桑田,人事更迭,产品换代,唯一不变的是企业文化。正因为企业文化的稳固性,所以每个企业应该建设有自身特色的企业文化,才能产生持久的、具有特色的公关效应。企业文化通过改变新员工的旧有价值观念,培育他们的认同感和归属感,建立起成员与组织之间的依存关系,形成相对稳固的文化氛围,调和各方面矛盾,激发组织成员的主观能动性,凝聚成一种合力与整体趋向,推动企业持续不断地发展。同时,不同的企业处于不同的内部和外部环境中,企业文化的特征也会不同,并产生不同的行为规范、思维方式和行为方式。因此,企业文化建设不能千篇一律,应该根据企业自身的特点、企业的经营环境,进行具体的设计定位,这样才能有针对性展开公关活动,及时调整内部公共关系,成为一个充满青春活力的企业。摩托罗拉和秦山核电站则是这方面的例子,"飞跃无限"和"核安全文化"是两个企业的核心价值观。

第十六篇

以股东为本——构建良好的股东关系

——金杯汽车公司重视股东关系

  股东是企业的支柱，是企业的"财源"和"权源"，与企业的利益密切相关。随着我国市场经济的发展和企业改革进程的深入，越来越多的企业完成了股份制构建和改造。于是，如何协调好企业与股东之间的关系，创造有利的投资环境和气氛，以稳定已有的股东队伍，并吸引更多的投资者，拓展资金来源成为企业内部公关的新课题。股东关系作为股份制企业公共关系中的一个重要方面，尊重股东、对股东负责、为股东谋利益，是构建良好股东关系的基本要求；加强企业与股东的信息沟通，争取现有的股东和潜在的投资者对企业的了解、信任和支持，吸收和激励股东参与企业经营活动是构建良好股东关系的基本途径。改善、维护企业与股东的良好关系，对于企业经营的成功具有极大的影响。

开篇之述——金杯汽车公司重视股东关系

金杯汽车股份有限公司是经国家和沈阳市人民政府批准,在原沈阳汽车工业公司的基础上组建并发展起来的大型股份制企业,是一个融科研、生产、经营、开发、教育、外贸等为一体的经济实体。其下属生产工厂54家,并设有物质供应、销售技术服务、进出口、汽车配件、财务5个专业公司及1个轻型汽车研究所,1所汽车工业学院和1个技术工人培训中心。

金杯汽车股份有限公司现有职工51 000人,其中管理人员9 224人,专业工程技术人员408人。公司主导产品在全国同行业质量评比中多次夺魁,并在1989年被评为部优产品。1991年,公司生产金杯牌汽车30 183辆,总产值达20.193 9亿元,上交国家的利税总额1.828 6亿元,全公司人均创利3 572元,出口创汇1 100万美元,金杯汽车股份有限公司之所以能在短时间内取得迅速发展,生产跃上几个台阶,其成功之道除了公司全体员工的精诚努力,公司领导严格而科学的管理决策之外,同时也是与他们重视股东公众关系分不开的。

金杯汽车股份有限公司是全国大型企业中较早具有规范化的股份制企业。公司自成立起就认识到股东关系在企业生存发展中的重要作用。尊重股东,倾听他们对公司发展的意见是公司多年来一直坚持的原则。公司成立后的2年间,先后召开了3次股东大会和董事会,把股东代表请到公司来,由总经理向他们汇报公司的生产和财务状况,请他们参观公司下属工厂。平时,为了让股东及时了解公司的经营状况,定期给每位股东赠送一份《金杯汽车报》。一系列的信息沟通工作和情感联络工作,赢得了股东们对公司的理解和信任。1991年下半年金杯汽车公司面临市场疲软、销售困难时,很多股东都来信表示,愿和"金杯"同舟共济、共渡难关。

开篇之论

股东是组织的投资者,为组织发展提供重要的经济基础,是组织的真正主人。他们的利益与组织的经营状况息息相关,他们的决策则关系到组织的生死存亡。因此,股东关系是企业内部公共关系的重要组成部分。在我国,随着企业改革进程的深入,股份制企业越来越多,股东日益成为重要的公共关系客体,股东的地位和作用日趋重要,企业与股东的关系日益受到人们的重视。

简单地说,股东关系是指组织与投资者之间的各种关系的总称。股东关系的基本目的就是:稳定已有股东的股东队伍,使其保持或增加组织的股份;吸收潜在的投资者,开辟新财源。根据这一要求,建立良好的股东关系,主要应进行以下几方面的工作。

第一,尊重股东,对股东负责。股东一旦投资,即成为企业真正的主人,就意味着其利益与组织休戚相关。因此,在企业的经营过程中应充分尊重股东的主人翁意识,在股金运用和企业发展上,股东应享有相应的决策权力;另一方面应清楚对股东的责任,必须在善用资金资产上,增加股东回收,使股东长期获益,力行知恩图报。金杯汽车公司把尊重股东、为股东负责作为建立良好股东关系的重要原则。他们不把股东仅当做单纯的投资者,而是充分信任股东,让他们参与企业经营活动,认真听取他们对公司的意见和建议,使他们真正成为企业的主人。

第二,为股东谋利益,维护股东的正当权益。作为企业的投资者,股东关心的首要问题就是收益的最大化和风险的最小化,即其资产的保值增值。企业在密切股东关系的过程中应十分重视股东的收益,为股东谋利益,力争使他们长期获益。此外,股东公众们为了保证自己的利益不受侵害,他们一方面要求行使自己的法定权力,如重大事项决策权,收益分配权,股东财产所有权等;另一方面要充分了解组织的相关情况,如组织的经营管理情况和赢利状况、组织的产品或业务范围、组织在同行业中的排名、组织的发展前景等。企业的公共关系部门应充分尊重股东的这些正当权益,保证他们的正当权益不受侵犯。

第三,重视与股东公众的交流和沟通。股东是组织的主人,很自然要关心组织的经营状况。对企业而言,数量众多、分散于各地的股东既是一个巨大的信息宝库,又是一个不可估量的决策智囊。如果能把这些资源充分利用起来,对组织的发展无疑是非常有利的,这就要求组织建立起通畅的信息流通渠道。一方面,企业要了解股东情况,包括:了解股东的特点、股东的需求、对组织的政策的看法、对组织经营管理的意见和建议。另一方面及时向股东报告组织信息。股东是组织的所有者,组织有义务及时向股东报告组织的情况。沟通的媒介和方式一般有:股东会议、工作简报、年度(半年、季度)报告、宣传手册、企业内部刊物、股东函件、股东参观、有关负责人员与股东的个人交往、建立常设的专门机构,负责处理股东关系等。金杯汽车公司除了召开股东大会和董事会,还注重日常联系,采取赠送企业刊物《金杯汽车报》,邀请股东参观公司下属工厂等形式及时和股东沟通信息。

第四,吸收和激励股东参与组织经营活动。建立与股东的良好关系的任务,就在于想方设法树立企业在股东心目中的良好形象,同时,鼓励股东关心企业经营活动,使他们积极投身到企业活动中来。组织应积极鼓励股东献计献策,在案例中金杯汽车股份有限公司成立仅两年时间,就召开了3次股东大会和董事会,充分听取股东对企业发展的看法。此外,组织应激发股东身体力行,既做企业产品或服务的消费者,又做它的宣传者和推销者,让股东成为企业形象的代言人。组织要善于充分调动起股东的积极性,争取股东这个群体成为企业的忠实消费者,让股东了解、使用本公司产品,起到对其他消费者示范的作用,并向亲戚朋友宣称、推介企业的产品,带动更多的人了解、使用企业的产品和服务。在企业形象的宣传、推广等方面要发挥名人股东的巨大作用,让社会公众产生对公司及其产品的信任感。

股份制起源于西方,至今有四百多年的历史。以现在的眼光回顾这些最初的"股份制公司"当然是很不完善的,只是股份制公司的一种雏形,但在这些公司当中我们仍可以窥视到它们注重密切与股东之间的关系,

通过一定的制度来协调股东之间的利益，积极为公司的股东谋利益的影子，其中的荷兰东印度公司便是最具代表性的例子之一。

荷兰东印度公司建立于17世纪欧洲的大航海时代，当时的欧洲各国兴起海上冒险，探寻世界地理，更是为了发展外海的商机。16世纪的葡萄牙在东南亚地区已有殖民地与商业发展，16世纪60年代，一群荷兰商人派浩特曼至葡萄牙刺探商情，浩特曼回国后这群商人便成立一家公司，利用这个资讯往东印度地区发展，从1595年4月至1602年间，荷兰陆续成立了14家以东印度贸易为重点的公司，为了避免海外贸易中的恶性竞争，也是为了规避风险和建立强大的军事力量，保护海上贸易，这14家公司于是合并，成为一家联合公司，也就是荷兰东印度公司。荷兰当时的国家议会授权荷兰东印度公司在东起好望角，西至南美洲南端麦哲伦海峡具有贸易垄断权，该公司是世界上第一家跨国公司和第一家发行股票的公司。

荷兰东印度公司堪称现代公司治理和组织制度的创立者。它有一个董事会，可是由于人员较多，以公司的实际权力掌握在一个名为"十七先生"的委员会手中。委员会人员的构成与股份构成相对应，每一个商会都没有绝对控制权，在公司的实际运作中，控制权还是在阿姆斯特丹商会手中。每个商会监督并装备自己城市被允许派出的商船，而各商会允许派出的商船是根据其股份总额分配的。这些制度安排可以协调不同股东的利益，同时又保障了公司运行的稳定性和决策的科学性。

有了这样的制度保障，荷兰东印度公司进行了另一项制度创新，发行股票，大资本额，分散风险。在认购股份的热潮中，兰东印度公司共释出650万荷兰盾供人认购，当时的10盾约等于1英镑，1660年代荷兰一位教师的年薪约280盾，阿姆斯特丹一地就认购了一半的股份。这扩大了公司的实力，也分担了原始股东的风险。必须强调的是，荷兰东印度公司之所以能成功发行如此多的股份，根本原因是它合理的治理结构，保障了股民的利益。鼎盛时期，其利息高达40%。从1602到停发股息的1782年，平均每年股息高达18%。据估算，1602—1782年，印度公司分配给股东的股息总额等于股本的36倍！

股东是相对于企业股份制改造的产物。虽然我国企业的股份制改造晚于西方国家很多年，到了19世纪才传入中国。但山西商人在几百年前所创造的人身顶股制与产生于西方的企业股份制在密切"股东"关系的效用上却有着异曲同工之妙，甚至在调动"股东"参与组织经营活动的积极性方面有过之而无不及。

人身顶股制是山西商人在经营活动中创立的一种劳资组织形式,指商号中人凭自身才能、工作关系与业绩经过评定而获得的顶生意股份,它是晋商的一大创造,充分体现了晋商"以人为本"的经营理念。

晋商股份(股俸)有正本、副本之分和银股、身股之别。所谓正本,即财东的合约投资,每股几千银两到数万银两不等,可按股分红,但无股息;副本又称护本,是财东除正本外又存放商号或票号的资本;银股称财力股,银股所有者,在商号或票号享有永久利益,可以父死子继,夫死妻继,但对商号或票号的赢亏负无限责任。清人徐珂说:"出资者为银股,出力者为身股。"身股又称顶生意,即不出资本而以人力顶一定数量的股俸,按股额参加分红。

身股数额,各商号、票号不一,一般来说掌柜(经理)可顶一分(每股即称一分),但也有破例顶一分二三厘的;一般店员和初顶生意者,大多为二至三厘,以后每遇到账期可增一二厘,增至一股为止,称"全份"。所谓账期,即分红期。光绪以前一般是五年为一个账期,以后是四年,也有三年为一个账期的。凡伙友顶身股者,一般须在号内工作达三个账期的时间,工作勤奋,无有过失时,才由经理向股东推荐,经各股东认可,然后将姓名、所顶身股数额载入"万金账",才算正式顶上身股。顶身股后,倘有越轨行为,除重大案情开除出号和赔偿损失外,如属小节情有可原者,则酌情处分,减少其身股数额。顶身股者,每年可按其所顶股份领取一定数量的"支使银",又称"应使银"。应支额每股多者四五百两,少则一二百两,分四季支用,到账期分红时,无论应支多少,概由各人应得红利内扣除,上至经理,下至伙友,一视同仁。倘若营业不好,无红利可分,则顶身股者除每年"应使银"由号内出账外,毫无所得。没有顶身股的伙友,则按年支给薪俸。大致最初年薪一二十银两,以后按成绩优劣逐年增加,有十余年历史者可达80~100银两,这时就有资格参加身股了。顶身股者死后,各商号、票号一般仍给一定优惠,即在一定时间内照旧参加分红,称"故身股"。大致经理故后享受八年的红利,未任经理者享受七年的红利,顶身股八九厘不足一分的享受六年红利,顶身股六七厘者享受五年的红利,顶身股四五厘者享受四年的红利,顶身股三四厘者享受三年的红利,顶身股一二厘者享受两年的红利。对本号经营立有特大功绩者,还可再增一两个账期的分红。

这种与财力股均可以参与分割红利的"人身顶股制",最重要的意义是使财东与经理、伙计之间形成了一个经济利益共同体,经理与伙计的物质利益与商号的发展始终休戚相关,商号的兴衰成败也始终关乎经理与伙计的生存与发展。旧时商界同行见面,嘘寒问暖之际,就会问"顶几厘生意",表示对彼此境况的关切。任何一位票号的正式成员(学徒除外)都有资格得到顶身股。"人人都可当东家",这样的灿烂前景和强烈的诱惑力,使每一位票号中人都不敢有丝毫的懈怠苟安,都无一不以饱满的热情全身心地扑在号事上。段占高1925年十四五岁时经人举荐进祁县复恒当学徒,挂牌子、站柜台、跑联络、值夜班,甚至还代吃官司,兢兢业业,勤勤恳恳整十年,到1935年,终于顶了三厘生意,头一账一来就分了200块银元。他在《山西文史资料》上发表的《祁县复恒当从业亲历记》、《我所目睹的复恒当号规》两文中,记录了人身顶股制的诱惑力。

晋商通过顶身股形式,把商号的经营与商号员工的经济利益直接挂钩,从而充分调动了经理、伙计、学徒的工作积极性,在商业企业经营中充分发挥了团体作用,增强了敬业精神与凝聚力,增强了晋商在市场上的竞争实力。

晋商在几百年前就已经开始重视"股东"的关系了,晋商所创造的人身顶股制,可以说是现代企业股份制最早的雏形,是晋商的一大贡献。晋商通过人身顶股制的形式,使商号中的掌柜、伙计、学徒成为自己的"股东"。凡是票号中的掌柜、伙计无资本顶银股,可以用自己的劳动力来顶股份,与财东的银股一起参与分红,身股的多少按照每个人的工作能力、工作效率和业绩来确定。同时,晋商十分重视商号"股东"公众的利益,规定人身顶股制不必承担经营风险,不必承担亏赔责任。因此,商号的经营状况与员工的经济利益息息相关,员工可以参与账期分红,从而充分调动了其工作的积极性,增强了敬业精神与凝聚力,在商号的经营中充分发挥了团体作用,增强了晋商的整体竞争实力。

拍案一 二纺机的新课题

在中国上海,二纺机早已闻名遐迩。尤其是1992年以来,随着二纺机股份有限公司A、B股票先后上市交易,二纺机的名声已越出国界,可谓是"天下无人不识君"了。

但人们是否真的了解了二纺机?

同样,企业股份制改革以来,二纺机人有如何处理转制后的各种问题,再塑他们的企业形象?这是摆在二纺机人面前的公关新课题。

郑克钦,二纺机股份有限公司董事长兼总经理。一个在企业界赫赫有名的人物,在原厂长黄关主动请缨调任中纺机后,是他接过了前任留下的重担,直接领到了二纺机向股份制企业转制的工作,干出了一番有声有色的事业。作为上海市公关协会理事,他深谙公关之道。

从公关角度说,二纺机在转制后面临的第一个大问题,就是如何处理好与股东的关系,即原先只要协调好上级关系和内部职工关系就可以了,问题比较简单。改为股份制企业后,股权分成了国家股、法人股、社会个人股三大块,要处理好这几个方面的关系,问题就不那么简单了,这就需要有一套新的思路。为此,公司从以下几个方面进行公关沟通。

首先,公司成立了金融投资科,专门搜集来自股东的意见、建议和各种信息,负责接待股东们的来信、来电和访问。这一科室人员不多,工作量却不少,每逢年度报告或中期财务报表披露,这以后的一个月该科的电话几乎从早到晚不断。境内外股东纷纷打来国际长途,常常一谈就是一个多小时。还有境外股东做的更妙:先来一个传真,提出数十个问题;然后再来电话,请你一个一个问题详细解答。一段时间以来,负责接电话的先生、小姐嗓子都嘶哑了。

许多股东还亲自来二纺机察看经营情况。1993年1—10月,来访的股东就有396人。公司方面,或由副总接待,或由该科人员接待。通过交谈和参观,股东了解了二纺机产品达到了国际领先水平和广阔的市场前景,个个满意而归。有时来访者不是股东,二纺机人也一样热情接待、安排参观,结果不少人回去也投资购买了二纺机股票。

其次,在一切牵涉股东利益、股东关系的问题上,二纺机人建立了一整套和国际惯例接轨的规范化制度和程序。

第一,按持股比例调整董事会。在二纺机整个股本结构中,B股占了14%,但原来的董事会中,境外董事只有一人。公司认为这样不合国际惯例,立即与境外承销商联系,请他们推荐人选,不久董事会中境外人士就增加到三人。这三名境外董事积极参与二纺机的经验决策,热心介绍国外最先进的产品技术、生产流程和管理方法。同时,他们在海外又主动宣传二纺机,大大提高了二纺机的知名度。

第二,按国际惯例编写年报。在上海的几十家上市公司中,二纺机是这么做的第一家。年度采用的是眼下国际上最流行的大 16 开本,中英文对照。纸张考究。印刷精美,各种财务数据详尽而准确,让人拿在手里就能掂出它的分量。目前,这份年报是向持股达一定数额的境内外股东免费送阅的。二纺机希望,不久后的将来,能像国外许多股份公司通行的做法一样,让年报在大小书店里上架出售。

第三,股东大会规范化。每次召开股东大会之前,二纺机公司都按照国际惯例,仔细统计好有资格出席大会的股东人数,认真准备好各种资料和议案,分送各位股东代表审阅。他们还主动邀请各新闻单位的记者前来旁听,实施舆论监督。在股东大会表决时又采用了按股权数记名投票的方式,这是对股东代表权利的尊重。正因为组织程序,高度规范化,二纺机的几次股东大会都开得非常成功。

第四,在敏感的分红送股问题上,二纺机也煞费苦心,注意协调好境内外股东的关系,充分照顾到各方的利益。

1993 年 2 月,股东大会表决通过了 1992 年度分红送股方案。当时,公司并未考虑把国家股纳入送股范围。不久后,情况有变,管理层要求国家股享受同样的权利,这样一来。有的上市公司出于多方面的考虑,改变了股东大会的决议,减缩了分红送股的比例。二纺机领导层认为,股东大会是公司的最高权力机构,其决定必须得到尊重,决不能随便改变或推翻。因此,董事会决定:原分红送股的方案不变,只是增加国家股这一份。虽然这一来,二纺机公司光红利就得支出 1 000 多万元,但他们并不后悔。他们明白:为了切实维护广大股东的利益,必须这么做。

正是由于二纺机人高度重视股东的关系,注意协调各方面利益,从而树立了股份制企业的信誉,是国家股、法人股、社会个人股以及 B 股四方面股东均表满意。

点 评

如何再塑企业的良好形象、密切与股东的关系是摆在二纺机人面前的一个新的公关课题。二纺机人高度重视股东的关系,通过自身的一些积极做法和努力实践为我们提供了一个成功处理股东关系的典型案例,从而也为我们在建立良好的股东关系上提供了可资借鉴的经验。

第一,十分重视与股东的信息沟通,让股东充分了解公司的经营状况。建立良好的股东关系,企业的公共关系部门必须积极促进企业与股东之间的信息交流。因此,企业有义务定期向股东汇报企业的经营状况,公共关系部门应该向股东报告的信息应包括企业的经营项目、目标、发展计划、财政支持、资金流动状况、新产品开发、股利的分配政策、赢利预测以及有关企业经营状况的各种详尽统计数字等。在向股东传达有关企业经营的信息时,一定要秉着诚信的原则,不论经营状况是好,还是坏,都必须如实地向股东汇报,绝对不可只报喜不报忧,否则长此下去,势必失去现有股东和潜在投资者的信任。另一方面,充分听取股东的意见和建议,收集来自股东方面的信息。此外,促进企业与股东之间的信息交流的手段应是多种多样的,如董事会、编写年报和股东大会等。

第二,保证股东应有的利益。股东投资是为了收益,因此分红对股东们来说是极其敏感的。如果利益分配不均必影响到股东对企业的支持,从而影响企业组织的群体作用的充分发挥,这样对企业经济活动的开展是极其不利的。因此,企业应协调好股东们之间的关系,充分照顾到各方的利益。一方面必须切实搞好企业的经营管理,为股东创造经济效益,另一方面又要及时、合理地分配和发放股东红利,使股东投资最终受益。

拍案二 把股东当顾客的食品公司

美国通用食品公司,每逢圣诞节都准备一套本公司的罐头样品,分送给每一位股东,股东们对此感到十分骄傲,产生了强烈的认同感。他们不仅全力向外人夸耀和推荐本公司的产品,而且在每年圣诞节前准备好一份详细的名单寄给公司,由公司按名单将罐头作为圣诞节礼物寄给他们的亲友。因此,每到圣诞节前,通用食品公司都要额外地销售一大批商品。股东们固然受到折扣优待,公司方面也赚了一大笔钱。

然而,在处理股东关系方面,许多公司并不能让其股东满意。美国股东协会的一份调查报告表明:约有50%以上的股东不清楚他们公司的产品和服务,而约有57%的股东则忽视他们公司的产品。事实上,在处理股东关系上,我们不应该仅将股东关系作为财务关系来处理,而应该大力开发股东这个最强大的顾客群。因为股东是最有钱的顾客,而且股东为其切身利益,知道只有多一些人购买公司产品,公司才有发展前途。这样,我们可利用股东的广泛的社会关系来扩大产品销售网络。例如,一家公司如果有1 000个股东,而每位股东又有100位潜在的顾客,这是一个非常可观的市场。因此,公司公关人员应该将股东视为第一顾客和同舟共济的推销伙伴。

点评

美国通用食品公司把自己的产品送给自己的股东,不仅使股东了解自己公司的产品,同时也潜在的对其他消费者起到了很好的示范、宣称和推介作用。因此公司的公共关系部门应尽量争取股东对产品的了解和认可,并利用股东广泛的社会关系扩大产品的销售网络,开辟新的市场。

第一,把股东作为自己最忠实的顾客,争取股东对产品的认可。股东作为公司有力的支持者,不应仅仅是财务上的支持者,同时也应该是自己公司产品的最忠实的消费群体。公司在竭尽所能以更新、更好、更美的产品满足普通大众的需求时,不应忘记自己的股东是自己公司产品的消费群之一,自己公司的产品也是股东公众的消费对象。而且股东是比较有钱的顾客,公司的发展与股东的利益密切相关,股东也有责任来支持公司的产品。让股东了解、使用和认可本公司产品,争取股东这个群体成为公司的忠实消费者。这样做的同时也会增进股东对公司的了解,加深对公司的感情。

第二,利用股东的社会关系,建立广泛的社会销售网络。对企业而言,股东数量众多,分散于各地,并且一般来说,股东不仅是有钱人,往往也是社会上的一些名人,其社会关系比普通的公众更为广泛,其影响力更是一般的公众难以相比的。企业要善于调动股东的积极性,让股东向自己身边潜在的顾客和亲戚朋友宣称、推介企业的产品,带动更多的人来了解、使用企业的产品和服务。在企业形象的宣传、推广上发挥股东的名人效应,让社会公众产生对公司及其产品的信任感。

拍案三　索尼的股东关系行动

在全球电子行业持续低迷的今天,几乎看不到几个活跃身影,而索尼却是个例外。有人曾经比喻索尼的两位创始人井深大和盛田昭夫的合作为"两人三足,天衣无缝",他们最引人注目的"两足"是:"要做就做最好"的企业理念和"换挡快一拍"的市场和研发策略。转到索尼雄伟身躯背后,我们发现了索尼不为人所深知的"第三只脚"——良好的股东(包括潜在投资者)关系的积极构建,是这样的"三足"才成就了它鼎立世界电子的强势。

与许多日本大企业不同,索尼将资本市场作为其融资的首选,而非依赖银行筹措资金。原因之一在于索尼自创立之时就致力于成为一个全球化的公司,它不仅需要在海外产品市场上获得认可,也需要在海外资本市场上取得信誉。索尼在日常运营过程中十分重视股东关系的管理,为配合加快全球化进程,积极寻求更大的资本收益的战略,公司有关部门努力了解股东与潜在投资者的心态和观点,同时向股东传达这样一个信息,即索尼致力于股东价值的最大化。

大多数日本企业每年两次公布其业绩,而索尼坚持按照股东的需求每季发布财务状况报告,报告出台后,索尼的相关工作人员即开始组织对股东和分析师的拜访和会议,解释公司的业绩和经营策略。索尼认为年报是一种加强公司形象和向股东提供信息的工具。在年报中,索尼公司高层会就公司战略等重大事务进行论述。同时,一份翔实的财务报表也是对股东的交代,它的内容与年报基本相同,通常在公司年度业绩公布后的3~4周内发布。季报会在季度财务结果发布一周后发布,除财务报表外,季报还包括了关于新产品、技术等信息。同时,季报也提供翔实的历史数据,方便股东和潜在的投资者进行比较。

"9·11"事件对全球娱乐业和消费电子行业来说是雪上加霜,索尼也受到了伤害,因此,就在撞机后的第三个星期,索尼将公司大幅度调低了全年的收入预期(40%)和赢利预期。索尼以这种开放、诚信的态度,及时与投资者沟通,使他们了解公司面临的问题和困境,很快得到股东的理解,结果索尼的股价平稳地度过了不确定的阶段。

点评

索尼的股东和潜在投资者良好关系的管理工作之所以屡屡奏效和频频获奖,首先得益于高层管理者十分重视股东与潜在投资者关系,许多高层人士积极参与公司的投资者关系的事务。其次,索尼投资者关系工作的一大特色就是:无论何时,坚持不断、及时和诚实地披露信息,加强与股东之间的沟通,尤其是在危机中。索尼充分意识到与股东之间相互理解和信任的价值。

以上几个案例在建立良好股东关系上所采取的做法和措施不尽相同,但都说明了股东关系是股份公司公共关系中的一个重要方面。股东不仅是企业的财政支持者,也是企业的第一顾客,在企业产品和形象的推广方面起到了积极的作用。随着社会的发展,股东的关系将越来越重要,股份公司应高度重视股东的关系,加强股东关系的管理,促进股份公司与投资者之间的良性关系。

第一,充分认识股东关系的重要性。股东是企业的财政支持者,为企业的发展提供重要的经济基础;股东也是企业的支柱,是企业的"财源"同时也是"权源",其决策决定着企业的命运和走向。赢得股东合作,他们就会积极参与到企业的经营管理活动,充分发挥团体的作用,增强企业在市场的竞争力;股东还是企业形象和产品或服务的重要推广者,他们的影响和辐射能力是普通公众无法相比的,企业股东关系处理的好坏直接影响到潜在投资者,良好的股东关系会吸引更多潜在投资者。

第二,充分了解构建良好股东关系的基本要求。企业的行为和决策是否对股东尊重、负责、有利,是决定企业与股东关系的关键,建构良好的股东关系必须服从三个基本要求：（1）尊重股东。尊重股东，就要充分尊重股东的主人翁意识。在事关组织发展、股金运用、红利分配等重大问题上，使股东享有决策层享有的知晓、参与、决策等各项权利；信息交流渠道畅通，让股东充分了解企业的经营情况、业务范围和发展方向。（2）对股东负责。股东是企业的投资者，应该说没有股东就没有企业，从一定的意义上说股东是企业员工的"老板"。因此，企业所有决策的出发点和立脚点应充分考虑股东公众的利益需求，争取股东对企业的信赖，尽力把企业的各项工作做好，努力实现股东投资者价值的最大化。（3）为股东谋利益。股东投资于企业是为了获益，如果股东收益很少甚至亏本，就会影响到股东投资的信心，股东就会减少对企业的投资甚至是撤资，这样企业会失去重要的经济基础，就会难以为继，同时也会影响到潜在的投资者。另外在红利的发放上要处理好各个股东之间的关系，做到及时、公正和合理。

　　第三，积极促进企业与股东的信息交流。要建立良好的股东关系，必须加强企业与股东之间的双向沟通，主要应从搜集来自股东的信息、向股东报告企业信息两方面的工作入手。（1）搜集来自股东的信息。企业应重视搜集来自股东方面的信息，如股东的特点、状况和需求，对企业经营管理的看法和意见，对产品或服务的感想和评价，对企业业务范围和未来发展方向的建议，股东所知道的企业的各种反映等。对这些意见企业的有关部门要认真地对待和处理，以作为企业决策和改进经营的依据。（2）适时向股东通报企业的信息。股东是组织的所有者，企业有义务及时地向股东报告企业的经营情况。为了保障股东应有的权益，企业应定期地或在特定时期内以各种形式向股东汇报企业的信息。形式上可采用股东会议、年终报告、宣称手册、年度（半年、季度）报告、企业杂志、股东函件、股东参观、有关负责人员与股东的个人访谈等。此外，应将随时发生的新情况及时的传达给股东，同时应秉承实事求是的原则，不能只报喜不报忧。

第十七篇

企业家与政府关系

——企业家从政的政府公关案例

在中国大环境下,企业如果想获得比较大的成功,需要特别慎重对待企业政府公关,诸如此类问题需要企业家考虑和解决:企业和政府应该保持怎样一种关系?企业与政府之间的距离有多远?企业家应该怎样处理与政府的关系?古代有很多商人通过结识政府官员,凭借亦官亦商的身份,甚至直接担任某些职务,获得更多的利润,扩大自己的事业版图。现代,很多企业家能够成为人大代表或者政协委员,进入各级政府、人民代表大会或政治协商会议,代表行业和企业提出议案,发表自己的观点,使企业的意见融入到政府法规和政策之中。本篇重点基于企业家从政的政府公关案例分析企业家该如何获得政府认同。

开篇导例

开篇之述——安踏执行官当选人大代表

2002年11月,党的十六大首次以党的正式文件形式把私企业主定位为"中国特色社会主义事业建设者"。随后,人大、政协都选出了大批民营企业的代表和委员。北京市人大和政协两个机构的工作人员表示,"数量如此众多的非公经济人士当选代表、委员,在历史上还是首次。"

企业家当选为人大代表,并且以人大代表身份参政议政,是我国政治体制中的独特现象。各级人民代表大会要求有一定比例的企业界代表,以此来表明广泛性。在此背景下,很多企业家被选为人大代表,通过人大代表身份来为企业、行业提出议案发表自己的观点,使企业的意见融入到政府法规和政策之中。

2008年1月25日,安踏体育首席执行官丁志忠被福建省推选为十一届全国人大代表,得以参加全国两会的事例,便是近年来企业家从政的一个典型例子。从经济舞台到政治舞台,丁志忠踌躇满志,他在2月24日的个人媒体见面会上,展示了极高的参政热情。他在接受媒体采访时坦言,作为制鞋基层企业代表当选全国人大代表,是人民对他的信任,在对其他方面不熟悉的情况下,先从自己熟悉的方面入手,对自己熟悉的行业提出建设性的意见,为产业做贡献。他在2008年全国"两会"上提交《关于请求国家有关部委给予晋江国家体育产业基地扶持政策的建议》和《倡导民众爱用民族品牌,鼓励企业朝"自主品牌"之路发展》。此外,他还针对"两会"期间备受关注的"个人所得税的征收点调整"以及"社保全国统筹"等问题发表了自己的看法。

21世纪的中国,每个人、每个企业都面临着各种关系协调、沟通方面的问题,特别是对企业而言,如何有效地处理好各种利益群体,树立良好企业形象成为各企业主要面临的问题。而在众多关系中,企业与政府之间的关系又成为重要一环。对于中国企业而言,无论企业规模大小,无一例外均要处理好自身与政府的关系。

今天,越来越多的民营企业家跻身政坛或者兼任政府职务。企业家从政的主要途径为:担任人大代表或政协委员;通过村委会选举担任村干部;政府给予有实力的企业家一定的党政职务或政治待遇;政府聘请民企老板及专业人士进入政府任职,在这些企业家的身后,正是一个企业品牌的政府公关努力。

安踏集团首席执行官丁志忠带领集团不断前行,不遗余力地推动中国全面体育事业的发展,奥运圣火传递到福建,丁志忠作为泉州站的火炬手参加了圣火的传递。四川遭受重大地震灾害后,丁志忠向灾区捐赠500万元现金和价值500万元的物资。他在2009年当选为福建省青年商会第五届理事会会长,且荣获中国最佳商业领袖奖"2009受众心目中的年度CEO"。由此可见,丁志忠作为全国人大代表在参政后,不仅提升了自身的素质和魅力,更是为整个集团带来利益,在中国乃至全世界打响了安踏的牌子。

开篇之论

企业家要对政治保持清醒的态度,要有度的问题,但究竟企业和政府应该保持怎样一种关系?企业应该离政府多远?企业家应该怎样处理与政治的关系?这些问题都值得我们深思。例如近年来政府对"全民健身"运动大力推广,安踏集团积极关注政府政策并采取了一系列举措,2009年,丁志忠带领安踏与中国奥委会达成战略合作协议,成为2009—2012年中国奥委会体育服装的合作伙伴,为中国体育健儿出征提供冠军装备。从丁志忠及安踏的成功可以看出来,企业要与政府建立良好关系要特别注意以下几点:知法懂法守法、关注政府政策、掌握其发展变化趋势、积极投身公益事业、将政治与经济联系起来、利用政治发展经济。

史镜今鉴

我国春秋战国时期战争连绵不断,诸侯国为了在战争中取胜,都非常重视经济,这个时代的商业比较发达。鲍叔牙、管仲、范蠡(即陶朱公)、猗顿、白圭、端木赐(即子贡)、弦高、吕不韦都是腰缠千金、万金的大商人,而且以商人的身份参政。其中的管仲、范蠡、吕不韦成为一国的最高决策者。这些人当中吕不韦更为出名,他往来于各地,以低价买进,高价卖出,积累了千金的家产。公元前265年,吕不韦来到赵国国都邯郸认识了在赵国当人质的秦国王孙异人(后改名子楚),吕不韦认为他"奇货可居",给异人五百金,让他在邯郸结交豪杰,又用五百金买了许多供玩赏的奇珍异宝,自己携带到秦国去活动,运用自己的公关才能成功游说秦太子安国君宠姬华阳夫人,立子楚为嫡嗣。后来子楚跟吕不韦逃回秦国。安国君继立为孝文王,子楚遂为太子。第二年,子楚即位(即庄襄王),任吕不韦为丞相,封为文信侯。庄襄王死后,年幼的太子政立为王,尊吕不韦为相邦,号称"仲父",对秦王兼并六国有重大贡献。

如果将吕不韦看成是企业家的话,他对秦国的政治投资成为了其商业领域最重要的公关行为,达到了借权力扩张商道的目的,从而实现千百倍的经济和社会效益。吕不韦把政治视为极佳的商机,通过扶持秦国公子异人,实现了无数政治利益。在政治投资上从外围入手,吕不韦周密安排,摸清情况,善于抓住问题的要害,利用矛盾,晓以利害,也显示了他特有的精明。

公元15—19世纪,在中国的大地上活跃着徽州商帮,其中胡雪岩是处理与政府关系的典型代表,值得现代企业家去思考。胡雪岩第一次涉足官场是因为他慧眼识人,资助王有龄捐官。王氏发达后,知恩图报,胡雪岩得以跻身商场、官场。他进一步涉足官场是与左宗棠的交往。1862年,王有龄因丧失城池而自缢身亡。急于寻找新靠山的胡雪岩抓住机会,出色地完成在3天之内筹齐10万石粮食的任务,得到继任浙江巡抚一职的左宗棠的赏识并委以重任。胡雪岩还协助左宗棠开办企业,主持上海采运局,兼管福建船政局,经手购买外商机器、军火及邀聘外国技术人员,从中获得大量回佣。他还操纵江浙商业,专营丝、茶出口,操纵市场、垄断金融。1872年胡雪岩属下的阜康钱庄支店达二十多处,布及大江南北。由于辅助左宗棠有功,曾授江西候补道,赐穿黄马褂,是一个典型的官商。1874年筹设胡庆余堂雪记国药号,胡雪岩重金聘请浙江名医,收集古方,总结经验,配制各种药品备受欢迎。

胡雪岩虽然是商人,但是他的发家及其鼎盛时期都是与政界要人的庇护有着密不可分的关系。胡雪岩紧紧把握住了"大树底下好乘凉"的精髓,他先借助王有龄开钱庄,又以左宗棠为靠山创办胡庆余堂,为西征筹借洋款,恢复因战事而终止的牛车,为百姓、为国家做出了一定的贡献,从而一步步走向事业的巅峰。作为一名商人,他被御赐二品顶戴,被赏黄马褂,这在中国历史上是罕见的。

胡雪岩的成功之一在于他理解了中国官僚集团文化,也认真学习了西方文明,他认为调节这种矛盾的解决方法,就是"权谋",即遇到商业资源冲突的时候,最有效的手法就是"以民制夷,以夷制官,以官制夷",然后通过扮演中间协调者,获得利益最大化。然而胡雪岩更多的是停留在战术层面,最后他失败了,"成也政治,败也政治"。政治斗争往往也会使得商业发展历经波折,甚至导致其落败。胡氏商业王朝的崩溃就是左宗棠和李鸿章政治斗争的牺牲品。表面上胡雪岩生意的失败是由于他野心过大,急于扩充,出现决策性失误,但导致他生意失败的更深入的原因是政治敌人的打击。胡雪岩虽然聪明一世,与官场人物交往甚密,但最终却因为不谙官理、刚愎自用、不懂变通而成为左宗棠与李鸿章政治斗争的"牺牲品",成为李鸿章"排左先排胡,倒左先倒胡"政策的牺牲者。

从中国的历史来看,我国的"官商"现场由来已久,这是伴随封建王朝的社会经济产物,对中国政治、经济和文化等各方面产生了根深蒂固的影响。与吕不韦相比,胡雪岩的参政更具有现在的政府公关思路,其并没有完全成为统治者,而是实现某种对政府的帮助来换得支持。虽然胡雪岩作为商人讲求的是利己利人,但总的说来他在西征大军欠缺粮饷的时候能挺身而出,表现了他的爱国之情。另外他在功成名就之后还热心于慈善事业,乐善好施,博得"胡大善人"的美名,他更两度赴日本,高价购回流失在日本的中国文物,从这一切举动中可见他政府公关的成功之处。从他最终的失败来看,他虽然与官场人物交往密切,不断寻找并变换自己的后台,但因为他商人的本性,利用官场上的势力垄断江南蚕丝生意,牟取暴利,最终落败。今天如果有人想做当代胡雪岩的实践者,在官场上搜寻能帮助自己发财的增值平台是绝对行不通的。

日本三井集团的创始人三井高峻在18世纪20年代创立三井兑换店,并资助封建诸侯,代征贡米,受地方封建政权的支持和保护,从而快速富裕起来。明治维新时,在明治新政权和德川幕府的斗争中,三井家族资助了新的天皇制政府,并为军队支付过军饷,发展成政商,得到明治政府的照顾,把持全国金融业。1876年,三井家族以掌握官银为基础开办了日本第一家私人银行,因为三井在最初几年困难时期里大力支持明治维新运动而得到政府的信任,作为报答让三井银行掌管政府官银出纳和汇兑,并且三井家族获得发行三井票的货币发行垄断特权。接着,三井家族开办了三井物产公司,并从政府手中廉价购得一批工矿企业。与中国的"红顶"商人一样,三井与明治政府也发展成为互相支撑、互相利用的互惠关系。三井物产获得日本国有煤矿优质煤出口业务的垄断经营权。而当时这些煤是出口到中国,因此三井集团获得了丰厚的利润。

日本江户时代很多诸侯组成财团,一方面是因为明治天皇为了安顿听话的诸侯们,另一方面是鼓励国内的企业来参与国家的建设,让日本的民间资本能对日本经济有所贡献,进一步学习西方社会商人从政的议会制度。在本案例当中,三井高峻因为资助了诸侯、天皇政府,到后来组成三井财团,虽然不是直接从政,但他对国家大事有敏锐的判断力,并懂得把握政治形势,借政治之势发展自己。

拍案一　副主席的"游说"和"护短"

2002年身为东方集团创始人的张宏伟干成一件大事,曾被认为是改革开放以来,由民营企业家发动的影响最大的一次政府游说。从1993年开始,张宏伟就以民营企业家的身份当选为全国政协委员,一直连任了3

届。从1997年开始,张宏伟荣任全国工商联副主席,开始参与一些礼节式的政务活动,并在工商联的组织内部发挥一定影响力。

中国加入WTO之后,国外的零售巨头通过各种非法的途径纷纷进入中国,使WTO协定的5年保护期沦为空谈。截至2003年年初,正式批准的外资商业企业仅有四十多家,但落地生根的居然超过了300家。外国零售巨头与日俱增的竞争压力使张宏伟的思考与日俱深。他发现企业面和政策面有一个反差。从外国巨头进入的区域与速度看,有关部门在流通业的保护期已提前开放;在相当一部分地区,当地政府给予外国巨头优于国内企业的超国民待遇。

鉴于此种情况,张宏伟认为有必要利用其"政治身份"行使话语权了。2002年3月,在全国政协会议上,张宏伟将自己的思考化成一份主题为"主导中国经济的是中国企业"提案。他提出:"商业流通领域关系国计民生,在向外资全面开放前的保护期内,应该率先向中国的民营企业开放"。

2002年7月初,在张宏伟的游说和筹划下,中央统战部出资在山东威海市举办了一个名为"中国流通业如何面对入世"的论坛,应邀到会的有行业官员、专家以及企业代表共二十余人。在论坛上,张宏伟的"盛世危言"得到了与会者的认同,对于中国分销业的现状和未来,除了部分官员之外,与会人士大都持忧虑观点,认为尽管在表面上,中国已经拥有了庞大的商业系统,但实际上,市场条块分割,商业系统陈旧而且脆弱,既缺品牌又资金匮乏的本土企业,一旦与跨国巨头们交手,必定处于下风。最后大家将主要观点汇集成一份《关于加入WTO以后我国流通业发展问题报告》,并上报给国务院。2002年9月22日,国务院的领导对此份报告做了相关批示,指出要加快发展我国自己的现代商业和物流业。

从2002年"两会"到2003年"两会"期间的一年间,张宏伟精心设计了一系列"游说政府"的行动:(1)从一个企业的危机意识上升到"国家经济安全"的战略高度;(2)在完成艰难的事实调查和构建系统的理论框架之后,以"中国流通业过度开放"的重大命题,引起各界强烈共鸣和高度共识;(3)以恰如其分的口径与措辞,以合法合规的渠道和方式,对政府界、理论界、企业界和传播界施以"立体影响",形成深入人心的互动渗透,最终达到中央高层重视和具体政策调整的效果。

为了防止公众产生歧义和反感,规避政策风险与负面效益,在游说的过程中,张宏伟提出"四无原则":无私无利,无奇无缝。主旨是"此事出于大公,不能掺杂小我;操作过程中不沾钱;不出奇招,一切按规矩办;把握分寸,务求严谨,不让人钻空子,不授人以柄。"他特别提醒:"大事往往坏于小节。"《竞争力》杂志社主编方向明将"四无原则"进一步引申为"六不原则"。具体为:(1)不对某个官员或要人进行游说,要赢得有关部门或机构的支持;(2)不利用私人关系或私人渠道,要通过合法途径和合规程序;(3)不去指责和抨击有关部门的认识误区,要以沟通方式晓之利害;(4)不谈自己企业的一己小利,要以行业乃至国家利益为重;(5)不搞暗箱操作或秘密串联,要利用公开场合和透明方式;(6)不出资赞助任何机构或活动,要避免商业化行为。

张宏伟称:"从一开始,就确立了'六不原则',以防止公众产生歧义和反感,以规避政策风险与负面效益,因为我们的言论涉及国家重大政策,我们的行为本身就高度敏感,我们在各种只能意会的微妙关系中以坦荡实现平衡;在多种渠道的复杂程序中选择简单直通的方式,最终以良好的动机达到良好的效果。"

在完成国家主管部门的游说后,张宏伟还进行了地方政府的游说,他借全国工商联组团参观西柏坡之机,与河北省委书记和省长进行了有效沟通,传递中央领导批示精神和有关部委政策调整,力促地方政府落实具体扶持政策。张宏伟在接受记者采访时说:"中国民营企业的政治意识已在成熟,已经跨越'搞批文谋机会'的阶段,开始创建'新型政企关系'"。

在传媒策划方面,张宏伟研究班子建议发起宣传攻势,通过传媒影响公众舆论。但他并不主张特意召开新闻发布会,他力排众议:"如果传媒人士未能深刻理解此事,大规模炒作容易浮躁化,过度渲染和断章取义都会物极必反。"他更希望在一场媒体发起的论战中,自己只是一派的代表人物。张宏伟一直恪守"严格的新闻管制"纪律,坚持"三戒"原则:只在公开的高层论坛上发言,这种场合一般邀请大媒体大记者;只系统阐述思想,不谈及个人和对手任何具体事情;只以书面报告及材料为准,不作口头引申或发挥。张宏伟又自加两条:对外发布文字资料需经新闻发言人审定;接受采访须有公关人员在场。为此他特别委托专业传媒人士准备了一个新闻素材库。张宏伟特别强调把握两个尺度:反对"过度开放"与狭隘的"民族主义"、"国家利益"与"企业利益"。

点 评

　　张宏伟的成功之处在于能够借用传媒之手,间接对政府公关。一般来说,媒体在企业对政府公关过程中起着不小的作用,企业可以利用新闻媒介,或向媒体提供有关的信息,争取有利于企业的新闻报道活动,从而企业可以获得公众的支持和认同,有利于企业对政府公关。而对于从政的企业家来说,他们可以利用自己的社会地位及公众形象来尽可能多地与媒体沟通,可以为媒体提供新闻稿、引导媒体制作新闻等,间接进行政府公关。

　　对于这次"游说"之所以能取得良好的传播效果,其"关键在于不是玩'术',而是求'道'"。也就是政府公关是让企业勇于同政府讲大道理,敢于高瞻远瞩。

拍案二　柳传志八年改制百炼成钢

　　在中国的企业家中,柳传志是政企关系处理比较好的企业家之一。在柳传志身上,宏观上的实业报国的大政治的企业观,和微观上的谦和平常、注重对外沟通的政治的企业观,完整地结合在一起。正是因为在"政治上的正确",联想获得了一个最大的政治支持:改制,而且是在"天子脚下"的北京,在众目睽睽之下的改制。改制又加快了联想自身的发展。联想总裁杨元庆曾经深有体会地说:"柳传志最大的贡献在于,摸索出了中国在计划经济向市场经济转轨中,民营高科技企业的发展道路。在联想体制还没有完全明确下来的情况下,柳传志就能把联想当成自己的公司干,他不等不怨,因此,他抓住了机遇。中国市场就那么几年高速发展的时机,而且,联想的发展是在外国品牌立足未稳的时候,在同行忙着或等着解决体制和产权问题的时候,联想已经做出来了。从获得经营、分配、人事三权到拥有分红权,最后到占有股权,柳传志一直在做着周密的设计,他去争,去积极求变。但不成熟的时候,他决不强求。今天我们接手的时候,联想已经是体制非常好的企业了,完全没有体制方面的后顾之忧。"

　　联想改制,当然不是喊喊爱国口号就行了,甚至靠联想的业绩都不能解决问题(业绩越好有时麻烦越大)。柳传志在这方面又表现出了他在具体操作上的超强能力,也就是"绕大弯,分步走",先造小舆论,试探外界反应,然后抓住时机迅速推进。

对产权改制,柳传志曾经说过:"我是从那个时候过来的,中间遇到过很多痛苦,我是怎么过来的,我很清楚。联想现在是做大了,但那是偶然因素在起作用。产权机制对于一个企业的发展来说应该是第一位的。"1993年,因为新老班子交替问题,联想发展遇到第一个瓶颈,第一次没有完成自己定下的任务。到了这样的关键时刻,柳传志再次努力,终于使中国科学院同意拿出联想35%的股份作为联想创业股,分给1988年以前进入联想的创业者,兑现了"谁栽树,谁乘凉",让创业者顺利退下,让一些年轻有为的新人走上重要岗位。1994年,香港联想上市,1997年联想又将北京联想最赢利的业务注入联想香港上市公司,由部分业务上市转化为绝大多数业务在香港上市,更好地运用上市公司所拥有的认股权证的方式将员工和公司的利益紧紧绑在一起。

点 评

归结柳传志的政治智能,首先是立意高远,非一般企业所及;其次是隐忍以行,承受常人难以承受之重;再次,是审时度势,目标坚定行动有序;最后,是积极稳健,与环境保持和谐。

拍案三 力帆集团董事长的三重角色

1992年,尹明善投资20万元创立力帆集团,历经多年的艰苦奋斗,力帆集团迅速发展为国家级大型民营企业。2002年尹明善被选为重庆市工商联(总商会)会长。2003年1月,身为董事长的尹明善当选为重庆市政协副主席,成为中国改革开放后首位进入省级领导岗位的民营企业家。

"懂政治的企业家才是成功的企业家,不关心政治、研究政治和熟悉政治的企业家难成大器。"尹明善不仅这样说,而且这样做。在重庆不少民营企业主对政治还敬而远之的时候,尹明善就加入了中国民主促进会,此后又担任重庆市政协常委、九届全国政协委员。面对自己的三个角色,尹明善说到:"作为一名企业家要把企业办好,创造财富,增加就业机会;作为工商联会长要继续在党和政府与非公有制经济之间发挥'桥梁'和'纽带'作用,团结广大个体死一个企业主创造财富、服务社会,引导非公有制经济人士健康成长;作为政协副主席,要把工商联和社会其他群体的意见带入政协,参政议政,倾听民声,反映民意,体察民情。"

尹明善连续十年被授予重庆市高新区优秀企业家,2001年11月被中共中央统战部、中国光彩事业促进会授予光彩事业奖章,他的成功在于个人的不断努力,极高的政治素养,积极投身慈善事业。

企业在处理与政府的关系时,要注意以下几个方面。

第一,保持适当的距离。东方集团董事局主席张宏伟认为,企业与政府官员的关系要保持一个度,这个度是个原则问题,否则害人害己。(1)你跟谁好,个人处朋友可以,但是不能变成对方的筹码,处理不好这个关系,最后可能成为政治牺牲品。(2)不管和谁相处,一定要把握好自己,不能没有私交,但这种私交是不违法的,别越线。这要看企业自己有没有正确的判断。(3)处理得最好的关系是,你和谁交往,要光明磊落。

第二,与政府打交道,要注重建立长久关系和短期关系之间的平衡。企业在与政府打交道中要特别注意走必要的程序,这里的程序主要是指政府的工作程序、正式的批文等。

第三,企业要注意对政府公关不要庸俗化,而应该走大道。有一小部分民营企业家在就任各级人大代表、政协委员后,利用其政治身份,在地方上为非作歹,有些还和黑社会势力勾结,出现严重的"干政"现象。切忌在交往中使用不正当甚至是行贿等违法行为,拉拢腐化政界人士,获取违法利益。

第十八篇

员工公关——企业人性化的彰显

——通用汽车管理文化创新,化解员工危机

　　企业内部公共关系,是指企业运用一整套合理的原则和科学有效的方法,通过有效的传播方式,调整和改善企业内部不同层次员工之间、股东之间、经营者之间以及三者之间的相互关系,谋求相互间的信任与支持,以创造最佳的工作环境。企业内部公共关系多种多样,如员工关系,股东关系,部门关系等,在诸种关系中员工关系无疑是基础性的,员工是企业赖以生存的细胞,发展壮大的基础,良好的员工关系能够消除内部人员的隔阂,培养职工的主人翁责任感、凝聚力,使全体职工以企业为家,进而达到塑造良好企业形象、促进企业发展的目的。相对于其他内部公关传播活动,员工公关的对象是企业中最活跃、最有创造力的因素,公关活动具有覆盖面广、影响深入、传播效果持久等特点,公关传播途径也更多地体现出重视人,以人为本的特色。

开篇导例

开篇之述——通用汽车：管理文化创新，化解员工危机

1971年，通用汽车公司出现了较为严重的员工危机：工人缺勤、质量下降，甚至出现罢工等严重问题，这一切都源自公司推行装配改革计划。公司实施该计划的初衷是提高装配线的劳动生产率，工人工作量比原来也有所减少。但简单劳动带来的是重复性增加，强度大大提高。于是工人出现不满和怠工情绪。如何化解员工的这种内部危机，通用所采取的是从制度层面进行的企业形象创新。

通过诊断，通用汽车公司认为产生危机的主要根源是管理部门和员工之间缺乏及时的沟通。于是，该公司制订了企业伦理建设计划，1972开始实施"交流计划"。第一，每天的无线电广播：管理部门每天用5分钟广播与汽车工业、公司和工厂有关的新闻。这些新闻主要涉及销售、库存和生产计划的状况，使工人对汽车工业和工厂的情况有大体的了解。第二，消息公报：有关公司和其他厂的新产品、轮班、生产计划、每周生产和新来订货等信息都直接传递给工人。工厂经理还向工人征求解决问题的意见。第三，管理训练：所有人员，从工厂经理到基层管理人员，以及普通职员都要经过人际关系和交往的训练，目的在于提高管理人员同部下进行组织联络和交往的自觉性。

管理部门任命富有经验的公共关系协调员负责"交流计划"的实施。管理部门还设计了一种作业轮换计划，让工人轮换作业，提高其装配工作能力。到1974年，旷工率稳步下降，不满率也下降到1971年的三分之一，生产率也明显提高。鉴于"交流计划"取得的实际效果，厂方为进一步加强管理部门和工人的沟通，又增加了几个交流计划，检查和讨论工厂中存在的"人的问题"。

开篇之论——内部伦理危机的启示

第一,企业伦理包括企业的环境保护问题、公司改革重组引发的裁员和冲突等问题。要解决此类问题,首先要列出利益相关者各方,然后分析某一项企业行为会对各方产生什么样的影响,接着是研究被影响各方的权力和责任,受影响各方通常包括决策者、执行官员、董事会、顾客、股东、供应商、雇员、政府、特殊利益群体、竞争对手等。在分析阶段,将上述对象做不同情况下的具体分析,最终做出决定,分析的先后顺序是:确定对每一方的利弊影响;确定各自的权力和责任;考虑各自的相对权力;判断做出各种决策方案的短期和长期后果;制定应付突发事件的对策。

第二,协调组织内部的员工关系,是企业内部公关的首要任务。本案例中员工危机产生的根本原因是企业内部公关的缺位,管理文化僵化,管理层和工人之间缺乏有效的信息沟通,以至推行新的改革计划遇到较大阻力。解决之道在于,陈旧的管理方式必须进行改良,不合时宜的管理文化应该创新,以及对员工进行激励。当然,激发工人的积极性,就要使他们树立强烈的责任感,光靠金钱的刺激不能产生持久的和真正的积极性,培养员工的积极性应当注意四个问题:一是根据工人的技术、兴趣爱好,给他们以最合适的工作岗位;二是向工人提出高标准的劳动要求;三是使工人充分了解自己的工作价值,培养员工的成就感;四是让工人有参与生产管理的机会。

第三,通用汽车公司用"交流计划"来沟通企业和员工的相互关系,以防止危机的再度出现。从某种意义上说,管理就是各个部门、各个层次的相互沟通,管理人员必须不断地去寻找下属的需求了解员工对企业的意见,还要使下属知道正在进行哪些活动,让他们参与管理决策活动。通常每个人除了睡眠以外,必须花费70%的时间用于人际关系的沟通方面。越是高层管理者,与员工的沟通时间应当越多。"交流计划"本身如一座连接管理方和员工的桥梁,它通过广播、消息公报的方式扩大员工的知情范围,通过管理训练提高员工的交往技能,有针对性地引导员工的行为,了解员工对企业的意见,并让他们参与管理决策,最大限度地调动了每个员工的积极性、主动性和创造性,取得了较为理想的传播效果。

第四,通过建设企业文化开展公关,是企业内部公关传播的一种重要途径。本案例中,通用是通过企业形象识别系统(CIS)的重塑展开文化公关的。企业形象(CI)是企业的"个性"和"差别性",是企业的标识、旗帜,具有唯一性和不可替代性,在员工公关中具有导向、约束、激励和辐射的功能。从案例中可以看出,过分僵化的管理体制会抑制个人积极性,难以得到工人的认同,企业凝聚力也就可想而知。因而,建立新的制度文化,重塑企业形象就成为企业文化公关工作的首要任务。正是抓住了这一点,通用从信息传递制度、人员交往制度和工作轮换制度三个方面进行了企业形象的创新。

史镜今鉴

员工公共关系是现代企业发展中不可缺少的基础性工作,同样,对于历史上的家族式、作坊式的商帮或城市商业企业里,我们也可以发现它的影子。明清以来,中国出现了不少地域性的商帮,并延至近代。其中以晋、徽、津、京四大商帮最为典型,影响最持久。

山西太谷县赵氏,发迹于明末清初,拥资数百万,声势显赫两百余年,是山西著名的富商之一。赵家经商如此成功,用人是其法宝之一。赵氏深知,事业成败得失,皆系乎人,人存则举,人亡则废。因此,他们不仅对商号经理的选用一丝不苟,就是对店员、学徒的录用也十分严格。在晋商中,流传着一句谚语:"十年寒窗考状元,十年学商倍加难",要学成经商之道比考状元还难,充分说明了其对学徒要求之严。

赵家员工选用和训练有大致五个步骤。第一步,预选关。凡去赵家学徒者,一般是十五六岁男孩。经举荐人推举到账房面试,考察其五官、身材、谈吐、智力等。丑陋者不取,口吃者不要。被选取者,先要在本村经试用合格,并经财东过目,才能进入赵家分号。通过这一关,取得试用资格,也是求之而难得的事情。第二步,到分号后,当小相公(学徒)三至五年。白天干勤杂事务,如端饭、扫地、伺候掌柜等杂活,晚上进行写算练习。期间,还要接受品行的考察。三年期满,优异者继续留用,中等者因势引导,继续观察考验,差者即婉言辞退。第三步,小相公再次入号之后,即升为小伙计,在柜台站柜。逐步学习独立经销,每晚仍要练习写算。经过两个三年或两个五年,有才学者作为账房(会计)候选人,其余的仍做伙计。第四步,选任账房先生后,就已初步定为掌柜的后辈人选。经过五年或十年,才能升为掌柜,但不一定是"一把手"的大掌柜。第五步,大掌柜的人选就更非易事了。一般来说都要20~35年的长期考验,到四十岁左右才有资格。最快的也要20年。由执事的大掌柜禀报财东予以选用。

正是有了德才各方面严格的、全面的用人制度,为赵氏培育了不少精通商道之才,赵家也才有了事业上的辉煌成就。

赵氏的用人规则只是当时晋商用人文化的一个缩影。山西商人视人才使用为立基创业之根本,主张"事在人为,得人者兴,失人者衰"。用现代公关的眼光来看就是充分认识员工对企业发展的重要性,这是三百多年前的明清时代,并且是一个地域性的商帮的普遍共识,实属不易。

赵氏在用人上的公关文化,除了有重视人才的意识外,还有如下的特点。

第一,人才培养终身化。培养和训练企业人才,让他们充分实现自我价值,不断成长,把个人抱负和企业发展结合起来,是人才价值的最好体现,也是企业的人才战略,同时更是企业内部公关的最高境界。通过培训这种潜移默化的传播途径,让员工增强对企业的感情和归属意识,使他们成为忠诚员工。赵氏家族秉持这一理念,从学徒到伙计到账房再到掌柜乃至大掌柜,建立起一整套用人终身化的体制,把员工的职业规划与企业的发展结合起来,为员工的成才铺平了道路。通过这种公关模式传递给员工的信息是,"我通过自身努力是可以在这里找到合适的位置并不断优化自身素质的",但这种员工公关模式并不是针对所有员工的,也有淘汰的,毕竟只有少数人能做到大掌柜。

第二,人才遴选精英化。从赵氏选拔人才的五个步骤不难看出,每一步留下来的人员都是相对较优秀的,落选者要么停留在原岗位,要么被辞退。从公关传播的角度来讲,这就给员工传递一个明确的信号:优胜劣汰。虽然较为残酷,但反过来,这也可以激发员工的工作热情和积极性,使他们争当优秀人才。同时,赵氏考验人才的时间是非常漫长的,可谓"百年树人"式的培养。不过,"路遥知马力,日久见人心",这样也可以全面考察人才的品德和能力,也许这就是晋商在用人上的公关魅力所在吧。

宋棐卿是20世纪二三十年代天津著名的实业家,天津东亚毛呢纺织公司的创办人。他重视员工关系,尊重员工的发展,并为员工提供各种培训和发展机会,使东亚毛呢纺织公司在短短几年内成为天津现代化程度较高的企业之一。知人善任,是宋棐卿的事业成功之道,也表现出他作为一名企业家的气度。

宋棐卿每创办一种生产实体,特别注意选拔、录用有专业知识和工作经验的高级技术人员,甚至不惜重金聘请各种人才,包括企业工程师、高校教授和研究机构的专家等。此外,为加强企业管理和人事管理,甚至还聘请了心理学和管理学方面的高级人才,这在企业管理理念还不发达的旧社会实属难能可贵。宋棐卿对高级技术人才表现出最大的尊重,给予他们优厚的物质待遇,衣食住行全由公司承担,个别人员的工资甚至超过了经理。在工作上,宋棐卿对他们也是放手任用,舍得为他们在配备仪器设备上花钱,同时让他们握有生产管理上的实权,分口把关,各负其责。宋棐卿作为公司的最高决策人,对下属很严厉,有时甚至出口责骂,但他对技术人员却始终保持礼贤下士的态度,他到车间巡查,总是很谦逊地就生产上的问题向他们请教,使得全公司上下都形成了尊重技术人员的风气。

东亚的行政管理人员大部分都是跟他一起从山东过来的亲信,对待亲信他仍然奖惩分明,不偏袒,不搞小团体,没有任何特权,和其他员工一样一视同仁。有位宋棐卿的本家曾给他建议管理人员和普通员工应该采用不同的就餐标准,提高管理人员的伙食水平和就餐环境,宋没有采纳,并严厉批评了他,同时规定所有管理人员要和工人一起同甘共苦,他自己也不例外,带头和工人一起就餐。宋棐卿要求管理人员忠诚可靠、老实听话、任劳任怨,还专门办了夜校,提高这些人的文化水平和业务能力。另外,为树立节俭的形象,他以身作则,在厂里从未穿过于考究的衣服,他还要求管理人员简朴大方,不追求奢华享受。宋棐卿还利用兴办公司的文化、体育、娱乐、宗教等活动任用员工中有特长的人,并与他们直接接触,沟通感情。

宋棐卿是近代企业家中较早认识到员工关系对企业发展有重要意义的人,因此他非常注重员工公关,集中表现在他的知人用人上面。通观他的做法,不难看出其中所包含的公关之道。

第一,身先士卒做表率,笼络人才。作为企业的最高决策人,"一把手","一言一行都在向员工传递信号,影响着员工的行为判断。一把手的言行就是企业精神、企业文化的缩影,是旗帜,是标兵。因此,一名成功的企业家懂得通过自身的表率这种公关传播方式,借用自己的影响力,向员工传递信息。宋棐卿多次讲过,孔子说"一言兴邦,一言丧邦",可见他对自己的要求是很严格的。他身先士卒做表率,礼待高级技术人才;他身先士卒做表率,不追求浮糜奢侈;他身先士卒做表率,从感情、生活上体贴员工,为全公司树立了榜样,也笼络了一大批优秀人才跟随他。这不能不说是一种上善的公关策略。

第二,科学任用助成长,发展人才。发展人才是尊重人才的最有说服力的实际体现,也是笼络人才的公关策略能否持久产生效应的关键。宋棐卿特别注重不同人才的不同特点和发展要求,量才适用,发挥他们的潜力,并制定有效的激励和奖励措施。宋棐卿把人才分成两种:一是技术人才;二是管理人才。他根据两种人才不同的特点,分别采用不同的发展策略任用。技术人才专业水平高,经验丰富,是公司的法宝,因此宋棐卿在物质待遇上给予其无微不至的照顾,并让他们拥有生产管理的实权;在精神待遇上给予他们最大的尊重,让他们有成就感。管理人才忠诚可靠,但文化水平较低,于是宋棐卿办夜校培养他们,使他们尽快掌握、熟悉技术知识和管理知识,提高业务能力。这种根据人才不同特点任用培养模式,使人才能够最大限度开发自身潜能,让每个员工都能找到自己合适的位置,并不断得到提高,员工自然愿意留下来与企业共谋发展。这种公关策略当然也是成功的。

同时,我们也要看到,本案例中宋棐卿的用人公关之道带有非常浓厚的个人色彩,从公关策略的制度化和连续性看,其也有致命的弱点,那就是整个企业的兴衰成败全维系在一人身上,企业文化就是个人精神,或者说个人精神代替了整个企业的文化。如果没有后继者秉承这种精神,那么这种个人式的公关文化也就会随着人的消亡而消亡,没有长久的生命力。这也正说明了近代大批爱国实业短暂存在便销声匿迹的原因。

现代企业公共关系部门面临最多的问题便是协调员工关系。在企业中,员工公关出现的背景多种多样,解决之道也林林总总。

拍案一　海尔：文化公关，激活休克鱼

2008年"睿富全球最有价值品牌中国榜"发布年度报告，海尔以786亿元的品牌价值列居中国企业榜首，成为名副其实的中国第一家电品牌。从1988年开始，海尔集团通过资产重组和资本运营共兼并了14个企业，盘活了15亿元的资产，实现了单靠自身慢慢积累发展难以实现的快速发展。海尔集团发展如此迅猛，在很大程度上是得益于有效的资本运营模式，抓住有利时机，实现了低成本的资本扩张，其中最显著的方式是以无形资产兼并有形资产，进行兼并重组，实现高效率的规模扩张。令人惊奇的是，海尔集团从投入到兼并、重组中的资金并不算多，海尔的绝招是"输入文化和管理"。在兼并过程中，始终把管理和文化放在核心地位，依靠注入海尔集团已经成熟的企业文化和理念进行公关，不断复制到所兼并企业中，让新员工认同、接受，用集团总裁张瑞敏的话说就是"活的鱼不让吃，死的鱼不能吃，那么就吃休克鱼"，即兼并那些硬件尚好，但管理不善，企业文化脆弱的处于休克状态的企业，用海尔的企业文化和管理经验去激活这些"休克鱼"。张瑞敏认为，用无形资产来盘活有形资产是通过人来实现的。只有先盘活人，才能盘活资产，而盘活人的关键是文化先行，文化力先行，用文化力去盘活有形资产。这是海尔成长壮大所依靠的最根本的文化公关战略。

这一过程的典型案例是海尔集团兼并原青岛红星电器公司。该公司原来在青岛是与青岛电冰箱厂齐名的企业，其生产的琴岛夏普洗衣机是国内三大名牌洗衣机之一，但由于该企业管理不善，企业缺乏凝聚力，致使企业效益连年滑坡，至1995年企业状况相当糟糕：总资产为4亿元，而总负债达5亿多，资不抵债1.33亿，负债率高达140%多。当青岛市政府决定将红星电器公司整体划归海尔集团的消息公布时，很多人都持怀疑态度，"这么大的包袱背得动吗？"

张瑞敏说："红星厂搞成这个样子，是人的问题，是管理问题。一千万，一个亿，海尔都拿得出来，但现在绝对不能给钱。要通过海尔文化，通过海尔的管理模式，来激活这个企业。"海尔派去的第一个部门，不是财务，不是科研，而是海尔企业文化中心。他们深入红星员工，耐心讲述"敬业报国，追求卓越"的海尔精神，讲述OEC(Overall Everything Clear)管

理的深刻内涵,这就是海尔企业文化,其精髓就是"先造人才,再造名牌","造物先造人",而账面上一时的得失不在他们的视野之内,企业长远的价值才是他们的立足点。

在输入文化理念进行员工精神重塑的同时,海尔还移植了管理理念,加强员工公关的效果。海尔集团接管红星电器公司后,将它改组为海尔洗衣机总公司,在输入成套管理模式的基础上,以对人的管理为重中之重,把海尔的"名牌战略"、"用户永远是对的"、"真诚到永远"、"向服务要市场"、"卖信誉不是卖产品"、"高标准、业绩化、零缺陷"、"创造市场"、"人人是人才"一系列企业经营理念贯注于员工身心,由此来统一企业的思想,锻造员工的意志,重铸企业的灵魂,这些理念像一只无形的手将原来几乎溃不成军的职工队伍凝聚起来,并提升到一种有序、自律、迅捷的作业状态,使其勃发出强大的生命张力。例如,进厂伊始,海尔的企业文化部门便召集红星原来的中高层管理人员,开展一系列的海尔理念培训课程,向他们讲授海尔的发展历程、现状、海尔的运营模式、管理方法、企业文化等,让他们接受认同海尔的企业理念,再由他们向所属基层员工传递。在日常生产过程中,海尔也经常展开诸如质量竞赛、零废品、发明创造等活动,使企业理念寓于具体的生产实践中。

海尔的文化公关策略创造了奇迹,使红星公司获得了超常发展:随着企业文化公关的逐步推进,海尔理念逐渐为红星员工所认同,改变了他们原有的习惯思维并进一步表现在日常的行为方式中,员工对企业的认同和归属感明显增强,激发了他们工作的热情和主动性。海尔企业文化有力地提高了员工的内聚力,在企业中出现了人人争当能手、个个争做楷模的现象,真诚到永远的理念深入人心,生产、销售、售后服务水平都有了质的变化。三个月扭亏,第五个月赢利150万元,第二年一次通过了ISO 9001国际质量体系认证,荣获中国洗衣机"十佳品牌"、消费者购物首选品牌、开箱合格率等8项第一;市场占有率到1996年底,在全国百家大商场的份额已上升到22%,1997年上半年又上升到28.31%,比第二名高出5个百分点。国际市场占有率更是遥遥领先于国内其他名牌,全自动洗衣机出口日本数量已占到全国出口总量的95%,占日本进口总量的61%……。

点评

第一，海尔独特的"激活鱼"文化公关模式。1998年3月25日，海尔集团总裁张瑞敏应邀到美国哈佛商学院参与MBA的教学活动，并当场回答学生的提问。海尔成为哈佛商学院写入哈佛案例的第一个中国企业。思路决定出路，海尔一不给钱，二不给物，却让"休克鱼"变成"活鱼"，令人振聋发聩，给人深刻启示。海尔靠的是什么呢？正是海尔的企业文化和文化公关策略对海尔的成功起到了至关重要的作用。海尔"激活休克鱼"的文化公关模式有三部曲：(1)提出理念与价值观。比如"名牌战略"、"真诚到永远"、"卖信誉不是卖产品"等，这是文化公关的前导。即首先推出海尔成熟的企业理念，让员工对此有一个感性的认识。(2)推出代表理念与价值观的典型人物与事件。这是文化公关的传播途径。典型事件和人物是企业理念的载体和化身，是企业理念的外在显现，是活的企业理念，是员工可以看到、听到和模仿的榜样。无形之中，企业文化就通过这种传播途径传递给了员工，并影响着他们的思想和行为。(3)在理念与价值观指导下，制定保证这种人物与事件不断涌现的制度与机制。这是文化公关的制度保证。企业文化和理念不是一成不变的，是发展的。随着企业的发展，企业文化会逐步吸收反应企业新的精神风貌的因子，形成更为精炼的理念和价值观，这就需要新的代表企业理念的典型人物和事件。而保证典型人物和事件不断产生的制度就显得尤为重要。

第二，企业的竞争说到底是文化的竞争，唯有弘扬优秀的企业文化，方可在竞争中获胜。企业成败靠人，谁有高素质人才，谁就可在竞争中获胜。但一个企业的决策者不是去单单发现人才，而是建立一种出人才的机制。对一个大型企业，这种机制的建立，比老板具有敏锐鉴别人才的眼光更为重要。一个企业兼并另一个企业是否成功，除了去考虑收购成本和将来的运行成本外，自身文化能否将对方同化也相当重要。"真诚到永远"表达了海尔"卖信誉而不是卖产品"的经营理念。当产品的质量优势到了一定的时候，要将质量优势进一步转化为服务优势，才会产生新的竞争优势，这才是海尔文化的本质。创新是海尔企业文化的灵魂。海尔的创新文化包括观念创新、机制创新、管理创新、市场创新和技术创新。美国企业界有一句常被引用的话:"你想搞垮一个大企业很容易,只要往那里派一个有四十年管理经验的总管就行了。"创新的意义是不言而喻的。

第三,改变员工文化,形成生产力。在企业内部公关方面,海尔成功之处在于,有成熟的可扩大推广的海尔"激活鱼"文化公关模式。海尔通过向被兼并企业注入海尔企业文化和管理理念,从根本上改变员工的思想,把海尔企业精神"敬业报国,追求卓越"以及"迅速反应,马上行动"的工作作风灌输到每个员工心里,使整个企业的精神风貌有一个质的飞跃,使企业形成一种凝聚力,从而把"休克鱼"变成了具有独立思考意识和创造能力的"活鱼"。也就是说,海尔的文化公关是通过向员工输入海尔文化,转变观念,转换机制,实现精神变物质,从而提高"联合舰队"的整体战斗力。文化公关就像一座连结文化理念和员工行为的桥梁,通过公关活动,企业精神、价值观、经营理念等内容如涓涓细流般深入员工内心,形成认同,然后逐渐外化为员工的自觉行为,形成生产力。企业文化公关的目的也在于此。

拍案二 阿斯利康(中国):"联姻"后内部公关的磨合之道

1998年12月9日,世界两大制药公司阿斯特拉和捷利康宣布合并,成立阿斯利康公司,合并后的公司成为世界上第三大制药公司。企业的分分合合给员工带来的冲击是可想而知的,这些有着不同背景的人带着疑惑和忧虑走到了一起。如果不能让他们同心同德、齐心协力,企业发展势必受到影响。由此可见,如何在企业合并的关键时期建立员工之间的信任感,使他们尽快了解新企业、熟悉新环境、投入新工作成了企业公关部门的当务之急。为此,阿斯利康(中国)公司制订了严密的员工公关计划,保证中国分公司合并的顺利进行。

公司迅速成立了传播工作组,任命传播组负责人在两公司中各任命五名工作组成员,并首先确保工作组成员内部的良好沟通和合作精神。接下来,公司制订了合并期间的对内、对外沟通计划书。内部传播计划书中包括:沟通使命、小组成员结构、对内对外沟通主信息及工具、"最终产品"和期限、对每个"产品"是否成功的定义以及可能出现的主要问题与挑战。传播小组组长将沟通计划书发送到其他小组组长手中,并征求他们的反馈。然后,根据各小组反馈意见,设计了"沟通责权表",明确每个小组的职责和相互依赖关系,使沟通成为每个经理人的重要职责。同时,为了更有效地沟通,传播小组编制了内部发行刊物《快递》,建立内部沟通日志,让合并双方总经理得以有效沟通,并配合其他沟通工具,如E-mail,定期沟通公告,遏制了不确定消息的产生。公司还设立各种员工反馈渠道,让员工的信息及时反馈,传播小组及时就员工关心的问题采访管理层,并将答复及时告知员工。最后,利用组织策划新公司内部"上市"活动——阿斯利康生日活动有效地传播新公司的企业文化。两公司员工第一次面对面地交流,还举行新公司中文名称征集竞赛活动,使员工通过参与竞赛活动增强对新公司文化的理解。

点评

劳资关系问题是企业基本问题,同时也是内部公关的常规性问题。在企业合并的关键时期,协调员工关系是公共关系部门的主要内容,而良好的沟通则在公关过程中扮演至关重要的角色。没有良好的沟通,员工就好像生活在黑暗中;没有有效沟通,员工气势必会受挫伤。阿斯利康公司通过沟通小组严密的计划和迅速有效地实施,这一艰巨的内部公关任务取得了良好的沟通效果。合并期间的沟通工作有效地联系了双方的管理层与员工,促进了相互了解,为新公司内部沟通系统的建立打下了良好的基础,保证了沟通工作在合并前后的一致性。

拍案三 中经联报:内部评奖凝聚人心

拥有《中国经营报》和《精品购物指南》两报的中国经营报报业联合体(以下简称联报)由于多年来的市场竞争意识和服务意识,日益发展壮大,跻升我国报业市场的前八强。但在报业内部,联报的地位却使个别人产生了虚幻的安全感,以为本报依然摇摇领先,可以刀枪入库,马放南山了。报纸质量有所停滞。在这种危机局面下,管理层及时调整工作重心,策划推出了一个立足本业、实用多效的内部公关活动:中经联报好稿件、好标题、好版式评奖,以凝聚人心、鼓舞士气。

领导者的支持是公关活动成功的保证,评奖活动首先得到了报社领导的批准,并成立专家评审委员会,制定了相应的评审标准。此后,通过报社的内部刊物《报联采风》向员工传达了举办评奖活动的信息,并将评选标准、评选程序、参赛表格、申报程序等内容做了说明,同时,在相关的业务会议上进行了参赛动员。由于公关工作的准备充分,得到了全体员工的积极响应,初评的作品很快就提交到位。经过终评,最后产生获奖人员名单。然后召开评审总结会,对获奖人员颁发奖章,并在海报和内刊予以公布表彰。

点评

联报的活动有以下四个特点:(1)适应性。评奖工作是一项特殊时期的内部关系工作。不需要采编付出额外精力,却可以达到凝聚人心、振奋士气的作用。具有很强的适应性。(2)特殊性。评奖活动同个人的晋升、出国、业绩考评相结合,不同于以往单纯业务活动的性质。(3)广泛性。评奖期限是9个月,使两报采编美创人员均有机会参加,吸引广大员工广泛参与。(4)连续性。联报决定将此活动发展成持续性活动,每年搞一到两次,并记入获奖者档案中。通过评奖,采编人员提高了"精品"意识,一时间"精研业务,狠抓质量"成为联报两报的工作重点,并获得了专家评委的一致好评。

回味隽永

以上几个案例都是以员工公关为主题的企业内部公关案例,总的来说各案例都是比较成功的,实现了企业与员工之间的沟通、协调和谅解,但通过对这些案例的总结分析,我们仍旧可以获得不少思考和启发。

  第一,要充分认识员工公关的重要性。员工是企业发展的基础,协调企业内部员工关系,是企业开展公共关系工作的首要任务。企业内部职能部门和员工之间是否配合默契,广大员工是否心情舒畅、团结一致,决定着这个企业是否充满生机和活力。团结企业内部的全体员工,协调企业内部各个部门科室之间、各类员工之间的合作关系,使组织内部上下左右各方共同为组织目标而奋斗出力,这是企业内部公共关系工作的根本任务和宗旨。良好的企业形象和卓越的事业成就,来自全体员工的共同努力和不懈奋斗,来自企业内部良好的员工关系。当然,上述各案例中,无论是企业主动出击还是形式所迫而被动开展员工公关,都体现了员工关系对企业发展的制约性作用。如晋商赵氏的用人案例就是从人才选拔的角度主动公关,为赵氏培养了一批忠心耿耿、善于经营的商业英才。通用汽车案例则是面临员工罢工背景下的被动公关,从制度层面的企业形象创新,最终摆脱了危机。

  第二,要注意选用恰当的公关传播途径。员工公关方式是多种多样的,不一而足。大体有两种主要形式:一是塑造以员工为根本的企业文化,通过文化理念、企业哲学、企业价值观对员工实行精神重塑和价值观的更新,在新的文化环境的熏陶、影响下培育员工对企业的归属、认同、信任、温暖。例如,通用汽车就是用制度文化层面的创新重塑企业形象,使企业行为识别更为明显:用无线电和消息公报加强与员工的信息传递,弥补以前信息沟通的无序化;通过交往培训弥补以前沟通的被动;实施作业轮换,弥补工作的简单重复。海尔则更明显,在收购兼并新的企业时,首先将海尔全套管理理念和模式移植到新企业,通过培训导入理念;通过树立典型事件和人物传播理念;通过制度保证公关传播的持续性。津商宋棐卿则树立礼贤下士和以身作则的个人形象为公关途径,吸引和发展大批人才。二是妥善处理劳资关系的途径开展员工公关。这种方式在处理企业内部危机中用得比较常见。比如阿斯利康利用精心策划的内部公关计划,通过沟通计划书,发行内刊、E-mail等方式建立管理者和员工的实时沟通渠道,妥善处理在两大公司合并的敏感时期员工可能出现的情况,实现了员工与管理层的无障碍沟通,双方都能及时了解到对方的动向,最大限度减小了合并的阻力,保证合并顺利进行。

第三,要明确员工公关的最终目的。一是要帮助员工实现自身价值。开展企业内部公关活动,能培养广大员工良好的价值观念,使整个企业充满活力,培养员工的价值观念对于组织形象的塑造和组织的生存发展具有重要作用。在公共关系活动中正确地揭示每个员工的工作价值,把他们的日常工作与高层次的价值目标联系起来,能够使员工获得精神动力,价值观念为广大员工提供了日常行为的指南。比如,海尔激活休克鱼案例就是培养、移植企业文化,帮助员工形成价值观念的典型案例。二是增加内部凝聚力和向心力。宋棐卿知人善任式的公关策略及联报通过内部评奖的方式凝聚人心都是这一目的的体现。

第十九篇

时代需求——绿色营销公关

——中国"壳牌"的营销公关案例

21世纪是经济全球化的世纪，也是绿色经济大潮涌动的世纪，全社会的生产消费观念都将发生巨大的改变，以可持续发展的模式代替旧有的经济增长和消费模式。这场变革将给顺应绿色环保的消费趋势、实施绿色营销的企业带来新的经济增长点，使其得到前所未有的发展机遇。

企业在实施绿色营销的过程中，除了重视对绿色产品、绿色价格、绿色科技的研究外，还必须对绿色公关提出更新的要求。

"绿色营销公关"是指企业以生态与经济可持续发展观念影响营销公关,选择具有"绿色"特征的媒体开展传播营销活动,以绿色为特色塑造企业形象,赢得公众的信任与支持,给企业带来更多便利和竞争优势的一系列公关活动。绿色营销公关可以从企业内部绿色公关、企业外部绿色公关以及完善企业绿色沟通网络等方面体现出来。下面让我们来看看壳牌作为一个企业是如何开展绿色营销公关的。

开篇之述——壳牌的"美境"行动,带动企业营销的崛起

壳牌(中国)有限公司以环保为主题,开展全方位企业营销公关。首先,其举措包括"壳牌美境行动"、在北京密云县认养"壳牌林"、赞助出版全国第一本《儿童环保行为规范》、支持中国探险学会等。壳牌以负责人的企业公民为目标,在其有业务活动的各个国家广泛发起并参与各种类型的社会公益活动,称为社会投资。1998年壳牌集团的社会投资总额达9 200万美元,主题也涉及多个方面,其中环保在总支出中占9%。壳牌(中国)有限公司也秉承集团宗旨,积极从事社会投资,并选择了环保、道路安全与教育作为三大主题。其次,推出了全新的品牌精神——"只为驾驭挑战",焕然一新的产品和包装也同时亮相。这是壳牌在全球范围内首次统一润滑油品牌精神,并全面调整车用润滑油产品线,其中涉及壳牌在中国境内的三大车用润滑油品牌——汽车机油品牌喜力、柴油车机油品牌劲霸和摩托车机油品牌爱德王子。最后,20世纪90年代末,壳牌和各地教委组织环保活动,通过策划,实施等有效的宣传企业的良好形象的活动来确定行动目标、方案、费用、各方权利与责任等;准备海报等物资,拟定评奖方案,通过教委将活动通知下发至各个中小学,参加者包括教委和环保局官员、民间环保团体的代表、媒体和壳牌公司代表。启动仪式都采取了与环保活动相结合的方式,如北京是以清理日坛公园垃圾的实际行动

宣布开始；在各个中小学张贴海报，鼓励广大学生参与；对参加活动的各个中小学进行不定期的访问，了解活动进程，解决实际问题，收集环保方案，组织各方专家进行评奖；为获奖方案发奖，获奖师生开始实施其方案；收集实施报告，汇编成册。

绿色营销公关的活动给壳牌带来了巨大的收益。自1995年起，随着壳牌在中国业务的迅速发展，社会投资也逐渐增加，仅1998—1999年投资总额就达到200万元。作为环保主打项目的"壳牌美境行动"，在其他项目的配合下对企业形象建设起到了显著的推动作用。教育、环保等相关部门对壳牌都有了更多的了解，打开了更多合作的大门。而在实施该活动后，壳牌公司就经常收到各种环保方案的策划书，显示了环保营销公关的强大作用。

开篇之论

开展绿色营销公关，树立公司绿色环保形象，不但对提高壳牌公司的经营绩效具有重大作用，还能使公司博得社会公众的好感和信任，增强公司的竞争力。壳牌公司的绿色形象亦有利于增强它的凝聚力，激发员工的荣誉感和奋进精神，使形象力转化为生产力，从而提高公司的经营质量和经营效益。在策划绿色公关活动时，首先要注重主题鲜明和形式的生动活泼。根据公众的兴趣和娱乐心里，策划出符合其心理需求、无明显商业色彩、强调绿色观念的活动。其次要选择恰当时机。公众闲暇时间、重大社会纪念日、新产品或新服务项目推出之际、重要人物处于企业之际、企业组织荣获重大荣誉之际等，往往是企业发展过程中的关键阶段，利用这些时机开展成功的公关活动容易引起公众的注意，形成公共关系的轰动效应，从而获得良好的公共关系效果。最后，活动要形成系列。定期举办以"绿色"为中心、具有内在联系、开展时间稍长的公共关系活动，以形成公关活动的规模效应，产生良好的宣传效果。

企业在开展绿色营销的过程中，公共关系部门必然参与其中，承担着诸如监测企业的绿色环境，搜集有关本企业的绿色信息，向决策者提出自己的绿色建议，协调与有关部门的绿色关系，使企业组织形象更符合公众的绿色需求等任务。因此，企业内部绿色公关多侧重于以下途径。

首先，树立全员绿色观念。企业内部公共关系的一项重要工作就是实行全员公关。在开展绿色营销的企业中，全员公关意识应有绿色意识内容，即树立全员绿色观念。企业要使全体员工认识到，绿色需要是一条组织与公众利益联系的重要纽带,重视这条纽带,可能使企业获得重大发展机会;否则,也可能使企业遭受灭顶之灾。只有使全体员工与企业的绿色目标认同,才能使他们能支持企业的工作,保证企业绿色目标的实现。企业可通过加强对员工的绿色宣传和教育,制订绿色制度,培育企业绿色文化等手段达到树立全员绿色观念的目的。

其次,协助决策者制订绿色目标。创建绿色企业是社会组织发展的一大趋势,作为决策参谋部的企业公共关系机构,在其搜集信息、监测环境,咨询建议的诸项功能性工作的内容时,就必须高度注意环境的绿色动态,如政府政策有关绿色的走向,市场绿色需求,公众绿色呼声,环保的法律、法规等,均将其纳入自己的视野,以充分的依据促使并协助决策者制订好绿色目标。与此同时,绿色营销目标的确立,同样也需要企业公关人员的引导,以保证目标的正确性与合理性。

最后,塑造绿色企业形象。在公众心目中树立绿色企业形象,这是绿色公关的根本性目标。如果一个企业的营销活动能以"绿色"为基调,从战略高度审视自身行为,从有利于经济、人类和环境的可持续发展的角度建立公关策略思路,则该企业将被公众所认可,被环境所接纳,这将是企业寻求发展的无形资产和至尊法宝。

全力营造绿色经营环境,这是塑造企业绿色外部形象的必经之路。在企业经营场所的清洁卫生、环境布局、空间构图、装潢修饰、光线氛围等方面,均融入环境保护、节能降耗等绿色因素,提高品牌知名度。积极实施 ISO 14000 和环境标志认证,通过争取获得绿色标志,提升企业竞争实力。

史镜今鉴

绿色营销公关是在绿色消费的社会需求之下产生的,要求企业以环境保护观念作为其经营理念,以绿色文化作为其价值观念,以消费者的绿色消费作为中心和出发点,力求满足消费者绿色消费需求的营销策略。

第十九篇 时代需求——绿色营销公关

绿色营销公关是传统营销公关的延伸及发展,就营销过程而言,要搞好绿色营销,除推展传统营销外,在为消费者提供绿色产品的前提下,还要开展绿色公关,通过绿色媒体,传递绿色产品及绿色企业的信息,从而引起消费者对绿色产品的需求及购买行为。

不是只在现代人们才想到绿色营销公关的,早在中国古代,人们就知道如何利用消费者的时代需求而进行营销公关。《全唐诗》中有一首叫《石潴》的诗就描写了环境破坏的问题,"古岸陶为器,高林尽一焚。焰红湘浦口,烟浊洞庭云。田野煤飞乱,遥空爆响闻。地形穿凿势,恐到祝融坟。"这首诗写得很浅显易懂,很容易看得出它主要反映了当时手工业如陶瓷、开矿、冶铸等对环境的破坏。一是森林被毁,"高林尽一焚";二是土地遭到破坏,"地形穿凿势","恐到祝融坟";三是空气被污染,噪声刺耳,"烟浊洞庭云"、"田野煤飞乱,遥空爆响闻"。此诗反映了作者对环境遭到破坏的忧虑,反映了作者的环保意识,希望美好的环境能够永远保存,不要人为地破坏。从思想上对人们进行改造,让民众树立环保的意识,这些宣传工作的重任就理所当然的落到了大哲大儒们的肩上。例如,荀子谈到了生物与环境之间的依存关系,"树成荫而众鸟息焉,醯酸而蚋聚焉。川渊深而鱼鳖归之,山林茂而禽兽归之。川渊枯则龙鱼去之,山林险则鸟兽去之。"《淮南子》主张要想获得更多更好的自然资源,人类就要优化环境,"欲致鱼者先通水,欲致鸟者先树木,水积而鱼聚,木茂而鸟集。"古人也非常强调一种环境整治观,即污染了的环境通过整治也可以变成好环境。《周易》中写到"井甃无咎,……井洌,寒泉食",就是说井被污染了,不要消极地舍弃不用了,而应该进行修理整治,使之变成"井洌,寒泉食"。光有了宣传不行,保护环境的问题光靠人们从道德上自觉遵守是远远不够的,还得从法律上进行强制。于是一些关于环境保护的法律法规便应运而生了。中国第一个朝代夏朝就已经有了保护自然资源的法规,叫"禹之禁"。"禹之禁,春三日山林不登斧斤,以成草木之长,入夏三日,川泽不施网罟,以成鱼鳖之长,不麛不卵,以成鸟兽之长。"这可能是我国最早的关于环保的法规了。《韩非子》记载,商代已有不得随意倾倒垃圾的法律,"殷之法,弃灰于公道者断其手。"可见处罚之重。秦国商鞅变法,他制定的秦律中有"弃灰于道者被刑"的条文,这是商朝法律的延伸。古代还设立了一些环境管理的官员,如"林"、"虞"、"牧"等官,他们分别管理山林,川泽和畜牧。

不仅仅中国古代有追随社会需求,走出正确的营销公关之路,其实众所周知的麦当劳也是从中摸索出了一条营销公关之路。随着环境污染和恶化问题的严重,我们的生存环境受到了严重的威胁,目前正引起世界各行各业的关切和重视。全球闻名的快餐王国麦当劳也积极、主动地加入了有益于环境的行列。在1990年,麦当劳和"环境防卫基金会"(EDF)签署了一项不寻常的协议。此时,麦当劳采用的是"保丽龙"贝壳式包装。这种包装既轻便又保温,且携带方便,是速食业理想的包装。但这种包装污染环境。富有环保意识的人们,尤其是年轻的一代纷纷地向其总公司寄来了抗议信。麦当劳意识到这些抗议将威胁到企业未来的生存,而且包装可说是速食业的灵魂,速食业致力于包装的开发,其重要程度并不亚于菜单的本身。麦当劳至此决心改弦易辙,宣布取消贝壳包装,代之以夹层包装纸。随后麦当劳自己还进行了一项研究,发现贝壳包装从制造到废弃的全过程,耗费的天然资源比夹层包装纸大。夹层包装纸虽然无法回收再制,但不像贝壳那样蓬松,其储运与丢弃所占的空间只是贝壳的1/10。整个研究得出的结论是:减废比回收更重要。所以麦当劳取消这一行为,通过多种试验,尝试回收利用。麦当劳现在已使其80%的垃圾不用运到垃圾堆里埋掉。

  环境问题作为世界所关注的一个焦点,已成为全球所共同面临的一个最重要课题。"绿色"——一种强调社会进步与环境保护协调同步发展的崭新文明形态,已成为时代不可抗拒的潮流。绿色麦当劳就是在"绿色"的潮流中,以自己独有的精明和强烈的公共关系意识,通过环境保护这一深得人心的举措,赢得社会的好感和信誉,从而为麦当劳事业的发展创造了一个良好的社会关系环境。

  从公共关系角度看,企业形象是企业的第一生命,树立企业的良好形象是企业刻意追求的目标。现代企业形象的形成不仅仅取决于产品信誉,更重要的是取决于企业信誉。相对于产品信誉而言,企业信誉是较高层次的信誉,它不仅仅是企业经济素质的综合反映,也是企业作为社会"公民",履行和承担社会责任的标志。事实证明,诸如绿色麦当劳这样的现代企业,要想在现代市场的激烈竞争中拥有消费者,光凭一流的产品和服务是远远不够的,还需要一种崭新的经营理念,一种自觉的社会责任意识并付之以实际的行动,只有这样才能在社会公众心目中达成一种共识,树立一种良好形象。麦当劳在面临"环保危机"的情况下,不等、不拖、不推,而是以自己特有的敏感和强烈的企业信誉意识积极主动"出击",通过与EDF携手合作,从"减废"这一根本之道出发,成功地在社会公众中重塑了麦当劳的良好形象,使企业重新在激烈的市场竞争中赢得消费者的喜爱,创造了良好的社会氛围和经营环境。这正是麦当劳的高明之处。

三刻拍案

应该说,不论是壳牌的成功营销公关之路,还是到麦当劳的绿色营销之旅,我们都可以看到一个共同的东西,那就是他们都抓住了现代人们对环境的一种消费需求(绿色营销绝不仅仅是需求,更多的是心理的知觉和诉求)。

拍案一　福建雪津啤酒打造啤酒营销公关的新概念

福建省啤酒行业协会最新发布的数据显示,福建雪津啤酒有限公司(以下简称雪津)2002年的年销量历史性地突破了43万吨,重新坐上了福建啤酒行业的头把交椅。在多家知名啤酒企业厮杀于这个沿海中等省份的今天,雪津的再度崛起引起了人们的广泛关注。调查发现因为福建雪津啤酒有限公司用清洁生产塑造新型企业,赢得客户的青睐。清洁生产有两个内涵:一、产品品质的纯净无污染,二、生产过程对环境无污染。近年来,雪津在这两方面实现了根本的转变。去年雪津摘取了国家环保最高成就奖——"国家环境友好企业"称号,成为全国酿酒行业和福建省工业企业首家获此殊荣的企业。申报"国家环境友好企业",须经企业污染防治、环境管理、产品对环境的影响程度等22项指标的全面考核。可以说,获得"国家环境友好企业"就意味着企业在清洁生产、污染治理、节能降耗、资源综合利用等方面已经处于国内领先水平。

面对绿色消费潮流,雪津人响亮地提出了"拒绝污染,铸绿色品牌"的口号,大力推行清洁生产,全过程实施"绿色"管理。雪津公司产品生产中的原料处理、糖化、发酵、包装等技术和设备均在国际上处于领先水平;从进料、酿造到包装整条生产线,全部采用高光洁度的进口不锈钢材料制作,确保全封闭无菌化生产;同时原料输送、糖化、发酵过程,均实施全自动化控制,确保对环境无害。早在2001年5月,雪津系列产品就被中国绿色食品发展中心认定为绿色食品,成为福建省啤酒行业荣获绿A产品的"东风第一枝",这是雪津质量的一个质的突破与飞跃。进而,雪津按国际环境管理体系(ISO 14000)要求进行生产管理,将绿色环保概念渗透到企业生产、管理、销售的每一个细节,提升了全员环境意识,完善了环境管理,促进了资源的节约利用,提高了环境绩效,营造了一个卫生、舒适、清洁、规范的"绿色环境"。此外,雪津还获得了食品卫生安全控制体系(HACCP)认证,赢得了出口产品卫生注册证书,为绿色食品加上了"双保险"。生产最好的产品,追求突出的效益、力争资源合理利用、保持环境清洁优美,成为雪津发展过程中的主要目标。雪津近几年在不断实施规模扩张,2002年兼并福建三明日月星啤酒有限公司,2005年投资建成雪津啤酒(南昌)有限公司,每一次规模扩张,都伴随着绿色环保理念的扩张。雪津年产20万吨的南昌项目今年1月正式投产,标志着雪津将"绿色"从沿海向内地延伸跨出了第一步。

　　雪津公司董事长兼总经理陈志华的回答很简洁:雪津能打赢这场翻身仗,靠的是绿色营销公关之路。1999年7月,以陈志华为首的雪津新班子成立后,首先调整经营和管理决策,适时打出了第一张牌:迅速转变以外延扩张为主的增长方式,向技术创新与产品结构优化要效益。这一转变的实质在于他们充分意识到了产品在企业竞争力中的分量,把企业创新的重心引向产品的开发。自20世纪90年代以来,啤酒生产工艺技术出现两大革命性突破:一是冰晶化高科技酿造技术,这是创造出绿色饮品的基础;二是低温膜过滤的无菌罐装技术,这是企业满足客户绿色消费的需求的关键点。雪津瞄准这两大"突破",从国内外请来啤酒行业的专家,在对雪津的生产工艺、微生物管理、质量保证体系等进行了一连串精心论证后,成功开发出国内首酿的冰啤和福建省首家纯生啤,这两项被业内称为"双剑客"的产品开发,使雪津在产品上有了先发优势,在品牌上打了一个翻身仗。中国食品发酵工业研究院院长孙颖在参观雪津公司后的评价是:"雪津冰啤和纯生啤的开发成功,标志着雪津公司的卫生、质量等企业基础管理达到了一个新的水平。"质量新思路产品是企业竞争力的风向标,质量则是其品牌竞争力的核心和灵魂。雪津打出的第二张牌是从检验啤酒"好不好喝"的"口感"入手,提高质量管理水平和产品质量。他们首先成立了一个由总经理直辖的"品质管理部"来负责"口感攻关",这是雪津新班子在满足消费者绿色消费需求工作上的全新思路。

 点 评

在保证消费者绿色消费的前提下,如何走出一条健康的营销公关之路,雪津将其作为产品营销的重点环节。雪津开始它的绿色营销公关的改革。1998年啤酒市场的价格战给雪津人上了一课:市场营销不仅仅是价销,更应该是绿色服务。雪津对客户提出的意见和建议,分别对保卫、内勤、成品库、叉车、质检组等各个点的服务质量进行着力整改,每季度请经销商对市场员工进行测评,使市场部的服务意识有了根本扭转。他们提出"市场经济没有最好的营销模式,只有最合适的营销模式"。根据各地不同的消费特点和具体的市场情况,在各地建立了不同的绿色营销公关模式,灵活快捷地应对市场变化。

拍案二　安溪铁观音:在"绿色"上做文章

福建安溪是名茶"铁观音"的故乡,十年前,种"铁观音"让安溪人脱贫致富,如今已初步脱贫的人们要在种好"铁观音"上下更大工夫。

安溪县祥华乡,是铁观音的主产地,可这两天茶农张天来却在自家的茶园里种上了几株落叶乔木。祥华村茶农张天来认为树能保持水土,还能减少虫害。在茶园里种树是为了保持生态平衡,少施农药产好茶。但就在半年前,张天来却是极力反对这么做的人。原来,乡政府看到因为"铁观音"市场好刺激了人们大量无序开垦茶园,导致生态破坏,茶叶质量也难以保证。于是,为了保住"安溪铁观音"这块金招牌,决定不再扩张茶园面积,转而建设生态茶园,提高茶叶品质增加亩产效益。在茶园里种树就是其中一招,但这却引来张天来的反对。祥华村茶农张天来:茶园是种茶的,哪有种树的,(担心)它(树)把茶叶的肥料吃掉了,茶叶生长不好。茶农的抵制,愁坏了村干部,他们就搞起了试点茶园,一季下来,生态茶园胜过了张天来他们的传统茶园,张天来终于想通了。原来(农药)喷四五次,农残多了,茶就不好卖了,你卖给人家的不是一杯茶,是一杯农药,人家就不干了,你就自己敲掉自己饭碗了。

> **点评**
>
> 安溪县开始规划他们的绿色营销公关的具体步骤。首先,40万亩茶园改造成生态茶园当茶农们最终选择了生态茶园地发展方向时,安溪县也正在为如何选择长远发展方向而思考。讨论就从"工业强县,茶叶富民"这个传统发展战略的去留开始。"工业强县"带来了财政收入的增长,但石材、水泥等资源型产业也带来了对环境的破坏。茶叶让农民富了,却只占GDP的一成。所谓工业强县,我们给他一个新的意义,就是优化在转变经济增长方式,优化工业结构方面,要做出新的文章。随着讨论的深入,"走新型工业化道路,利用良好的生态环境,建设现代山水茶乡"的思路,成了初步共识。其次,开始安溪的营销策略。当许多茶叶企业纷纷推出高端产品,顶级茶叶价格节节攀升之际,安溪却打出了新的口号:致力于打造人人都能喝得上的实在绿色好茶。安溪茶在这个时候进入市场正是时机,整个茶叶市场中,有80%的消费者相对广泛化,安溪茶既不是定位社区服务,以平民老百姓为主,走社区平民化道路,也不是走高端路线,而是抛开这两者,只管让安溪茶的消费者喝上健康、绿色的好茶。这个策略打动了无数的消费者,让安溪人享受到了"绿色"的赢利。

拍案三　格兰仕的"绿色回收废旧家电"

2006年7月5日,格兰仕在北京推出"绿色回收废旧家电——光波升级以旧换新"活动,消费者手中任何品牌的废旧家电,均可折换30~100元,用于购买格兰仕部分型号微波炉和小家电的优惠,同时格兰仕联合专业环保公司对回收的废旧小家电进行环保处理,为绿色奥运做出自己的贡献。活动推出后,格兰仕在北京的市场连续3日单日销售突破1 000台,高端光波炉的销售同比增长69.6%。北京电视台、北京晚报、北京青年报、中国青年报、京华时报、北京娱乐信报、中国经营报等都对活动进行了追踪报道。随后活动向山东、福建、辽宁、云南、吉林、重庆等10多个城市蔓延,格兰仕"绿色回收废旧家电"的活动成为2006年淡季小家电市场一道靓丽的风景。格兰仕上演了一场成功的"绿色营销公关"。

近年来,随着我国经济的发展,人民生活水平的提高,我国公民的环保意识不断提升。人们越来越多地关注绿色消费。一个品牌或产品如果给消费者树立了环保和绿色的理念,在消费者心中这种品牌或产品就会得到很高的认知度。格兰仕巧妙地利用奥运会这个很好的时机,迎合了当时人们为了迎接奥运,办绿色奥运的心态,所以成功地得到了众多媒体的关注。不仅使自己的销售量在当年增加,还通过这次活动在消费者面前树立了很好的形象。一个企业只有有一定的社会责任感,才会得到消费者的认同。现如今,我们的营销环境已经和以前有很大不同。总体来说就是朝着绿色环保的方向发展,作为营销者,我们心中时时应该具有绿色营销公关的概念。这样我们才能像格兰仕一样抓住有利的时机来开展营销公关。

点评

从这个案例我们可以看出格兰仕是从三方面来进行"绿色营销公关"的。第一,旧换新的确是一种非常巧妙的营销手段。一般说来,家电行业的以旧换新主要以大型家电为主,小家电行业较少有企业涉足,而小家电的更新换代频率往往比大型电器高,普通家庭一般都会有一两件需更换的废旧小家电,市场潜力比较大。第二,格兰仕此次以旧换新活动任何品牌均可,采用的是环保的处理方式,巧打绿色牌,旧瓶装新酒,做出了新花样,吸引了众多媒体的关注。第三,紧抓主题,把握时机,成功造势。2008年奥运会的主题之一是绿色奥运。格兰仕的"绿色营销"不仅带上"绿色"关键点,化身为"绿色巨人",而且努力倡导绿色消费理念,树立了一个对社会负责任的企业形象。一个活动成功与否,与媒体的介入密切相关,格兰仕巧妙运用奥运会这个好时机来进行绿色营销活动,成功引来了媒体的广泛关注。

回味隽永

经济活动的客观规律也把公共关系推向必须重视人类绿色要求的地位。企业的这一系列生产、经营,公共关系机构都不可能超然于其外,如监测企业所处环境的绿色动态,搜集有关本企业的绿色信息,向决策者提出自己的绿色建议,协调与有关部门的绿色关系,使企业组织形象更符合公众的绿色需求等,无不是公共关系的分内之事,所以企业在走绿色营销公关之路时需要注意几个关键点。

第一,要有好的创意。现在一般的营销者都会注意到绿色营销公关。作为营销者我们如何在激烈的竞争中独占鳌头呢?这就需要我们在实施绿色营销的过程中有自己独到的一面。我们应该在认真分析目前市场形势的前提下,尽量寻找营销的突破口。不论是麦当劳还是格兰仕都是敢于尝试,并且取得了巨大的成功。这里面值得我们思考的地方有很多。(1)宣传绿色理念。通过传媒向社会或目标公众传递企业的绿色理念以及企业"绿色"方面的业绩,增强公众对企业的信赖感。(2)宣传绿色形象。现代媒体是构成"信息化"时代的主要载体,企业要获取信息靠媒体,而公众要了解企业更要靠媒体。绿色形象宣传是通过媒体传递绿色企业和产品信息,从而引起消费者对产品的需求及购买行为。营销者在实施绿色营销公关的过程中,应该善于抓住有利的时机。任何绿色营销公关的方案只有在一定的社会背景下,才会取得最大的效果。因此,我们在制订具体的营销方案前应该有很深入的市场调研。我们应该仔细分析消费者的消费观念,当时的经济、社会人文、政治等大体环境。这样我们才能在制订营销方案时,把握好一定的尺度,才不会制定并实施一个与社会大体环境不相适应的绿色营销方案。同时,我们只有认真分析目前的形式,才能找到恰当的时机。以上这些案例都是企业根据当时当地的社会环境,适时地推出并实施自己的营销方案,这也是营销成功的关键因素之一。

第二,要考虑媒体的外在因素。营销者在制订绿色营销公关方案和实施方案的过程中应该充分考虑媒体因素的作用。中国的绿色营销公关起步比较晚,但是发展比较快。我国的新闻传媒业比较发达,由于我们的舆论导向是欢迎绿色环保的,因此我们的绿色公关如果能引起媒体的关注,那么营销就有可能有意想不到的成功。要想使媒体关注,那么营销方案肯定就要有新意或者结合当前中国的一些大事或社会的大体舆论环境,尽量把我们营销中的闪光点和与众不同的地方展现给媒体。格兰仕的案例之所以能够引起众多媒体的关注,很大程度上是由于它了解媒体正在关注绿色奥运。所以它们利用媒体关注绿色环保的心理,从而成功地获得了媒体的关注。很好地宣传了自己的企业,提高了销售量,达到了营销的目标。并且还成功地在消费者的心中树立良好的社会形象。随着人类进入环保时代,人们的消费观念也发生了重大变化,更加注重保健、环保、崇尚回归自然、追求健康的绿色消费。

第三,发挥政府的调控作用,创造良好的绿色消费环境。政府有关部门要承担起对全民进行绿色教育的责任,针对不同层次的对象,采取不同方式进行不同内容的教育培训,以提高全民的环境知识和绿色消费知识水平,增强全社会的绿色消费意识;在要求企业参与环保行动的同时,倡导消费者的环境意识,加强消费者的日常环保行动;鼓励企业实施环境管理,生产绿色产品;加强绿色产品的标识管理,统一消费者对绿色产品的判别标准,加大对虚假绿色产品的打击力度,保证良好的绿色消费环境。

第四,转变消费者的消费观念,强化绿色消费的内在驱动。消费者要注意学习有关绿色消费和绿色产品的知识,充分认识绿色消费的意义,正确理解绿色消费的内涵;树立绿色消费观念,追求绿色消费时尚,主动选择绿色消费;加强环境意识,积极参与环境保护行动。

中国的绿色营销公关还在不断地前进,回顾一些曾经的案例,在实践过程中不断总结经验,我们就能不断地前进。通过积极参与、组织各种与绿色和环保有关的事务与活动,相信中国的营销者们一定会把绿色营销公关做得越来越好。

第二十篇

新产品上市的"蝴蝶效应"
——市场推广公关
——潘婷润发精华素市场推广

  随着科学技术的日新月异，消费者需求的多样化、差异化，市场竞争的日趋激烈，产品的市场生命周期越来越短，每年市场上都有许多新产品出现。为了维持企业的生存和发展，企业必须不断开发并向市场推出满足消费者需求的新产品，来谋求企业不断发展的新机遇，提高企业在市场上的竞争力。新产品上市是一个产品真正走向市场与同类产品展开较量的第一战，企业能不能在市场上成功推广新产品关乎到产品和企业的命运，所以新产品上市市场推广是决定产品和企业以后发展的重头戏。而如何才能赢得开门红、一举夺得市场呢？其中公关策略的巧妙运用应该起到不可或缺的作用。

开篇导例

开篇之述——潘婷润发精华素市场推广

创始于1837年的宝洁公司是世界最大的日用消费品公司之一。该公司凭着骄人的业绩跻身《财富》杂志评选出的全球500强企业前二十名。1988年宝洁公司在广州成立其在中国的第一家合资企业——广州宝洁有限公司,二十多年来宝洁属下的一些著名品牌可谓家喻户晓,妇孺皆知。

1999年5月,宝洁旗下的著名洗发水品牌潘婷打算于1999年8月在上海及浙江市场全面推出其最新的护发产品——潘婷润发精华素,从而带动一种全新的护发新理念,即:从简单护发到深层润发的重大改变。为配合该产品的发布需要策划及展开一系列既新颖,又有力度的公关活动。经过层层的筛选与比较,宣伟公关公司终于凭借有创意的策划及优秀的工作班子在众多竞争对手中脱颖而出,取得了推广潘婷润发精华素的任命。

在策划活动之前,宣伟进行了详尽的市场调查。由于潘婷润发精华素产品是美发领域的一项新突破,且其上市的时间1999年又正是新旧世纪交替的特殊时间段,再加上1999年10月1日又是我国建国五十周年的大日子,考虑到这一特殊阶段正是对文化、历史等领域进行回顾展望的好时机,而此类活动又比较容易引起媒介及大众的兴趣,宣伟最后决定举办一个名为"潘婷——爱上你的秀发"中国美发百年回顾展活动,潘婷在与大众一起回顾百年间三千发丝的时代变迁,帮助消费者更好地了解不同时代的美发、护发产品及技术。在展望21世纪美发、护发的最新潮流及产品的同时,吸引大众广泛关注潘婷润发精华素,缔造潘婷品牌在美发界的先驱地位。

在实施过程中,首先将装有潘婷润发精华素产品及使用反馈表的礼盒发给上海及浙江地区的媒体及美发界、演艺界等领域的社会知名人士，争取他们对产品的认同和支持。8月5日在上海召开了一次媒介研讨会，为了增加信服力，潘婷还特别从日本邀请了研究发展部的潘婷护发专家为大家介绍护发的基本知识，并向大家当场演示使用润发精华素产品的即时效果。其次，为了加强宣传的覆盖面及影响力特别选择与在华东地区非常热销的生活类包括《上海时装报》及拥有一大批年轻听众的上海东方广播电台合作，进行了一系列宣传活动。

"潘婷——爱上你的秀发"中国美发百年回顾展于8月25日在既具文化底蕴又地处闹市区的淮海路上新建的上海图书馆一楼展厅举行。展览会的开幕式暨潘婷润发精华素上市会非常隆重，安排在展厅外悬挂巨幅的宣传横幅以提高影响力及吸引力。来自上海、杭州、温州及宁波的八十多位媒体代表参加了活动，其中包括上海所有的6家电视台及浙江省各城市的4家电视台。另外，为了辅助及加强潘婷润发精华素产品的信服力，还特别邀请了在1999年中国服装表演艺术大赛系列活动中荣获潘婷优雅气质奖及最佳秀发奖的戴洁小姐及梁馨小姐共同出席开幕式活动，并邀请她们参与了不同时代发型与服饰的表演。展览会内容相当丰富，不但向参观者展示了从明末清初到现代社会的发型变化及美发、护发技术，还特别制作了一部反映我国各个时代不同发型及美发技术变迁的纪录片，该片是我国首部全面展示中国近代美发史的片子，具有极高的观赏性和教育性。为了增加展览会的生动感，更在展览会现场还原了20世纪三四十年代的旧上海美发厅场景，吸引成千上万的观众驻足观赏。据统计，为期三天的展览会共吸引了近三万人次的观众到场参观。

活动结束后仅三个月，潘婷润发精华素就荣登上海最大的连锁店——华联集团的护发产品销售额榜首。该活动在提升潘婷新产品的销售额同时也造成一定社会影响，从而提高了潘婷的知名度。

开篇之论

企业新产品作为一个市场的新进入者，市场对企业新产品的认知度几乎为零，这是新产品上市最致命的弱点。在新产品市场推广活动中，要使本企业的新产品脱颖而出，创造良好的销售业绩，就需要运用一系列市场推广的公关策略或技巧来宣传、营销新产品，达到推广的作用，同时达到提高企业知名度的效果。

所谓的新产品上市市场推广公关是指企业将新产品投放到市场上，

为了开拓市场、占领市场,提高产品知名度、美誉度和销量,运用各种传播的手段、沟通的策略将产品的相关信息传递给目标消费者,激发消费者的购买欲望,引导并促进消费者对新产品的购买行为而采取的一系列措施。新产品市场公关推广是一项系统工程,它包括如下几个方面的内容。

第一,做好公关调研,精心公关策划。企业新产品上市市场推广应该是有计划、有步骤地进行。新产品上市前的调查、上市时间、推广策略、宣传手段、促销方式、活动现场的布置等都应该事先进行策划安排。新产品进入市场之前的调查研究工作十分重要,是制订新产品推广公关方案及策略的主要依据。企业首先应对市场的趋势、竞争态势、消费者需求、营销环境等进行调查,科学地分析企业新产品的优势和劣势,预测新产品在目前市场上推广存在哪些困难,然后制订出产品推广的策划方案。策划方案应详细、具体、可操作性强,应包括产品的定位、楔入的市场目标、宣传方式、产品的上市时间、地点和新产品的销售策略等。潘婷润发精华素上市之所以能取得很好的推广效果,在很大程度要归结于在上市推广之前精心的公关调研和策划。

第二,注意宣称,大造声势。新产品入市之初,不为公众所认知,不为媒体所接受,所以在新产品上市推广之时,企业必须加强宣传促销工作,增加消费者对产品及其服务的了解和接触,诱发消费者的购买欲望,并促使消费者的购买欲望转化为购买行为。企业所采取的宣传手段、方式应是多种多样的,除在本市和全国报刊上经常刊登广告外,广播电台、目标消费者青睐的杂志也应成为宣传的重要渠道。此外,还可以通过召开新闻发布会、多媒体播放等使人们耳之所听,目之所视都能接触到有关新产品的信息。在较短时间内加强消费者对新产品的认知和了解,提升产品的知名度,为产品分销渠道建立奠定了良好的基础。潘婷通过将产品发给上海的知名人士、召开媒介研讨会、与《上海时装报》和上海东方广播电台合作,对潘婷润发精华素进行了广泛的宣传,为其上市推广铺垫了一个很好平台。

第三,设计好新产品推广策略。新产品上市的推广策略选择对新产品市场推广成功有着举足轻重的影响。新产品的推广策略包括两大要素:营销策略和渠道策略。企业在新产品的营销上注意对新产品包装进行个性化的设计、制定极具竞争力的价格体系、突出产品的功效,挖掘产品的卖点,特别是要突出新产品品牌名称;新产品上市之前就应该做好销售渠道的设计,做渠道设计时首先应对产品的特征进行分析,因为产品的特征影响到渠道的广度、深度以及宽度的选择,然后对市场细分、选准新产品楔入市场的目标及其决定采取什么样的促销形式。潘婷润发精华素上市突出潘婷鲜明的品牌个性和形象,使目标消费对其产生一定的信赖感和熟悉感;此外,潘婷润发精华素拥有畅通的销售渠道,提升其销售额。

第四,做好新产品上市推广的现场活动。新产品上市的开幕式或现场活动如果主题明确、手段创新、形式非常生动、很有创意、内容丰富,目标消费者就会对产品留下深刻的印象,收到很好的传播效果。此外,新产品上市的现场活动能让目标消费者体零距离接触到新产品,用亲身体验去传播产品的信息和使用效果,容易打动消费者的心理,激发消费者的购买欲望。因此新产品上市的现场活动的布置、主题、方式、内容、气氛对产品推广有很有大的影响。现场活动的形式应该新颖,能够引起受众关注,其可以是晚会、短剧、研讨会等,表面上看该活动毫无商业性质,实际上却悄悄地拉近了目标消费者与产品的距离,极大地促进其各类产品的销售效果。潘婷润发精华素上市通过举办"潘婷——爱上你的秀发"中国美发百年回顾展,在造成一定社会影响的同时,也提高了潘婷的知名度和美誉度。

史镜今鉴

企业通过采取一定的公关手段、策略来宣传刚进入市场或进入市场不久的新产品,传播新产品各种极具吸引力的价值,为广大目标消费者所认知和接受,并诱导大众购买其产品,从而提高新产品的知名度,增加产品的销售量。这种情况在近代天津的商业史中几乎随处可见,尤其是毛线行业。

通过大众传播改变人们某种不利于新产品推广的固有观念以促进新产品销售,津商宋棐卿便很好地运用了这一技巧,为东亚公司争得众多消费者。为了在激烈竞争中站稳脚跟,需要在社会上大造声势,广为宣传"抵羊",并采取一定手段提升"抵羊"的知名度,提高销售量,使其在残酷的商品市场竞争中脱颖而出。

当时举国上下抗日爱国热潮日益高涨,宋棐卿大力宣传"抵羊"毛线是"国人资本,国人制造",并把这两句话醒目地印在其商标上,使人们知道这是"国货",用国货就是爱国。这在当时确实起了一定的作用。与此同时,为推广"抵羊",宋棐卿努力利用各种渠道,在《大公报》《益世报》上不吝重金做整版广告;为商业电台出重金礼聘京剧名角,知名艺人表演兼做广告;向各电影院付酬加演广告幻灯片;择显要街道路口、大商号门口立大型广告牌、灯箱,装修霓虹灯;组织演唱、演艺晚会做宣传。为了扩大销售量,东亚公司或广泛参加各种商品展销会,或自己单独举办展销会。

当时的中国人对毛线这种价格较高的商品还不大认识,为此,东亚公司在展销会上一方面介绍毛线的生产工艺,一方面传授毛衣编织技术及各种花样织法,引起参观者很大兴趣,从而扩大了销路。后来东亚公司还举办了多期毛衣编织训练班,使更多的家庭妇女学会了织毛衣。

天津的东马路和北马路交接之处俗称"东北角",又因当年李鸿章在这里办起过"官银号"(即官办银行),天津人就以此作为地名。这里交通便利,毗邻日租界,东接金刚桥、大马路(今中山路),北通估衣街、北大关,南通南马路,是租界以外的"中国地"最为繁华之处,"正兴德""五和"等大商号林立在路边,远远就见一对高达三丈有余的巨大灯箱,一只上书"天马",一只上书"抵羊",一只标明"仁立",一只标明"东亚",白底红字,"国人资本,国人制造",赫赫在目,入夜,更是耀眼夺目。在繁华的南京华楼迤北,天津国货售品所楼顶,"抵羊毛线,东亚国货"八个霓虹灯组成的大字入夜更是流光溢彩。

当时,天津日租界新创办了一个游乐场所"大罗天"(今八一礼堂)。宋棐卿欲做广告,大罗天老板唯恐招惹日本人,以每月每字千元的高价想吓退宋棐卿。宋棐卿毅然以4 000元在大罗天入门处树起每字六尺的广告牌,大书"抵羊毛线"四个字。有人认为不合算,宋棐卿说:"能在日租界立一天广告,国人就能知道东亚与洋货抗衡的决心,就能了解东亚的实力和信誉,再花4 000元也值得。"有人建议"抵羊"的字体小点,再加上"东亚"二字,宋棐卿却说:国人以往搞出品只注意宣传店名,酒好不怕巷子深,我宁可让世人皆知'抵羊',不知'东亚',只认货,不认人,东亚才有真正的发展。

宋棐卿还曾亲自带队拿着标明"抵羊""东亚"的彩旗、招牌,雇请著名军乐队前导,上街游行宣传,散发广告宣传品,甚至无偿向路人赠送抵羊毛线。他不放过各种社会活动的机会,举凡教会的活动、商会的活动、同人的联谊活动、社会慈善事业的活动,他都争取亲自参加,宣传"抵羊"

毛线。

宋棐卿还通过关系争取各教育团体的邀请，先后到南开中学、南开大学、天津甲级商科学校、培德女校以及汇文、圣约翰等教会学校和外地的学校，如齐鲁大学、燕京大学，烟台和青岛等地的教会学校去做演讲，宣传提倡国货，宣传"抵羊"毛线。

宋棐卿还向全国城镇"抵羊"毛线的经理商家做出规定，让出千分之五的利润给他们留作宣传费，若一次设立永久性广告，以后也不收回这笔留用提成，东亚将会派人随时抽查，照相取证。对设立永久性广告好的，追补费用；若不理想，东亚将中止供货，不再委托经理。

宋棐卿不只是在宣传上下工夫，还特别注意使产品的实物与商家和顾客直接见面。当时，凡有各种国货展览会，东亚公司必参加。他当时规定，凡有同人通报各地举办商业展览会的消息，奖励20银元；凡有同人促成东亚参加该展览会并在展览会上占有得力地位，奖励100银元；凡有同人为公司的"抵羊"毛线公开展览提出别出心裁的建议并切实可行者，也奖励100银元，并赠毛线5磅。一时，东亚单独举办以及和各地商号联合举办的产品展览会连续不断，东亚的影响远播东南亚。

宋棐卿搞产品的展销有自己特点。他利用模型和图片把毛线从羊毛到成品的生产程序一一介绍给参观者。他还特意从原料、梳毛、毛条、前纺、后纺、染色、整理的各道程序中留出粗劣的样品与质量合格的成品做比照，使参观者对毛线的质量鉴别有直接的对比和了解。此外，他还动员了一些上层社会的名流，到展览会上去介绍毛线纺织的技术和毛样，使参观者兴趣大增，当场购买毛线随即学习编织。

后来，宋棐卿利用基督教青年会的关系，在天津、济南、青岛、烟台等地多次开办了毛衣编织技术训练班。他根据社会的实际情况，以精美复杂的手工编织技术，沙龙式的讲授环境吸引富裕阶层的妇女参加，以传授使用简易毛衣编织机技术，课堂式的训练吸引贫困市民阶层的妇女参加，使她们能以此收益。

津商宋棐卿立足于当时我国特殊的历史背景，打出用国货就是爱国的爱国牌，使国民从民族情感上来接受"抵羊"，这种通过价值观念的影响来推广新产品更易于消费者从心理上接受；宋棐卿用各种各样的手段、方式来宣传"抵羊"毛线，不惜成本为其做广告，吸引众多消费者的眼球，"抵羊"毛线广为人知；此外，东亚公司通过积极参加商品展销会，或自己单独举办展销会，开办毛衣编织技术训练班，使更多妇女对织毛衣感兴趣，学会织毛衣，销路大增。这些不仅使得"抵羊"牌家喻户晓，全国闻名，在市场上站稳了脚跟,达到推广的作用,也使得东亚创响了牌子,实力大增。

另一个例子是美孚石油公司如何运用"渗透价格策略"在中国乡村推销煤油产品。在新中国成立之前,煤油被国人称为"洋油",即是洋人生产的照明用油的意思。"洋油"是美孚石油公司向中国城乡倾销的石油制品之一,并取得了极大的利润。

在此之前,中国大部分地区都习惯用蜡烛照明,而不知煤油为何物。为了在中国推广其煤油产品,美孚石油公司经过周密策划,制定了以低价为主要手段的一套推广公关手段,收到良好的效果。

美孚石油公司雇佣许多走街串巷的小贩,让他们到处宣传煤油灯的好处,并且还免费奉送一盏油灯和一斤煤油让人们试用。不久,人们开始认识到点煤油灯烟少、不易灭,可调亮度的好处,这都是蜡烛无法比拟的,而且煤油的价钱也较便宜,于是人们开始弃用蜡烛照明的习惯。这样,美孚石油公司终于占领了中国照明燃料的市场,从此,煤油的价格开始大幅上涨,等人们意识到消费煤油是一项重要的开支时,已难以改变点煤油的习惯了,美孚公司牢固地占领中国市场,而把中国民族的蜡烛工业挤垮了。

美孚石油公司在中国大部分乡村处在用蜡烛照明的时代时,成功地推广其煤油产品,该公司成功的经验对我国企业在新产品上市市场推广有很大的启发:一是低价策略的灵活运用;二是"欲取先予"策略运用。

三刻拍案

拍案一 "生命唯真,挚爱永存"——《泰坦尼克号》
        正版 VCD 中国市场推广

《泰坦尼克号》这部世界电影史中堪称票房最成功的商业电影,以其耗资巨大的专业制作和感人至深的爱情故事,赢得了来自不同国家和处

第二十篇 新产品上市的"蝴蝶效应"——市场推广公关

于不同年龄人们的广泛喜爱。《泰坦尼克号》电影在中国的放映同样获得了巨大成功,成为当年票房收入最高的进口影片。而电影的成功也必然带动了中国盗版 VCD 市场的繁荣,盗版《泰坦尼克号》VCD 成为最热门的收藏品。在影片播出一年之后,特别是在盗版 VCD 充斥市场之时,宣伟公关公司(以下简称宣伟)在中国成功地组织、策划了正版《泰坦尼克号》VCD 上市的公关宣传活动,使第一批上市货品在 24 小时内全部售罄,并有效地打击了盗版市场。

公关调研,即宣伟考虑到来自市场的种种挑战,展开了一系列调查。通过精心的调研,预计消费者对《泰坦尼克号》的热情在电影放映后会有所削弱,但不会消失殆尽,将上市活动定在情人节和春节前夕;把上海定为此次全国性宣传活动的中心,并通过邀请北京和广州的记者来上海参加大型现场活动辐射全国,并在南京、大连和沈阳等中型城市安排发放新闻稿;此外,了解到虽然推动消费者购买盗版 VCD 的主要原因是价格,但对于具有收藏价值的影片来说,消费者也会考虑画质、音质等质量因素。

从策划来看,在充分了解了市场之后,宣伟将宣传的重点放在传达正版 VCD 带给人们的情感价值,如电影所宣扬的真爱等情感因素来调动消费者拥有正版 VCD 的购买意愿。由于其电影本身的影响力,《泰坦尼克号》VCD 的上市必然会引起新闻界的关注。但如何增强其新闻价值,使之成为记者争相报道的热点话题,成为此次公关策略的重点。如果《泰坦尼克号》电影的成功是商业的成功,那么其正版 VCD 上市发行的成功则意味着在中国打击盗版 VCD 市场的成功。这也是此次事件的新闻由头。为了重建人们对《泰坦尼克号》的兴趣,宣伟设计了大型上市活动。活动的主旨是原汁原味,即无论你看到的、听到的还是吃到的,都与你在电影中看到的一样。宣伟通过活动向消费者传达了正版 VCD 所含有的附加价值,并在真情、真爱与正版 VCD 之间架起了一座无形的桥梁。

在发行活动的前两个星期,上海举行了前期新闻分布会,请到了上海各界的主要媒体,并于当天在北京、广州等城市进行新闻发稿,而且还在新闻发布会上安排了一个小型的时装表演,模特展示的正是当年杰克和露丝上船第一天穿着的服装。在正式上市活动的前一天,把国际和国内记者聚集在浦东香格里拉饭店,请《泰坦尼克号》电影的制片人约翰兰度先生介绍电影制作背后的花絮。在正式活动的当天下午,由二十世纪福克斯公司的发言人向中、外记者介绍了当天晚会的精彩节目,积极地调动了媒介的兴奋度。晚会的一切都是为了使来宾体验 1912 年杰克和露丝共进晚餐的那一夜。会场用仿古家具布置,老式电话、照相机、皮箱、水晶吊灯,还有现场小乐队演奏,无一不令来宾感到仿佛置身于当年的泰坦尼克号上。晚会在这人们的欢笑声中结束。来宾带着美好的回忆,带着随柬奉送的正版《泰坦尼克号》VCD 离开了会场。

效果评估来看,首先,整个晚会主题鲜明,风格独特,寓教于乐。《泰坦尼克号》正版 VCD 的上市发行与其电影的放映造成了同样的轰动,成为百姓议论的话题。其次,此次上市推广活动充分调动了消费者的兴奋感和购买欲望,使得第一批到货的正版 VCD 在上市活动举行后的 24 小时内全部售罄,并打破了以往任何 VCD 在中国的销售记录。再次,正版《泰坦尼克号》VCD 的发行为中国娱乐业市场带来积极影响。此次活动对于今后正版 VCD 在中国的发行树立了可资借鉴的模式,对于打击盗版 VCD 市场也起到了积极而深远的影响。

点 评

宣伟通过精心的调研,发现消费者对《泰坦尼克号》的热情仍在,《泰坦尼克号》正版 VCD 具有收藏价值;将上市活动定在情人节和春节前夕,正值人们采购礼物的高峰期,使之成为人们送礼的最佳选择;将上海,这一全国商业和娱乐中心,定为此次全国性宣传活动的中心,这就为《泰坦尼克号》正版 VCD 中国上市公关造就了"天时、地利、人和"的条件。宣伟运用各种媒介传播正版 VCD 带给人们的情感价值,强化有利于产品销售价值观念,用真爱等情感因素来调动目标消费者的购买意愿,这也是中外企业惯用的新产品上市市场推广公关策略。正版 VCD 上市发行的成功则意味着在中国打击盗版 VCD 市场的成功作为此次活动增加的重要的新闻价值和召开新闻发布会等无疑会使《泰坦尼克号》正版 VCD 在中国上市受到更多人的关注和支持。此外,晚会布置逼真,使来宾亲切体验电影里场景,气氛融洽,表面上看毫无商业性质,实际上却极大调动了消费者购买欲望,极大地促进其销售效果。

拍案二 "我的网"——Myweb.com 市场推广

作为亚洲新崛起的互联网公司,迈威宝网络系统有限公司(以下简称迈威宝)在短短的三年时间里从新加坡的作坊式企业迅速地发展起来。

第二十篇 新产品上市的"蝴蝶效应"——市场推广公关

在三位年轻企业家的领导下这家在美国上市的公司经受住了亚洲金融风暴的猛烈冲击,并决定实施对公司发展具有战略意义的重要举措——在中国推出电视机顶盒和互联网电视门户网站。这是公司创始者们为全世界新兴市场的新一代互联网用户带来电视门户网站构想所迈出的第一步。由奥美公共关系国际集团(以下简称奥美)负责制订和实施迈威宝网络系统(北京)有限公司的公关宣传活动。

奥美通过调查,发现此次活动面临的一大问题是:行业分析家们和用户几乎从未听说过迈威宝和它的电视门户网站——MyWeb(我的网);金融分析家从不将该公司的股票纳入其分析的范围;行业内的分析家也没有在报告里提到迈威宝的名字;新闻媒体则只知道在大中华区范围内的几家知名互联网企业;中国的消费者对迈威宝的产品和服务根本不了解。总之,在所有迈威宝赖以成功的人们的心目中:迈威宝根本就不存在。

从策划来看,首先明确此次的公关目标:在3个月的时间内树立起公司品牌形象,让中国的消费者对MyWeb和迈威宝上网机顶盒由不知到认知;确立迈威宝在这个领域的市场主导地位,并使其在中国达到以页面浏览数为计算的10大网站之一。其次明确活动的目标受众包括:大众消费者、中国媒体、外国媒体、投资者、行业分析师、潜在的合作伙伴。

在实施过程中,针对中国新一代互联网用户:迈威宝的公关策略中体现了新的消费者定位。奥美公关特别强调简便易行的接入迈威宝电视门户的优点。在宣传计划上突出迈威宝的上网机顶盒将会给人们的日常生活带来的变化,整个公关活动都在"迈威宝将互联网带入中国人的家庭"这样的主题下进行。举行了专题新闻发布会和商场演示活动,并通过定期发稿的形式,让消费者充分了解和熟悉迈威宝的产品和网站给普通人所带来的影响和便利。

针对投资者和分析师:奥美主持了迈威宝全球范围的宣传和投资者战略,并根据需要提供了主要信息战略咨询指导。将公关活动引起的国外和当地媒体的报道作为一种资信,奥美开展了针对投资者和分析师的强大公关攻势,其中包括对目标人群的书信联络及一系列由奥美组织的有针对性路演。为了增强公司管理层的形象,奥美公关为MyWeb的高级管理层安排了在一些亚洲和美国的行业会议上发表讲话的机会,并为发言起草了讲话要点,其中包括由荷兰银行和高盛赞助的互联网会议。

针对合作伙伴:奥美针对MyWeb潜在的合作伙伴开展了强大的宣传攻势。目标是中国著名的国内品牌及电器硬件的制造商——青岛海尔。为此，奥美准备了大量的有关材料，包括 60 多篇报道 MyWeb 的报纸剪报及相关行业、市场分析等专业信息，通过各方努力，最终使 MyWeb 与海尔确立了伙伴关系。考虑到当时微软也在向海尔强烈推广其 Windows CE 机顶盒技术，MyWeb 与海尔的这项成功合作意义深远。

现在，迈威宝的中文网址每天的页面浏览量超过 100 万。迈威宝目前是中国电视门户领域的市场主导。IDC 报道说，迈威宝在中国访问人数最多的站点中列第 8 位，从页面浏览量的角度看，迈威宝是中国发展最快的网站。迈威宝高度评价奥美公关的工作，首席执行官 T. S. Wong 说："奥美公关帮助我们从一个默默无闻的公司成长为亚洲互联网业的重要成员。相对于我们有限的预算，这是非常巨大的成就。"

点 评

奥美通过调查，分析 Myweb 在中国市场推广面临的一些困难，认识迈威宝产品本身存在的优势，对目标消费群体进行了分析和研究，确定此次活动的公关目标和目标受众。在实施过程中，重新定位目标市场，细分市场，针对不同的目标消费群采取不同的公关手段，针对中国新一代互联网用户举行了新闻发布会和商场演示活动，让消费者充分了解和熟悉迈威宝的产品和网站；针对投资者和分析师，利用公关活动引起的国外和当地媒体的报道对他们进行公关；针对潜在的合作伙伴，展开强大的宣称攻势。可以说，迈威宝市场推广公关在预算很有限的条件下做得很巧妙，定位准确，措施得当，既宣传了新产品，开拓了市场，又使企业在新的市场中占有一席之地。实际上，新产品市场推广并非要花费很大的成本，在成本有限的情况下，也一样可以做出显著的推广效果。所谓"运用之妙，存乎一心"，这就要看在新产品推广的过程如何去运用公关技巧和策略。

拍案三 "一个世界，一个地球"：全球无时差——斯沃琪数位表新产品上市市场推广

随着全球人们不断接受先进科技，不同时区间的交流逐渐频繁，但是，告知对方跨越时区的时间却由此变得困难。由斯沃琪公司和美国麻省理工学院教授联合开发的国际网络时间,旨在为网上电子邮件用户和聊天室用户提供的一种无时区、无地域的全球时间。1999年7月,瑞士钟表制造商斯沃琪公司(Swatch)面向中国互联网用户推出其最新产品系列——网络时间数位表。这种数位表拥有本地时间表、闹铃、计时码表、公元2000年倒计时天数(还可重设为其他重要日期倒计时)等基本功能,其中最独特的功能莫过于它能显示国际网络时间。

斯沃琪公司经过精心调研,认识到在中国推出这种产品面临着几大挑战:1998年10月23日在瑞士毕尔市斯沃琪公司曾对这种产品进行过全球推广活动,其新闻效应在媒体中的影响已消失;明确国际网络时间的功能及必要性;与网络使用普及率较低的国家(中国)的公众进行交流与沟通;要在一个新闻活动中突出斯沃琪公司的时尚形象;要平衡对国际网络时间和斯沃琪数位表产品本身的宣传报道力度。

从策划来看,首先,明确此次的公关目标是:创造国际网络时间——斯沃琪数位时间的知名度;创造斯沃琪数位表产品的知名度并促进其销售。其次,确定所采用的公关策略:以多种形式的媒体报道来促进人们对国际网络时间的了解;以令人激动、高科技的新闻活动使产品形象、人们兴奋度与数位网络时间高科技概念相匹配。再次,明确此次公关的创意点:在新闻活动中用两个短剧以一种简单的方式阐述国际网络时间的使用。最后,确定目标公众:年龄在16~35岁之间的女性或男性、电脑行业、网络用户、追求时尚者。

在实施过程中,第一,为了突现此次新闻活动的与众不同,同时为了配合多媒体短剧的演出效果,选择了在北京、广州、上海当地最热门的、充满时尚气息并配有专业的舞台灯光、高品质的音响和超大屏幕或电视墙的迪斯科舞厅或酒吧来举办此次新闻活动。第二,短剧的编写和导演特别邀请当地电视台的专业编导来执行,而演员的挑选也是根据主题的需要在三地分别选了两位当地和两位外籍半专业的演员,演绎网络倾情和电话会议两个短剧。在剧中,四位演员在全球不同的国家,不论是通过网络聊天来约定见面时间,还是召开电视会议商讨新产品全球上市时间,都遇到了一个相同的问题,即时差。从而引出此次活动想要表达的主题:国际网络时间。第三,为了配合短剧的演出,特别运用电脑制作了多媒体的背景画面并配有不同场景的音乐,以在演员演绎的同时烘托气氛并帮助人们理解剧情。把多媒体短剧作为此次新闻活动的开场白,在引人入胜的同时带出高科技的形象概念,这也是此次活动想要表达的另一个主题。第四,现场放置的多部iMac电脑和数位表样品,让记者们随意上网浏览斯沃琪公司的网页以了解更多国际网络时间的信息,现场使用数位表以了解数位表更多的其他优秀功能。第五,电台、电视台和报刊的许多记者们还在活动后采访了斯沃琪公司的代表,整个活动现场自始至终都弥漫在兴奋和高科技相匹配的气氛之中。

从效果评估来看:首先,创造国际网络时间——斯沃琪数位时间的知名度。截至9月27日,全国已有了83篇有关的新闻报道,受众超过2亿,五家电视台播出了短剧,四家电台播出有关报道;印刷媒体报道覆盖率方面,有关国际网络时间的报道率达85%;电子媒体报道覆盖率方面,有关国际网络时间的报道率达100%。其次,创造斯沃琪数位表产品的知名度并促进其销售。在上面提及的印刷媒体报道覆盖率中,65%以大字标题对斯沃琪数位表进行了报道,其中40%包括了一张彩色照片,另15%含一张黑白照片;在没有任何广告支持的情况下,斯沃琪数位表目前在中国的销售量已达到目标销售量的110%。

回味隽永

新产品上市市场推广公关是一个复杂的过程,包含了宣称的手段、沟通的策略、营销的技巧、协调的方法等许多方面,竞争的加剧导致企业新产品上市市场推广失败的情况越来越多,据统计,我国每年上市市场推广成功的新产品不到5%。以上所列举的案例都是在新产品上市市场推广上取得了巨大的成功的较为典型的例子,对它们在新产品市场推广中所运用的公关策略或技巧进行探究,找出其成功之处,以对我国企业新产品上市市场推广有所帮助。

第一,准确而明晰的市场细分。一个企业的新产品上市推广能够成功,与其精准的市场细分有着密切的关系。如果新产品在市场推广过程中没有对市场做很详细的分析,新产品的广告诉求、相关信息的传达、营销的开展就没有明确的公关对象,因此也就不能确定针对特定消费人群所应采其的公关策略或技巧,从而新产品在目标市场上就不能建立领先

第二十篇 ——新产品上市的"蝴蝶效应"——市场推广公关

的市场地位。新产品市场推广应根据市场的状况决定,把切入点建立在对产品整体市场需求科学细分基础之上,一是选准新产品市场推广的目标消费者,着力展开公关攻势,在目标消费群体中建立强势的地位;二是选准辐射能力强的区域切入,制造轰动效应,以点带面,推动新产品在其他区域的推广,达到推广公关效果的最大化。

第二,注重新产品形象公关。每个产品都有自己的市场形象,而拥有与众不同鲜明的市场形象,是新产品赢得竞争优势的重要手段之一。畅销的产品正是凭借良好的形象走俏市场的,新产品初入市场,要注重根据目标对象的特点,来开展新产品的形象公关,以引起目标消费者的注目。尤其是在产品日益同质化的今天,拥有独特的个性魅力的产品形象,有助于建立产品的竞争优势。新产品应针对这个特点来精心塑造自己,精心制订宣传方案,利用一切宣传手段,如通过召开新闻发布会、展销会、博览会等途径展示新产品;运用产品差异化战略,从质量、包装、服务等入手,塑造与竞争者不同的产品形象以获得差别优势。

第三,突出新产品的品牌名称。消费者对品牌具有一种归属感和信任感,因此产品品牌容易被消费者所理解并接受,企业在新产品上市市场推广时应巧妙运用品牌公关策略。在确定新产品品牌策略上应全面分析产品自身特点,树立符合新产品特点的品牌形象,突出新产品的品牌名称,使新产品拥有强大的品牌支持,拥有鲜明的品牌个性和形象,并运用这种形象的独特性开展营销公关。通过品牌提高新产品渗透辐射能力,提高新产品的知名度和美誉度,以品牌的打造换来消费者对新产品的忠诚。

第四,卓有成效的新产品促销公关。新产品市场推广公关的一个着重点就是促使消费者的购买动机转化为实际的购买行为,而其中最大的推动力就是以名目繁多,形式新颖别致的促销方式刺激消费者的购买心理。企业在新产品推广的过程中,首先,应根据市场的不同情况选择销售方式;确定个性化的销售主题;建立与巩固同经销商之间的关系,同零售商之间的关系。其次,在新产品的市场销售活动中,要时刻向消费者传递产品的主要内涵,在重视广告促销的同时也注重卖场促销,在促销上一定要重点分析各类市场特点,以多种途径,多种渠道开展促销。把节假日、厂庆日或特殊纪念日作为核心销售日,更多地吸引目标消费群。再次,制定极具竞争力的价格体系。如果新产品制定的价格更高,就无法在价格上建立竞争优势,而且会预制消费,使新产品受到冷落,而应在消费者与经销商、零售商之间找到利益的平衡点,充分协调好这三者之间的利益后,制定出合理价格。

　　第五,建立一套行之有效的售后服务体系。新产品刚投放入市场,不为目标消费者所认知,消费者对新产品的质量是否优良、功能是否实用、坏了是否能维修会有所担忧。另外,任何新产品上市时难免会有这样那样的问题,导致消费者的种种不满和不信任。因此,建立一套行之有效的售后服务体系,是新产品上市市场推广不可缺少的一环。新产品售后服务也是新产品营销公关活动中的重要组成部分,新产品售后服务机制能过增强消费者的信任感和加强企业与消费者之间的联系,新产品售后有服务的保障,消费者购买的热情也会随之高涨,对提高产品的知名度、美誉度,提升企业形象都起着重要的作用。

第二十一篇

抓住机会　借势而上
——宝马使力政府公关案例

政府采购是一块令人垂涎的市场，随着其透明化、程序化进程的加快，对于企业来说意味着更多的商机。现在，企业越来越重视政府采购，如何才能够成为政府采购的赢家，企业应如何获取政府采购订单？企业为获取政府采购合同的公关行为有哪些？企业如何进入国际政府采购市场？这些问题都是企业最关心的，本篇将试图回答这些问题。

开篇导例

开篇之述——宝马使力政府公关 跃然厂商名单

中国政府采购网发布《关于2009—2010年度中央国家机关汽车协议供货有关问题的通知》,其中附件二"协议供货汽车厂商名单"上醒目地写着"华晨宝马汽车有限公司"。这是宝马汽车首次入围中国政府公务用车供应商名单。实际上,现任宝马集团大中华区总裁兼首席执行官的史登科早在2004年11月上任后就着手推进将宝马纳入中国的政府采购体系,2004年11月与史登科同时到任的还有宝马大中华区政府公关事务的工作人员。宝马大中华区首先采取的策略就是设立政府公关部门,目的就在于推动宝马进入中国的政府采购体系。但这还不是全部,针对政府采购问题,史登科曾数次拜访国家以及地方相关部门的负责人。而且,宝马集团的董事长庞克也表示,宝马一直在就国产宝马的政府采购进行努力。他本人2003年一年中曾4次造访中国。政府采购对轿车品牌的正面影响及在市场销售的带动方面,效果不可低估。

事实上,宝马国产后就一直有意进入国内高档车的政府采购体系,不惜代价从奥迪手中拿下国内最高级别政要会议——亚洲博鳌论坛的赞助权。而且宝马集团积极组织和参与公益活动,承担企业社会责任,树立很好的企业形象。

开篇之论

宝马的成功有3条政府公关经验:一是系统的政府公关和游说;二是赞助政府举办的重要会议;三是积极承担社会责任。

政府采购是指各级政府为了开展日常政务活动或为公众提供公共服务的需要,在财政的监督下,以法定的形式、方法及程序,通过公开招标、公平竞争,从市场上为政府部门和所属公共部门购买物资和服务。政府采购涉及政府部门日常运转活动所需要的产品和服务,市场建设和公共设施建设项目的实施,军队运行所需产品和服务的购买等。企业通过与政府部门搞好关系,是获得政府采购项目的先决条件。

面对日趋规范化的中国市场,不断完善的政府采购制度,企业必须通过公开投标的方式获得政府采购订单。谁能够尽早获得政府采购订单,谁就会为以后更好地经营政府采购市场打下良好的基础。像案例中的宝马公司,首先,他们非常重视政府采购,公司高层曾多次到访中国,与政府相关负责人进行沟通。其次,宝马公司几经努力获得多项赞助权,为亚洲博鳌论坛提供车辆,借由与政府的合作来增加政府的印象分。再次,宝马公司还设立专门的政府公关部门,聘任专业公关人员进行政府公关。最后,宝马公司还积极承担社会责任,组织参加公益活动,良好的企业形象也为其赢得政府青睐,最终在2009年出现在政府采购名单上。

史镜今鉴

清政府为了与洋人进行贸易,在广东成立了一个垄断性的专门机构,叫"十三行"。闽商潘启是其中"同文行"的老板,他是个善于利用清政府官衔而致富的官商。潘启"玩弄权术"有五招。

第一招:捐输。潘启利用清朝的捐官制度为自己谋取了"通议大夫"的官衔。借助这个头衔,他为自己的商业开路,进行权钱交易,大发横财。

第二招:进贡。乾隆四十一年(公元1776年),"同文行"创办不久,潘启就创设了一个小金库,此基金是从进口贸易贷款中提取的资金,作为购买向朝廷和各级官员进贡金银珠宝的费用。这样,"同文行"就可以既不至于再被各级贪官污吏敲诈勒索而破产,又可以取得皇帝的欢心而得到权力的保护。

乾隆四十九年(公元1784年)广东商帮为了与皇帝拉上关系,洋行商人潘文严等广商向清政府请愿,愿意以洋货和钟表等贵重物品,每年一次向皇上进贡。于是，潘启又多了一个巴结皇帝的机会，他从此开启了"十三行"代办皇帝贡品的先例，以换取皇帝对他的信任，从而取得垄断广州对外贸易的特权，以牟取暴利。

第三招：官商。潘启利用中国的科举制度，极力支持其子孙与家族子弟应试科举，获取功名，以便用官保商。

第四招：善用外部公关。"同文行"以"十三行"总商的优越地位承销英国东印度公司一半的进口毛织品，并垄断了中国与东印度公司全部生丝和茶叶的出口贸易，从而获取了巨额利润。由于英国东印度公司掌握了洋货的命脉，潘启为了最大限度地获取与东印度公司有关进出口贸易的份额，采取很多措施来与其搞好关系。由于潘启善用外部公关，使得他在洋商中具有很高的威信和地位。嘉庆十九年（公元1841年），由于竞争排挤，潘启曾一度被罢免了总商职务。关键时刻，正是洋商的帮助，才使他复出。

第五招：乐善好施，遵循儒商之道。潘启在处理商务的同时经常捐资助学，鼓励子弟认真读书，且参与编校《四库全书》，在社会上有很高的声誉。

潘启的成功在于他长袖善舞，深刻了解政府架构及政策，能够利用政府政策为自己谋利，并且鼓励其后人考取功名，期望借用后人的官势来提供更多的资源和特权。在他遭受排挤后还能复出，得益于他与东印度公司的良好关系。此外，潘启还乐善好施，赢得好口碑。

上述案例闽商潘启利用"特殊"的公关手段与政府建立良好的关系，徽商李宗眉又是如何对政府进行公关从而获得厚利的呢？

自古以来，中国的盐业经营，都是官营，即为由朝廷官方掌握盐业资源的开采权。盐商要想进入盐业经营，必须通过官府取得经营权后才能经营。清朝官营盐业的制度就是盐引制，即盐商只有取得官方的盐引（取盐凭证），才算取得盐业的经营权。由于盐业是垄断经营，因而利润极高。

万里长城是防备外来之敌入侵的重要国防设施，朝廷每年用来驻守长城士兵开支的银子高达成千上万两。驻守长城士兵需要消耗大量粮食，因此，军粮运输和收购就是一笔很大的开支。为了减轻财政负担，皇室决定改军粮运输为民运，即鼓励民间商人将粮食运输到驻地，然后给这些商人盐引作为回报。朝廷可省去军粮收购和运输的麻烦以及大量财政支出，商人凭借盐引可取得盐业的垄断经营权。他们凭盐引到盐产地向监管机关取盐，然后将盐销售出去从而获取厚利。

李宗眉是清朝经营盐业的大徽商，通过"纳货三百"，从清政府的官僚手中获得了淮盐的经营权。他把南方的粮食北运,向朝廷换取盐引后,又将淮盐南运,销往各地。

他致富后出资扶贫做善事,对赈灾济贫和兴建公益事业从不吝啬。特别是对徽文化建设,做出不小贡献。此外,他还捐献国子监《古今图书集成》一部,印送《程正通药方》等多种小册子,曾捐千金修复黟县碧阳书院。

盐是人民生产和生活的必需品,但却不是人人能制造的,所以利润丰厚,而获得盐引则意味着取得盐买卖的资格。徽商李宗眉就是凭借政府的政策,运输军粮,获得盐引而取得厚利。企业如果想得到政府采购订单,在与政府进行公关活动时,就必须熟悉政府政策和政府采购的知识和信息。

此时期,国外也存在这样的例子。美国在19世纪中期进入了快速发展的阶段,美国相继获得了德克萨斯州、加利福尼亚州、犹他州等西部土地。19世纪40年代末期,加利福尼亚发现了黄金,19世纪60年代南北战争期间,美国在打内战的同时,开始贯穿东西部的铁路建设,铁路成为美国当时最赚钱的领域之一。50年代开始修建从密尔沃基到拉克罗斯的一段铁路,这段铁路的距离并不长,当时的一个重要作用是采伐木材。铁路建设以及建筑、家居等领域非常需要木材。因此,这段200多公里长的铁路成为一块肥肉。美国的铁路是私营公司建设的,而私营公司未必有很多资金,为了获得铁路建设权以及股票发行,铁路公司不仅对当地政府人员、新闻媒体,甚至法官进行了大量贿赂。一旦引出麻烦,不仅由政府撑腰,还有法官保驾。圣路易斯一家名为"市郊铁路公司"的总裁查尔斯·特纳被证实向该市上议院和下议院的立法者行贿14.4万美元以获取价值为300万美元的特许经营权。

当年的《纽约时报》报道说:"其实在美国的所有铁路管理部门里,从最高地位的总统到最下层的轮油润化工,最恶劣、最肆无忌惮的欺骗时有发生"。

企业最原始的政府公关手段基本上是金钱铺路,特别是诸如铁路、航空、邮政、电信、石化等行业,可能会存在企业向政府管理者做一些灰色的地下经济活动。企业在处理与政治、政府的关系层面均存在着严重钱权交易的现象,这从道德层面来说是不可取的。在今天反腐败斗争中暴露出来的经济案件,多是企业老板贿赂党政官员。然而金钱并非万能,而且现在权力监督机制日趋完善,工程招标等权力运作都实行阳光操作,企业还想像过去那样以红包搞"公关"的手段已难以奏效。

三刻拍案

拍案一　金山软件政府采购

金山软件公司在2002年至2004年中央政府及部分省市政府办公软件采购中获得了相当大的市场份额。金山软件公司靠什么成功获得政府采购订单呢？第一，利用政府应优先采用国产品牌的原则；第二，打好六张牌：民族牌、安全牌、实力牌、软件牌、宣传牌和专注牌。

在1994年以前，金山公司的WPS在国内一统天下，占据了95%以上的市场份额。然而，1994年微软进入中国后，WPS的处境急转直下，1996年几乎从市场销声匿迹。2001年12月28日，金山的WPS几乎将北京市政府软件采购中的所有办公软件订单全部拿下。2002年初，国务院采购中心代表国家各部委进行了办公软件统一采购，单独采购了金山WPS达15 000套。相继广东、浙江等省的办公软件也向金山公司采购。

虽然金山的成功不仅仅是依靠政策，但如果没有良好的政府关系和政府的支持，金山要打败微软是几乎不可能的。为了争取政府的订单，金山打出了以下公关牌。

第一张——民族牌。利用政府扶植民族产业的政策，通过公关宣传，将政府采购金山软件等同于扶植民族产业的一个有力举措。这一点国外软件是比不了的。

第二张——安全牌。利用政府办公最为关心的安全问题，借用外国软件容易被窃取机密进行宣传，再结合自身向政府要害部门公开软件源代码等措施，在安全上，彻底压倒了国外软件，从而奠定了获胜的关键。

第三张——实力牌。利用WPS的大旗，向政府显示自身实力。打消政府疑虑，虽然在技术上未必胜过国外软件，但至少，双方打了个平手。

第四张——软件牌。为了争取政府订单，金山专门投入力量研发专门用于政府办公的软件《金山政鹰》,而国外厂商一方面对国内实际情况不了解;另一方面,在这方面不够灵活,优势不够明显,所以这张牌,国外软件又不是对手。

第五张——宣传牌。为了继续争取更多的订单,金山会对每次成功的政府采购进行宣传。当然,在办公软件上,金山在国内基本没有什么对手。所以,只要打掉国外软件,获得政府的订单便是自然而然的事了。

第六张——专注牌。金山等国产软件商都设立了政府采购联络部等部门专门负责政府采购业务,从组织架构上支撑了企业政府采购业务的发展。由于这几张牌,基本抵消了国外软件的相对技术优势。政府采购的成功,一方面为金山等国内软件商带来丰厚的利润,另一方面,也为扩大它们在国内的影响力创造了条件。

点　评

　　金山软件通过政府公关获得政府采购订单,可以给其他企业很多启示跟经验。首先金山软件非常了解政府政策,并且运用的游刃有余;其次他们善用宣传手段,给政府及公众深刻印象;最后设立政府采购联络部等专门部门负责政府采购业务,从而最终战胜国外软件公司而赢得政府订单。

拍案二　长虹利用外国政府攻占市场

2005年,中国家电企业的出口额已超过在国内市场销售的数量,中国家电企业将不断开拓国际市场。2004年7月,长虹与泰国政府进行了一场盛大签约。该协议是在时任泰国副总理差瓦利·永猜裕上将访问中国时签订的。签约仪式是长虹集团新董事长赵勇在接替倪润峰后,首次公开亮相。泰国方面出席此次签约仪式的也多为重量级人物:时任泰国副总理差瓦利亲自带队,成员包括泰国财政部长、工业部长、旅游及体育部长、商会主席、投资委员会秘书长、商务部副部长等泰国政府要员,显示出泰国政府对长虹的重视。

据长虹集团新闻发言人刘海中介绍,2004年7月初,时任绵阳市副市长的赵勇曾到泰国市场考察。此次差瓦利一行 16 日先抵京拜会了中国有关国家领导人后，17 日便经成都转道，赶赴绵阳长虹总部考察。当日双方签署的《合作框架协议》，主要是泰国政府将采购一批长虹电器产品。同时，泰国政府也表示出邀请长虹去泰国建厂的意向。

据了解，此前在整个东南亚市场，长虹只在印度尼西亚有一个年产 20 万台彩电的生产基地，而且长虹彩电和空调的销量，目前都已在印度尼西亚市场排到了第一的位置。但长虹在泰国没有生产基地，对泰国出口也几乎为零。刘海中表示，这是个开端，长虹对开拓泰国市场已有一定设想，在产品上也有一定准备。例如，此次赠送给泰国政府的一批家电产品，都已拥有泰文字幕等功能。

长虹不仅在东南亚市场上利用政府资源平台的能力表现不俗，而且在欧美市场，长虹也开始意识到利用东道国政府是拓展其海外市场的一种有效方式，比如长虹通过邀请东道国政府官员到公司总部访问的方式来为以后拓展海外市场做好铺垫。又如 2006 年 4 月 7 日，时任美国华盛顿州副州长布兰德·欧文，时任塔可玛市市长比尔·巴斯马及代表团一行到长虹访问。欧文州长一行参观了长虹公司的布局和产品，且在留言簿上留言并赠送华盛顿州、塔克玛市的州徽、市徽给长虹集团，欢迎长虹的领导到美国考察投资。

点 评

日前越来越多中国企业走向国际政府采购市场，像案例中的长虹集团就通过出色的政府外交而获得泰国政府订单。"走出去"的中国企业不仅要利用好本国政府这一资源平台，同时也要善于利用东道国政府来拓展海外市场。在与政府打交道中，长虹集团邀请国外政府官员参观视察企业不失为一种很好的公关手段，一方面可以增强政府官员对企业的了解，获得政府的支持；另一方面作为企业的成就可以加以宣传，从而提升企业的知名度和美誉度。政府官员的参观能增进政企之间相互沟通，政府深入了解企业，对于企业的长期发展具有重要意义。

拍案三　波音构建牢固政府关系

由于波音公司在美国的特殊地位，使波音公司成为跨国企业中利用本国政府拓展海外市场的一个典范，有人戏称波音公司聘请了美国总统为公司公关，追根溯源，波音公司是充分利用美国政府这一资源平台才能飞跃太平洋来到中国。

2006年，波音公司借布什总统访问中国的"东风"获得中国国航史上购买飞机架数最多的一单协议，卖出价值40亿美元的70架波音飞机。中国政府订购波音飞机为美国政要的来访添彩，这是最多的一次，但并不是第一次。1972年，尼克松总统访问中国，给波音飞机公司带回了10架波音707的订单。1998年，克林顿总统访问中国，中国又购买了30架波音飞机。自20世纪70年代以来，中国总共购进波音飞机534架，约占购买飞机总数的三分之二。在中美关系的每一步发展中，波音的"推波助澜"使公司本身构建了良好的政府关系，获得了中国政府这一最核心的本土合作伙伴和重要客户，从而奠定了其在中国以及国际市场上的行业地位。

跨国企业与政府建立良好的关系不仅要求企业注重与所在国本行业的紧密联系，更要从国际关系层面关注和巩固与政府的合作。波音公司一直在与美国政府、国会、中国政府部门以及中美两国使馆保持高层接触，以企业的身份推动中美关系积极行动。在推动中国加入WTO的进程中，波音公司与美国国会、大众和媒体进行了持续的沟通。中国入世关键的两个月内，波音公司聘请了30个专业工作室处理媒体事件，CEO亲自参加了这场公关战役。波音公司一方面向国会阐述国家和地区目标，发挥员工和供应商的积极性，并发展"草根运动"的力量。另一方面通过印刷手册、专访、广告和软文等多种传播方式打"媒体战"，争取美国民众的支持。在这场较量中，波音公司不仅在中国政府方面大获好感，且在商务联合团体中占领了意见领袖的地位。

2006年，在北京举行波音777-LR大型宽体客机命名为"郑和号"的仪式，就是波音公司在政府关系方面的得意之作。这次命名仪式的信息传达和品牌构建同波音公司的全球目标、价值观和目的相一致，波音公司将传播、政府关系、跨业务职能的营销和公共关系活动结合起来，大力展开公关传播，将其公关宣传潜力发挥得淋漓尽致。这一双赢思路指引下的公关活动，一方面使波音公司在中国扩大了品牌知名度，提高了品牌美誉度;另一方面,波音公司这一国际性企业和品牌的参与,也丰富了中国政府组织的郑和下西洋600周年的纪念活动,扩大了自己的国际影响。整个命名仪式既达到了公司与大众之间实现感情沟通的宣传效果,同时也拉近和加深了波音公司与相关政府部门之间的合作与友好关系。

在发展战略上,波音从不用狭隘的或者国家主义等方式来为品牌定位。根植于中国航空业的企业社会责任活动,使波音在中国塑造为负责任的雇主、行业合作伙伴以及专注的投资者。波音通过与政府合作部门——中国民航总局的携手合作,积极参与中国航空设施和工业基础方面的发展,除了提供技术支持,波音还为中国专门设计培训项目,免费培养大量航空人才。波音公司还针对中国民航总局及各航空公司设计专门高级行政人员培训项目,在美国开展面向中层及高层管理人员的培训项目。

波音公司还通过同政府建立伙伴关系项目来表明其对中国的责任感和"企业社会责任",从而建立和维系政府关系。波音公司有专门为中国的波音客户提供服务的专家队伍——"中国支援部",它帮助中国航空公司加强基础设施建设,提高管理水平和人员素质。波音还与中国民航总局组成"空中交通服务联合小组",致力于提高中国空中交通运力和安全。波音公司还时常通过共同组织研讨会的方式向民航总局提出新的建议和方案。"9·11"事件之后,波音公司马上行动,与中国民航总局联合举办了以加强机上安全第二阶段建议措施及加装信息技术为题的研讨会。

在推动中美关系发展的同时,波音公司也赢得了中国市场和显著的经济效益,以及作为坚实保障的良好政府关系,从而保证了本土化的顺利推进,而本土化的成功实施又保证了它作为国际品牌的不断延伸和扩展,为公司的实际利润和发展前景注入源源生机。

 点　评

随着全球经济一体化的日趋完善,有更多的中国企业走向国际市场,同时也有很多跨国企业进入中国市场。无论是跨国企业还是国内企业都深刻认识到本国政府在全球市场中扩展的强有力的后盾。大部

分跨国企业都认识到,要扩展在中国的市场空间,利用本国政府资源平台是一个非常重要的策略。美国波音公司首先与美国政府搞好关系,借助美国政府的平台打开中国市场,进而与中国政府打交道,取得政府订单获得丰厚利润。波音公司的政府公关主要包括拜会政府官员、为分担社会责任、策划企业政府公关活动等。这些经验对于"走出去"的中国企业大有裨益,能够助他们与外国政府搞好关系,打开国外市场。

回味隽永

本案例组所谈的是企业如何借助政府公关取得政府订单,政府购买物资是一种政府行为,一向受到公众与媒体的广泛关注,而企业与政府交易本身又是极具新闻价值,各种相应的舆论必将紧紧相随,争相报道,一般都会引起社会的巨大反应与持久的影响力,从而有利于提高企业的知名度,促进消费者发生有利于企业的购买行为。而如何才能够获得政府订单呢?

第一,要高度重视政府采购。以软件行业为例,虽然国内的软件业相对薄弱,但政府已经开始将天平偏向国内企业,政府采购对于系统软件、办公软件、财务会计、电子政务等方面的软件需求对这些软件厂商无疑是不可错过的机会。由于政策的优势,同时政府带头使用正版软件,在政府采购市场是可以与国外优秀厂商进行竞争的。政府采购对一个应用型软件企业的影响可能非常重要,赚钱可能不是最主要的,而赚名可能是更重要的。特别是中国软件企业群雄并起的时期,能够获得一些政府的单子,无疑为自己的脸上贴了金。综合效益要远大于短期经济效益,这是许多软件企业趋之若鹜的原因。

第二,要做政府鼓励或推荐的事,比如支持公益活动就是树立企业形象的重要手段之一,通过公益举措可以将企业的社会责任感和诚信度得以彰显,增加企业美誉度和知名度,从而为取得政府订单打下良好基础。

第三,要有完善的产品和服务。政府采购对产品质量、性能等方面要求比较高,企业要确保参与政府采购的产品质量和售后服务。只有自己产品、服务过硬,才能在政府采购中脱颖而出,获得政府订单。像宝马汽车出现在政府公务用车供应商名单上,一方面跟他们的公关有关,更重要的是过硬的产品。

第四,企业可以通过参加政府组织的活动或是与政府部门联合举办活动、邀请政府参观,像案例中提到的长虹集团邀请国外政府官员参观视察企业,从而在政府采购订单中赢得有利地位。

第二十二篇

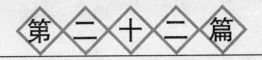

应对挑战　安全先行
——对企业的安全危机公关

科技发展了，社会进步了，国家的法律制度也日益健全。人权的问题也日益引起人们的关注。对于企业来说，人权问题也显得很重要，尤其是安全问题。企业一方面要考虑员工的人身安全，另一方面也要充分考虑到产品的安全、消费者的安全。因为社会越发展，法律越健全，人们的法律保护意识也就会越强烈。因此，对于企业来说，不仅要关注追求利润的最大化，而且还要高度关注安全问题。

开篇导例

开篇之述——某知名眼睛保健公司回收护理液事件

2006年2月17日,新加坡卫生部发布一则通告说,卫生部调查显示,在新加坡国立大学医院、全国眼科中心等4家当地主要医院近期收治的39名真菌性角膜炎患者中,所有人都佩戴了抛弃型隐形眼镜,而且其中34人使用护理液。随后该公司生产的护理液在新加坡市场被停止销售。

2月18日,香港卫生防护中心开始展开调查。该公司香港有限公司为谨慎起见,决定展开调查,并主动暂停发售相关产品。

2月20日该公司北京分公司委托其公关公司就相关事宜给媒体发来公告称,博士伦中国公司非常重视这一事件,并采取了三项措施向公众说明情况。

2月21日,国家食品药品监督管理局相关负责人对新华社记者表示:食品药品监管局对这一事件有所了解且非常关注,目前已与该公司进行了沟通,今后将继续关注该护理液的使用情况并依法加强监管。

2月23日,上海接报十余起隐形眼镜、护理液相关不良反应。

2月23日,该公司委托北京某公关公司给媒体发来最新声明重申:在新加坡和香港暂停出售润明护理液是出于自愿,并非回收产品。

2月28日,北京雪亮眼镜技术有限公司旗下的八十多家连锁店已将护理液全部下架。

对此该公司书面声明表示:"现阶段少部分经销商存有疑虑,我们是能够理解的。但需要强调的是导致此次感染的真正原因还在调查当中,目前尚无确定的科学依据证实护理液导致了此次不常见且仅在特定地区发生的真菌性角膜炎发病。"该公司还强调,护理液符合中国食品药品监督管理局所制定的严格的安全标准及品质监控。

3月15日马来西亚卫生部长蔡细历宣布,马来西亚卫生部已决定从市场上收回该公司生产的护理液。

3月17日,马来西亚媒体报道称,该公司在马来西亚撤回护理液。

4月12日北京该公司决定暂停销售护理液,但仅限于美国工厂生产的进口产品。

4月13日,在瑞典、芬兰和挪威拥有约300家连锁店的瑞典眼镜经销商"Synsam"公司与另一家眼镜公司"Specsavers"公司同时停售护理液,并建议消费者使用其他牌子的隐形眼镜护理液。

4月19日美国部分消费者向纽约州和佛罗里达州法院提交的诉状中说,他们因使用该公司生产的护理液而患上眼疾,其中一些人甚至出现永久性视力损伤。美国疾病防治中心表示,迄今美国已有109例真菌性角膜炎病例与护理液有关,其中50多例发生在佛罗里达州。对此,该公司发言人回应说:"显然,我们正在尽快完成这些真菌性角膜炎病例的调查工作。"

4月28日,该公司就"护理液疑导致角膜炎风波"向消费者致歉。

5月11日,该公司在中国向媒体发布公开声明表示,从即日起自愿在中国停售国产护理液产品。

5月15日该公司宣布,由于其生产的护理液有可能增加使用者感染真菌性角膜炎的危险,公司决定在全球市场永久性回收该护理液产品。

5月18日,美国食品和药物管理局(FDA)表示,该公司没有及时通报与其产品相关的眼部感染病例报告,发现问题和通报问题存在数周的时滞。

5月24日,该公司在媒体以广告形式发布声明称"以消费者安全为首位","鼓励消费者对护理液进行换货并接受退货"。

据该公司称,"护理液风波"可能导致该公司在亚洲地区的第一季度收入减少约1 000万美元。

开篇之论

众所周知,眼睛对于一个人的生命是多么重要,该公司护理液出现了问题之后,其对事件的反应显得很被动。致使该公司在全球的销售一时陷入低谷。面对危机,该公司的做法有几点启示。

第一,不符合承担责任原则。问题发生后,该公司虽然在最后承担了责任,但是那是迫于事实的压力,在问题的起始阶段,该公司处于被动地位。在问题发生将近半个月的时间内,该公司还没有把问题的根源调查清楚,而当众多连锁店撤销其产品时,该公司方面居然说是消费者存在疑虑,公司方面可以理解,问题的根源还在进一步的调查之中。马来西亚宣布撤回护理液时,北京分公司决定暂停销售护理液,但仅限于美国工厂生产的进口产品。当瑞典、芬兰和挪威拥有约 300 家连锁店的瑞典眼镜经销商"Synsam"公司与另一家眼镜公司"Specsavers"公司同时停售护理液时,该公司方面的回应是"显然,我们正在尽快完成这些真菌性角膜炎病例的调查工作"。整个过程该公司方面显得比较被动。虽然在查清原因之后,该公司也向消费者做了道歉,并且宣布在全球永久停止生产护理液,最后还在媒体上以广告形式发布声明,称"以消费者安全为首位"、"鼓励消费者对护理液进行换货并接受退货"等举措,也没有能够挽回公众的信任。

第二,不符合真诚沟通原则。在问题发生后,该公司主动与媒体交流,没有回避问题。但是不足之处就是,在沟通的同时,没有把握速度的原则,致使该公司的行动都是在媒体之后,因此该公司不能控制住事件的进一步恶化,致使整个事件持续发展了几个月。最后其对消费者安全重视的表态显得有些被动,在一定程度上造成了消费者的怀疑。

第三,不符合积极寻找解决问题途径的原则。在面对危机时,该公司还是有危机预案处理的应对措施的,在处理问题时没有手忙脚乱,而是镇定自若,临危不惧。该公司一方面与媒体保持交流,同时又寻求各国政府的帮助与支持。这就充分证明了该公司还是高度重视这一问题,它的这一做法会给公众一个良好的印象。但是该公司在寻求政府援助时显得有些为时已晚,如果在问题刚刚发生时,它就寻求各国政府部门的支持与帮助,问题就不会一直持续几个月才告一段落。

第四,作为一个跨国公司性质的企业,在产品事关公众健康与安全的问题上,应该更加谨慎。因为如果处理不当,将会造成全球性的反对。总之,作为企业一定不能忽视公众的健康权益。

史镜今鉴

鸦片战争时期,国外机器工业的大发展、世界各国工业的渗透,加之中国沿海通商口岸的开放,国外的商品纷纷涌入中国。当时中国的经济还是自给自足为主的自然经济,手工业比较发达。然而面对机器大工业的冲击,中国的手工制品显得不堪一击。外国机器棉纱制品的输入对中国的棉纱制造业的冲击尤为严重。因为在成本上中国的棉纱制品投入比较大;在质地上,中国的棉纱的质量没有机器制品的质量高;在价格上中国的棉纱制品比较高。因此在当时国外的棉纱制品在中国非常畅销。

1872年,中国进口的棉纱已达到5万担,到1890年增至一千零八十万担,面对日益增长的棉纱进口状况,中国的棉纱也出现日益衰退的现象。加之清政府的割地赔款,一时财政困难。因此清政府决定自行设厂,建造自己的棉纱工业。在这样的背景下,1878年中国近代最早的棉纺厂在上海诞生。棉纺厂建成后由于清政府财政困难,对上海织布局投入的资金不足,因此上海织布局只能断断续续进行生产。直到1890年上海织布局才正式开车生产。上海机器织布局年产布量为18万匹。开工的第一年,产销情况颇令人满意。年终结算时,除去一切开支,赢利达20%。1892年,生产了400万匹棉布、100万磅的棉纱,雇用的工人达4000人左右。企业的经营状况仍较良好。1893年开始发放股息,红利高达二分五厘。当时在沪的外国海关人员在目睹了机器织布局工人用机器纺纱织布后也不得不承认:"中国劳工能够照管和熟练地操作机器,用中国棉花纺纱织布,这已是证实了的事。"上海机器织布局进一步发展壮大。然而就在1893年10月的一天,机器织布局清花间突然起火,当时正值狂风大起,火势迅速蔓延。机器织布局起火后,织布局总办曾派人至租界内"请西人往救,而西人以局在租界之外,无权发令救援"为由回绝。总办又请英租界会审公廨通过巡捕房知照英、法、美各消防队赴援,他们"均以局在租界外,扭于成例,不得前往"。结果,大火从上午七时左右一直烧到下午五时,厂房全部被烧毁,筹建了十几年的织布局竟毁于一旦。

上述案例充分说了在安全问题上,纺纱厂的领导和工人完全没有危机处理的方案和措施。具体表现在以下几个方面。

第一,领导者没有安全的意识。开办棉纱厂时,作为筹办者或者是经营者应该充分考虑到发生一切意外情况的可能。比如说,如果认为失火怎么办?如果厂房设置不当,或者棉纱放置不合理,或者雷击等原因造成自燃失火怎么办?这些问题都是决策者或经营者应该充分考虑的。然而上海棉纱厂的决策者在工厂安全设施上却没有应对设施,平时也没有什么应对预案。更不用说要教育工人时刻注意安全问题了。当车间起火时,整个工厂所有的人都显得束手无策,任凭大火把整个场子全部烧为灰烬。更不可思议的是,在厂子起火后,主要经营者竟把希望寄托在各国租界的救援上。在商场上,彼此都是竞争对手,经营者把希望抱在对手身上,完全是一种失败的举措。

第二,责任意识不强。由失火这件事就可以看出纺纱厂不管是工人还是领导者都没有足够的责任意识。如果纺纱厂平时有严格的纪律、明确的责任制度,也不至于工厂失火时大家显得束手无策。如果每个工人在离开车间时都对车间检查一遍,发现可疑问题及时上报,也许结果就不会那么惨。

第三,没有重视工人的人身安全。当时清政府急于筹款解决财政困难,我们可以理解,然而管理者却不应该忽视工人的人身安全问题。作为决策者不但要考虑产品对消费者的人身安全,也应该充分考虑到工人的人身安全。最起码的就是要保证工人工作的环境是安全的。如果一个企业没有考虑到工人的人身安全,发生了事故,严重的话一样可以使一个企业走上穷途陌路。

总之,作为一个企业,想要在市场上站稳脚跟,安全问题是不容忽视的。安全问题在一定程度上也事关企业的生死存亡。因此,任何一个企业都要有危机预案,都要有应急措施,都要有一个危机领导小组,以防意外情况的发生。

三刻拍案

企业不能忽视安全问题,如果企业考虑到了安全问题,是否在安全问题上就可以高枕无忧呢?下面的几组案例给我们了答案。

拍案一　索尼召回问题彩电

2003年7月2日,索尼称该公司生产的"ICF—B7"收音机电池存在问题,向消费者道歉并提供免费更换服务;7月9日,一批与索尼DVD刻录机捆绑销售的光盘因质量原因被召回;7月10日,索尼宣布召回5月上市的

1.8万台笔记本电脑,据称这批笔记本电脑因内置调制解调器存在问题,致使通信速度极慢甚至轻微漏电。7月29日,索尼(中国)公司发布了一则《致索尼彩电用户的通知》,函称由于索尼有10款特丽珑电视机的零件有瑕疵,它们将在日本召回34万台"特丽珑"电视机。这几款都是在日本国内制造和销售的。在中国市场,索尼公司并没有销售被召回的10款特丽珑电视机,但是索尼在中国生产的少量21英寸彩电有6种型号也使用了该类电容器件。索尼方面表示,如有中国用户发现以上型号的索尼彩电出现类似情况,索尼在中国顾客服务机构将会负责提供"恰当的检查及维修服务","如因此为您带来任何不便,我们表示真诚的歉意"。

与此同时,在应对这场危机风波时,索尼方面还指定索尼中国公司高级公关经理李曦作为新闻发言人,而且自始至终都是由他来与媒体沟通。这样索尼公司就一方面保证了信息的统一性和畅通性,一方面也避免媒体各类无根据猜测,挽回公司形象。最后索尼处理危机的一个亮点就是真诚的态度。索尼在致消费者的通知函中,完整地表达了对消费者的"4R"公关原则:遗憾(Regret)、改革(Reform)、赔偿(Restitution)、恢复(Recovery),体现了一家跨国公司的管理风范和所应当承担的社会责任,说明是抱着解决问题的态度来处理这场危机的。

尽管索尼方面一再召回有问题的产品,尽量去维护消费者者的权益,然而索尼在短短一个月之内就出现了四次召回事件,这样不能不让索尼的品牌在消费者心目中大打折扣。据索尼公司公布的第二季度结算结果显示,索尼在电子产品方面的销售额比去年同期减少了9.8个百分点,营运利润下降73.9%,为128亿日元。由此可以看出,索尼频频召回产品事件给公司带来的不良影响有多么严重。

点 评

单就产品存在质量问题,公司召回问题产品,原本无可厚非。因为谁也不能保证自己的产品没有一点瑕疵。任何一个公司召回问题产品或者对存在的问题进行免费维修都是对消费者高度负责的一种做法。原本应该得到消费者对企业的信任。然而作为世界家电业知名企业的索尼公司,在短短一个月之内就频频发生了四次召回事件,这不能不让消费者对索尼产品质量安全存在担忧。

那么面对这样一种情况索尼方面是怎样做的呢？索尼的做法又给我们什么样的启示呢？

第一，积极与消费者沟通，争取主动性。在问题发生之后，我们不得不佩服索尼在危机公关处理方面确实是有经验的。在各大媒体还未知情或者还未报道的情况下，索尼就主动在自己网站上公布了《致索尼彩电用户的通知》，把出现瑕疵产品事件的来龙去脉进行描述，并提出解决的办法。索尼这样做可谓一箭双雕，一来是主动承担了责任，对消费者负责，在危机发生后尽最大的努力去争取消费者的信任；一来引起媒体的关注，利用媒体的正面宣传去提高索尼的威信。这样在整个事件的处理过程中，索尼就争取了主动权。尽量控制了事件的恶化，减少给公司带来的损失。索尼此举与当年三菱"帕杰罗事件"中三菱公司试图掩耳盗铃、置消费者利益和损失于不理的态度形成了鲜明的对比，在整个危机公关的开始阶段以积极的态度取得了主动权。

第二，正确引导媒体舆论方向，塑造自己良好形象。在发表《致索尼彩电用户的通知》之后，各大媒体就纷纷来关注这件事，索尼方面并不回避问题。相反的是索尼方面指定专门的新闻发言人，而且与各大媒体交流的始终是索尼中国公司高级公关经理。众所周知，公关经理都具备公关专业人士应具备的新闻及公关技巧，因此在与媒体交流的过程中就使媒体尽可能获得全面的信息，同时又避免了各类无根据猜测产生，挽回了形象，保证了各大媒体报道消息的一致性。同时也给公众索尼是一个高度负责的公司的良好印象。因为各方面发言的都是公司的高层领导，让各界看到在问题发生之后，索尼还是高度关注事件的进展。

第三，尽量维护消费者权益。作为一个企业，如果最起码的产品质量没有保证，那么这个企业很难有立足之地。对于消费者来说，质量安全是至关重要的。如果产品质量出现问题，公司召回有问题的产品，消费者虽然会有一时的恐慌，但是还是会信任该企业。如果一个公司的产品质量安全没有保证，等出现了事故之后公司再做出回应，这是让人难以忍受的。就索尼几款问题产品而言，公司发现问题之后，主动去解决问题，要么免费更新，要么免费维修，都尽量地去维护消费者的权益。在一定程度上，还是给公司树立了良好的形象。

总之,索尼此次危机问题出现,公司不回避、不敷衍问题,而是采取及时必要的措施去弥补,将不利的影响减到了最低,这是我们很多企业都值得学习的。同时也给更多的企业一个重要的启示,在生产产品时,一定要保证产品的质量安全,保证消费者的权益。如果在产品质量安全上没有过硬的保证,等发现问题再去弥补,给整个企业带来的损失将不可估量。就像索尼公司,尽管危机公关各方面做得都很好,还是挽回不了企业的巨大损失。因此,作为一个企业,一定要严把质量安全,确保消费者的利益。

拍案二 某知名国际快餐公司:"消毒水"事件

2004年7月12日早上,广州两名消费者(记者)到某知名国际快餐公司岗顶餐厅用餐,点了两杯红茶后发现其中有极浓的消毒水味道。当时现场副经理解释,其原因可能是由于店员前一天对店里烧开水的大壶进行消毒清洗后,未把残余的消毒水排清所致。该副经理同时表示该消费者可以提出赔偿要求,并在7时15分通知该麦当劳店长和地区督导赶到现场以妥善解决此事。但结果却是店长和督导两人直到早上九点多才相继出现。而在其间长达两个多小时里,该公司的员工与两位消费者多次发生争执,即使工商局的工作人员赶到现场进行调停近一个小时也没能阻止争执,最终导致消费者愤然报警。

在督导和店长到达后,两位消费者提出了自己的要求,包括该公司应就事件向消费者做出合理的解释、合理的答复和合理的赔偿。该公司方面则提出,向两人各赔偿500元,如两天内当事人身体不适要到医院诊治,医药费可予报销,但拒绝做出调查方案。该公司的行为引起了消费者的不满,两位消费者(同时也是记者)一怒之下,在媒体上将此"消毒水"事件曝了光。

7月14日,媒体记者立即与该公司广东分公司联系,该公司的回复是,此事仍在调查之中,不便发表看法。记者遂对"消毒水"事件进行了大篇幅报道,并对该公司的管理、食品的质量等诸多方面进行了质疑与批评。

随后,其他媒体开始转载,该公司"消毒水"事件在公众中引起了较大反响。至此,该公司"消毒水"事件进一步升级。让该公司雪上加霜的是,两位当事人把有消毒水气味的两杯红茶送往中国广州测试分析研究所检测,该研究所何所长在接受记者采访时表示,两杯红茶氯含量严重超标。具体负责食品卫生检测以及疾病控制的广州市疾病防治中心的刘先生表示,氯超标的确会对人体带来危害,一般来说,高浓度的氯会刺激人体黏膜,而人体长期饮用甚至可能会致癌。对于此事该公司表示沉默。

迫于各界的压力,一周之后,该公司才发表了区区数百字的《声明》,主要描述事件过程并一再强调两位消费者是媒体记者,同时声明公司一向严格遵守政府有关部门对食品安全的所有规定和要求,并保证公司提供的每一项产品都是高质量的、安全的、有益健康的。整个声明没有提及自己的任何过失,该如何加强管理或向消费者表示歉意,更没有具体的解决事情的办法。

媒体的多方报道之后,该公司和消费者最终达成和解,但双方对和解内容保密,"消毒水"事件告一段落。

在上文的事件中,很显然,在危机面前,该公司保持了其一贯低调的作风。对危机处理,该公司采取的是回避与沉默,处理的不当之处有以下几点。

第一,不符合速度第一的原则。在顾客发现问题后,该公司没有及时派人解决问题,而是在事发两个多小时后相关人员才赶到现场。在相关人员未赶到之前,该公司的员工还与顾客发生争执,这说明了其对消费者漠视与危机处理机制上的欠缺。在问题发生后,该公司不主动向公众解释事件发生的经过和原因,而当媒体开始报道时,它还是一而再再而三地保持沉默,不和公众交流、不和媒体交流,完全就是一种高度不负责的表现、一种不想解决问题的做法。

第二,不符合承担责任的原则。事件发生后,该公司只是愿意赔偿,不愿意调查问题的根源,不愿意找出事情发生的原因。同时还在没有明确的应对预案的情况下发表百十来字的声明,保证该公司食品质量的安全。而让该公司始料不及的是,两个月后类似消毒水事件再次发生,而面对事件时该公司的一再回避,致使市场对其质量与服务的质疑再度升级,转而成为对该品牌的质疑。

第三,不符合真诚交流的原则。事件发生后,该公司没有就"消毒水"事件向消费者表示歉意或道歉,也没有把消费者就近送医疗机构进行检查和相关治疗,更没有邀请当地卫生防疫部门或质量监督检验部门对消费者所饮用的"消毒水"进行化学分析检测。相反的是,该公司并没有对消费者的身体健康表示关心,只是同意如果出现了问题,愿意支付医疗费。整个事件过程该公司不管是与媒体还是与公众都没有做出诚恳的交流,都是一种抱着回避、逃脱的态度。当南方某报记者就此事与广东分公司联系时,所得到的回复是,此事仍在调查之中不便发表看法。该公司这样的做法更让媒体和公众怀疑某食品确实含有不可告人的秘密,致使公众和媒体都对其产生猜疑,致使事件一步步地升级恶化。以至于该公司在整个事件中陷入了相当被动的局面,失去了话语权。而非当事人的消费者通过媒体所得到的有关本次事件的消息对于该公司来说则完全是负面的。作为企业应该时刻维护公众的知情权,应该随时将事件的进展情况、调查情况公布于众。如果出现什么问题,公司应该本着对公众负责的态度,对出现的问题做出解释,并且还要真诚地向公众做出道歉,必要时对于产生的一切后果,公司应当做出物质补偿。在这方面,该公司的做法恰恰与此背道而驰。

总之,整个事件处理的过程中,暴露出该公司缺乏危机处理应对的预案,在应对危机时没有经验,致使他们多次搬起石头砸自己的脚。这方面启示更多的企业,在事关公众人身健康的产品时,一定要严把质量关。在平时一定要有危机领导小组,要制定应对各种危机的措施,如果事发后要充分的与公众和媒体交流。始终把公众的人身健康权益放在第一位。

拍案三　可口可乐中毒事件

1999年6月初,比利时和法国的一些中小学生饮用美国饮料可口可乐,发生了中毒。一周后,比利时政府颁布禁令,禁止本国销售可口可乐公司生产的各种品牌的饮料。

6月17日,可口可乐公司首席执行官依维斯特专程从美国赶到比利时首都布鲁塞尔,在那里举行了记者招待会。会场上的每个座位上都摆放着一瓶可口可乐。在回答记者的提问时,依维斯特执行官反复强调,可口可乐公司尽管出现了眼下的事件,但仍然是世界上一流的公司,他们还要继续为消费者生产一流的饮料。

6月18日,依维斯特便在比利时的各家报纸上公布致消费者的公开信。信中解释了事故的原因,并且还做出种种保证,并提出要向比利时每户家庭赠送一瓶可乐,以此表示可口可乐公司的歉意。

此外,可口可乐公司宣布将比利时国内同期上市的可口可乐全部收回,并且尽快宣布调查化验结果,同时说明事故的影响范围,并向消费者退赔。可口可乐公司还表示要为所有中毒的顾客报销医疗费用。可口可乐其他地区的主管,也按照在比利时的处理方式处理了由可口可乐引起的中毒事件。可口可乐不愧为饮料世界的巨头,除了上述的举措之外,可口可乐公司还专门设立专线电话,开设专门网页,以此来回答消费者提出的各种问题。可口可乐公司经过一系列的公关措施,终于开始逐步地恢复形象。中毒事件平息下来之后,可口可乐重新又出现在比利时和法国商店的货架上。

点评

可口可乐公司在中毒事件中表现出来的处理危机的方法,有不少可以借鉴的成功之处。比如它并没有因为自己是全球最大的饮料公司就凌驾于消费者之上,相反的是,可口可乐公司积极主动地向消费者道歉,并且还承担了责任,以最快的速度调查事件的原因、及时公布结果。整个危机处理过程中可口可乐公司表现出饮料巨头的大家风范,也显示了在面对危机时,可口可乐公司有一套科学合理的应对危机预案。

回味隽永

上面几组案例,从正反两个方面说明了安全问题对于一个企业是多么重要。如果完全没有安全意识,严重的可能导致整个企业的破产,轻者也会给企业带来各方面的负面影响。那么企业应该如何应对安全危机呢?

第一,企业应该发现问题的本质与根源。很多企业危机公关处理不利的原因大多是只看到了表面现象,产生问题的根源企业没有弄清楚,对问题的严重性认识不够,对问题产生的负面效应也没有足够的认识。因此致使本质性的根源问题没有解决,导致只治标不治本,无法快速彻底解决危机,甚至导致事态不断扩大。因此对于一个企业来说,应该把危机公关上升到一个战略的高度。当企业发生公关危机时不论事件大小都要高度重视,站在战略的高度,来谨慎对待。具体处理方式要具有整体性、系统性、全面性和连续性,只有这样,才能把危机事件快速解决并把危害控制到最小。危机发生后企业要由上至下全员参与其中,尤其是最高领导要非常重视,所有决策都要由最高领导亲自颁布或带头执行,以确保执行的有效性。

第二,要突出安全监管,确保流通各个环节安全。要加强对安全的宣传教育,企业平时应该时刻加强对员工进行安全教育方面的宣传工作,定期进行员工应对危机公关的演练,使公司具备一支训练有素的危机应对公关小组。企业还要有专门的公关人员与媒体交流,尤其是在危机发生时,企业要指定专门的公关人员与媒体进行充分的交流。高层领导也要及时出来发言,对事件的处理情况做一个表态。如果由于非法、伪造给公司造成的危机公关,企业应及时启动危机应对预案。要在遵守国家的相关法律法规,切实保护消费者合法权益之内,尽量有针对性地加大查处和打击力度,及时进行消费警示和提示,引导科学合理消费。

第三,要把公众的利益放在首位。作为企业,不管发生什么问题,首要的就是要考虑到安全,考虑公众的安全,员工的安全。要有生命重于财产的理念,要正确地摆正安全的地位,即把安全生产工作摆在"高于一切、重于一切、先于一切、影响一切"的位置。要树立"安全第一,生产第二"的理念。要定期编发关于企业安全知识手册等资料及放给企业员工。教育员工安全生产的重要性,对于新员工要进行专门的培训。最好在工作场合做上安全的标志,时刻提醒员工注意安全问题,平时还要做好检查工作。对一切存在隐患的地方要及时发现,提早处理。要把安全隐患遏制在萌芽之中。

第四,企业在应对危机公关时,还要借鉴其他企业的成功经验,吸取其他企业失败的教训,想尽一切办法做好安全工作,保持旺盛的生命力。

后　　记

　　现代社会，企业公共关系作为塑造企业形象的艺术和沟通企业与企业、企业与公众的桥梁，伴随着经济发展的潮流正日益广泛地深入到企业工作的各个领域，成为企业工作中不可缺少的重要组成部分。企业公共关系对重塑企业形象，应对多变的发展环境，增长企业效益和社会责任感，有着十分重要的保障作用。为此，我们结合企业活动的实践需要，编写了本书。通过形象的案例评述，以期能为企业公关活动的开展提供参考和帮助。

　　本书在编写过程中，编者精心搜集了企业公关的典型案例，尤其是贯通中外，融汇古今，通过对古今中外案例活动进行对比、点评，使本书不仅独具特色，同时力求理论与实践的完美结合。在本书编写过程中参考了大量的专著和论文，吸收和借鉴了相关作者的研究精华和学术成果，在此深表感谢和敬意。

　　本书由福建工程学院吴贤军担任主编，福建师范大学黄洪旺、陈燕青担任副主编，参编人员及其具体分工如下：吴贤军制定全书编写大纲，福建师范大学桑付鱼撰写了第一、三、九篇，吴贤军撰写了第二、七篇，福建师范大学陈燕青撰写了第四、十一、十六、二十篇，福建师范大学黄洪旺撰写了第五、十、十五篇，福建师范大学陆露撰写了第六、十二篇，福建师范大学何海菊撰写了第八、二十二篇，福建师范大学林志香撰写了第十三、十九篇，福建师范大学黄惠丽、周洲分别撰写了第十四、十八篇，福建师范大学周阳撰写了第十七、二十一篇。全书由黄洪旺、陈燕青、桑付鱼统稿，最后由主编吴贤军审阅定稿。福建师范大学赵胜宇、王昌逢、林晓晓、杨杰、苏昌强、李雯、曾海、杨晓婕等在资料收集、文字编校及其他方面做了大量的具体工作，在此一并表示衷心的感谢。此外，特别感谢北京大学出版社责任编辑温丹丹为本书的出版所付出的努力。

　　由于编者水平有限，编写过程中出现的疏漏和失误在所难免，诚恳地期待专家学者的指导，欢迎广大读者批评指正。

编者

2010 年 1 月

参 考 文 献

[1] 梁萍.誉商:天下第一商的三重门[M].北京:中国经济出版社,2009.
[2] 赵晓兰等.最新公共关系学[M].北京:中国社会科学出版社,2008.
[3] 胡学亮.公关传播案例评析[M].北京:中国传媒大学出版社,2008.
[4] 天宇.如何赢得顾客的心:世界上最棒的客户服务案例[M].北京:中国致公出版社,2008.
[5] 田志龙,高海涛著.沟通创造价值:企业政府公关的策略与案例[M].北京:清华大学出版社,2007.
[6] 黄合水.品牌与广告的实证研究[M].北京:北京大学出版社,2006.
[7] 郑新安.反向品牌美学[M].北京:中国经济出版社,2006.
[8] 陶应虎,顾晓燕.公共关系原理与实务[M].北京:清华大学出版社,2006.
[9] 惟言.贴近顾客[M].北京:中国纺织出版社,2005.
[10] 张建鹏,胡足青.虚掩的门——小故事中的大智慧[M].北京:当代世界出版,2005.
[11] 刘建军.金牌服务管理:世界顶尖公司的服务之道[M].广州:广东经济出版社,2005.
[12] 刘海贵,陈培爱.新闻传播精品导读:广告与品牌卷——案例精解[M].上海:复旦大学出版社,2005.
[13] 郑楚达.蚂蚁扳倒大象[M].北京:中国工人出版社,2004.
[14] 胡川妮.品牌广告塑造[M].北京:中国人民大学出版社,2004.
[15] 於春.有创意才有时尚——成功广告语访谈录[M].北京:中国经济出版社,2004.
[16] 〔美〕克里斯·杰纳斯.赢取信誉:如何成为优秀的公关专家[M].北京:人民邮电出版社,2003.
[17] 高丽华.企业服务营销[M].北京:中国物资出版社,2002.
[18] 张景云,于涛.100个成功的公关策划[M].北京:机械工业出版社,2002.
[19] 万力.500强国际公关策划[M].北京:民主与建设出版社,2002.
[20] 张景云,于涛.100个成功的公关策划[M].北京:机械工业出版社,2002.
[21] 万力.500强国际公关策划[M].北京:民主与建设出版社,2002.
[22] 傅慧芬.当代营销学案例集[M].北京:对外经济贸易学出版社,2001.
[23] 〔美〕大卫.A.艾克、爱丽克·乔瑟米塞勒.曾晶译.品牌领导[M].新华出版社,2001.

[24] 司各特.M.卡特利普,阿伦.H.森特,格伦.M.布鲁门.明安香译.公共关系教程[M].北京：华夏出版社,2001.

[25] 汤定那.中国企业营销案例[M].北京：高等教育出版社,2001.

[26] 安进.塑造品牌[M].山西：山西经济出版社,1999.

[27] 王政挺.中外公关艺术漫语[M].天津：东方出版社,1998.

[28] 杨慧,吴志军.市场营销学[M].北京：经济管理出版社,1997.

[29] 余瑞清.谁执陶瓷江湖之牛耳[J].维权万里行周刊,2009(12).

[30] 贾存斗.柳传志：徘徊在伟大公司门口[J].中国改革,2009(2).

[31] 孙淑丽.解析杉杉企业文化的精髓.[2009-08-22].创业网.

[32] 赵建良,张倩.企业如何应对危机：捷蓝经验及启示[J].中国物价,2009(2).

[33] 明朝"天下第一富"李五那些事[J].黄鹤楼周刊,156.

[34] 祖翠筠.寻找企业公益杠杆的支点[N].21世纪经济报道,2009-8-17.

[35] 赵春霞.企业品牌危机分析及复苏策略[J].中小企业管理与科技,2009(7).

[36] 王贤辉.清朝徽州大盐商李宗眉[J].产权导刊,2008(9)：80.

[37] 黄仲,廖金萍.雪津营销：绿色公关[J].红色真情时代经贸,2008(7).

[38] 谭长春.2009,请一体化营销销售与管理[J].销售与管理,2008(12).

[39] 任维.从小企业到大品牌[N].北京商报,2008-3-4.

[40] 李素霞.论企业承担社会责任的公关作用[J].消费导刊,2007(5)：199.

[41] 邓超明.全员营销VS全员都做营销.[2007-8-07].中国营销传播网.

[42] 詹纳·麦格雷戈.捷蓝的重大失误[J].商业周刊中文版,2007(5).

[43] 庄一敏."动感地带"缘何成功[N].人民邮电报,2007-5-15.

[44] "晏殊的诚信"[J].中学生阅读(高考版),2007(6).

[45] 胡建宁."统一"企业营销创新案例列入MBA教程[N].中国消费者报,2007-10-19.

[46] 白晓倩."动感地带"品牌引领电信业走品牌营销之路[N].通信信息时报,2006(1).

[47] 张秀升.民族服饰文化的守候与回归——2004年柒牌"中华立领"整合营销传.[2006-5-19].http://www.globrand.com/2006/51463.shtml.

[48] 王运启.火爆街舞缔造"动感地带品牌".[2005-12-30].传奇中华品牌管理网.

[49]《英才》杂志社记者.严介和：我是大言无惭[J].英才,2005(12).

[50] 张黎明.肯德基处理"苏丹红事件"成败分析[N].北京晨报,2005-4-25.

[51] 肖非.洋品牌危机公关的警示,临危态度决定结果[J].数字商业时代,2005(6).

[52] 舒昌.肯德基危机公关启示[J].公关世界,2005(5).

[53] 叶秉喜,庞亚辉.谁为长虹"遭诈骗"传言埋单？——"长虹在美遭巨额诈骗"事件危机公关的得与失[J].公关世界,2005(5).

[54] 张依依.评有关社会责任的几个案例[J].公关世界,2005(7)：49.

[55] 贾书申,邓雪震.体育赞助对体育产业及参与企业的影响[J].广州体育学院学报,2004(2):33.

[56] 王云帆,席罗曦."徐冠巨现象"解读[J].21世纪经济报道.2003(11).

[57] 李乔."与政府谋皮"的艺术[J].新财经,2003(1).

[58] 菲利普·科特勒.固特异轮胎的分销变革.中国营销传播网,2002(9).

[59] 林文荣.财富观察——解读"德化模式"[N].福建日报,2002-9-13.

[62] 黄光平.一品商人王炽[J].今日民族,2001(5):38.

[61] 钟福.杉杉之路[J].文明与宣传,1998(10):24—25.

[62] 许咏怡.乱中取胜"白云山"——"非典型性肺炎事件"中白云山的公关策略[J].现代广告.2004(4):76.